MW00891313

Event: ______________________________

Team 1: ______________________________

Server Score

______	1	2	3	4	5	6	7	8	9	10	11	12	13	14	15	16	17	18	19	20	21
______	1	2	3	4	5	6	7	8	9	10	11	12	13	14	15	16	17	18	19	20	21
______	1	2	3	4	5	6	7	8	9	10	11	12	13	14	15	16	17	18	19	20	21

TimeOuts

1	2	3
1	2	3
1	2	3

If above wins match,
all scores & initials ________ ________ ________ ________

If above wins match,
all scores & initials

Server Score

______	1	2	3	4	5	6	7	8	9	10	11	12	13	14	15	16	17	18	19	20	21
______	1	2	3	4	5	6	7	8	9	10	11	12	13	14	15	16	17	18	19	20	21
______	1	2	3	4	5	6	7	8	9	10	11	12	13	14	15	16	17	18	19	20	21

TimeOuts

1	2	3
1	2	3
1	2	3

Team 2: ______________________________

Match: ____________

Court: ____________

Referee: ____________

Format:

Event: ______________________________

Team 1: ______________________________

Server Score

______	1	2	3	4	5	6	7	8	9	10	11	12	13	14	15	16	17	18	19	20	21
______	1	2	3	4	5	6	7	8	9	10	11	12	13	14	15	16	17	18	19	20	21
______	1	2	3	4	5	6	7	8	9	10	11	12	13	14	15	16	17	18	19	20	21

TimeOuts

1	2	3
1	2	3
1	2	3

If above wins match,
all scores & initials ________ ________ ________ ________

If above wins match,
all scores & initials

Server Score

______	1	2	3	4	5	6	7	8	9	10	11	12	13	14	15	16	17	18	19	20	21
______	1	2	3	4	5	6	7	8	9	10	11	12	13	14	15	16	17	18	19	20	21
______	1	2	3	4	5	6	7	8	9	10	11	12	13	14	15	16	17	18	19	20	21

TimeOuts

1	2	3
1	2	3
1	2	3

Team 2: ______________________________

Match: ____________

Event: ____ Court: ________________

Team 1: ____ Referee: ____________________

Format:

Server Score

	1	2	3	4	5	6	7	8	9	10	11	12	13	14	15	16	17	18	19	20	21
	1	2	3	4	5	6	7	8	9	10	11	12	13	14	15	16	17	18	19	20	21
	1	2	3	4	5	6	7	8	9	10	11	12	13	14	15	16	17	18	19	20	21

TimeOuts

1	2	3
1	2	3
1	2	3

If above wins match,
all scores & initials ________ ________ ________ ________

If above wins match,
all scores & initials

Team 2: ____

Server Score

	1	2	3	4	5	6	7	8	9	10	11	12	13	14	15	16	17	18	19	20	21
	1	2	3	4	5	6	7	8	9	10	11	12	13	14	15	16	17	18	19	20	21
	1	2	3	4	5	6	7	8	9	10	11	12	13	14	15	16	17	18	19	20	21

TimeOuts

1	2	3
1	2	3
1	2	3

Match: ____________

Event: ____ Court: ________________

Team 1: ____ Referee: ____________________

Format:

Server Score

	1	2	3	4	5	6	7	8	9	10	11	12	13	14	15	16	17	18	19	20	21
	1	2	3	4	5	6	7	8	9	10	11	12	13	14	15	16	17	18	19	20	21
	1	2	3	4	5	6	7	8	9	10	11	12	13	14	15	16	17	18	19	20	21

TimeOuts

1	2	3
1	2	3
1	2	3

If above wins match,
all scores & initials ________ ________ ________ ________

If above wins match,
all scores & initials

Team 2: ____

Server Score

	1	2	3	4	5	6	7	8	9	10	11	12	13	14	15	16	17	18	19	20	21
	1	2	3	4	5	6	7	8	9	10	11	12	13	14	15	16	17	18	19	20	21
	1	2	3	4	5	6	7	8	9	10	11	12	13	14	15	16	17	18	19	20	21

TimeOuts

1	2	3
1	2	3
1	2	3

Team 2: ______________________________

Server Score

	1	2	3	4	5	6	7	8	9	10	11	12	13	14	15	16	17	18	19	20	21
	1	2	3	4	5	6	7	8	9	10	11	12	13	14	15	16	17	18	19	20	21
	1	2	3	4	5	6	7	8	9	10	11	12	13	14	15	16	17	18	19	20	21

TimeOuts

1	2	3
1	2	3
1	2	3

If above wins match,
all scores & initials

______ ______ ______ ______

If above wins match,
all scores & initials

Server Score

	1	2	3	4	5	6	7	8	9	10	11	12	13	14	15	16	17	18	19	20	21
	1	2	3	4	5	6	7	8	9	10	11	12	13	14	15	16	17	18	19	20	21
	1	2	3	4	5	6	7	8	9	10	11	12	13	14	15	16	17	18	19	20	21

TimeOuts

1	2	3
1	2	3
1	2	3

Team 1: ______________________________

Event: ______________________________

Format: ______________

Referee: ______________

Court: ______________

Match: ______________

Team 2: ______________________________

Server Score

	1	2	3	4	5	6	7	8	9	10	11	12	13	14	15	16	17	18	19	20	21
	1	2	3	4	5	6	7	8	9	10	11	12	13	14	15	16	17	18	19	20	21
	1	2	3	4	5	6	7	8	9	10	11	12	13	14	15	16	17	18	19	20	21

TimeOuts

1	2	3
1	2	3
1	2	3

If above wins match,
all scores & initials

______ ______ ______ ______

If above wins match,
all scores & initials

Server Score

	1	2	3	4	5	6	7	8	9	10	11	12	13	14	15	16	17	18	19	20	21
	1	2	3	4	5	6	7	8	9	10	11	12	13	14	15	16	17	18	19	20	21
	1	2	3	4	5	6	7	8	9	10	11	12	13	14	15	16	17	18	19	20	21

TimeOuts

1	2	3
1	2	3
1	2	3

Team 1: ______________________________

Event: ______________________________

Format: ______________

Referee: ______________

Court: ______________

Match: ______________

Team 2: ______________________________

Server Score

	1	2	3	4	5	6	7	8	9	10	11	12	13	14	15	16	17	18	19	20	21
	1	2	3	4	5	6	7	8	9	10	11	12	13	14	15	16	17	18	19	20	21
	1	2	3	4	5	6	7	8	9	10	11	12	13	14	15	16	17	18	19	20	21

TimeOuts

1	2	3
1	2	3
1	2	3

If above wins match,
all scores & initials

______ ______ ______ ______

Event: ______________________________

Team 1: ______________________________

Match: ______

Court: ______

Referee: ______

Format: ______

Server Score

	1	2	3	4	5	6	7	8	9	10	11	12	13	14	15	16	17	18	19	20	21
	1	2	3	4	5	6	7	8	9	10	11	12	13	14	15	16	17	18	19	20	21
	1	2	3	4	5	6	7	8	9	10	11	12	13	14	15	16	17	18	19	20	21

TimeOuts

1	2	3
1	2	3
1	2	3

If above wins match,
all scores & initials

Team 2: ______________________________

Server Score

	1	2	3	4	5	6	7	8	9	10	11	12	13	14	15	16	17	18	19	20	21
	1	2	3	4	5	6	7	8	9	10	11	12	13	14	15	16	17	18	19	20	21
	1	2	3	4	5	6	7	8	9	10	11	12	13	14	15	16	17	18	19	20	21

TimeOuts

1	2	3
1	2	3
1	2	3

If above wins match,
all scores & initials

______ ______ ______ ______

Event: ______________________________

Team 1: ______________________________

Match: ______

Court: ______

Referee: ______

Format: ______

Server Score

	1	2	3	4	5	6	7	8	9	10	11	12	13	14	15	16	17	18	19	20	21
	1	2	3	4	5	6	7	8	9	10	11	12	13	14	15	16	17	18	19	20	21
	1	2	3	4	5	6	7	8	9	10	11	12	13	14	15	16	17	18	19	20	21

TimeOuts

1	2	3
1	2	3
1	2	3

If above wins match,
all scores & initials

Team 2: ______________________

Server Score

	1	2	3	4	5	6	7	8	9	10	11	12	13	14	15	16	17	18	19	20	21
	1	2	3	4	5	6	7	8	9	10	11	12	13	14	15	16	17	18	19	20	21
	1	2	3	4	5	6	7	8	9	10	11	12	13	14	15	16	17	18	19	20	21

TimeOuts

1	2	3
1	2	3
1	2	3

If above wins match,
all scores & initials

_______ _______ _______ _______

If above wins match,
all scores & initials

Server Score

	1	2	3	4	5	6	7	8	9	10	11	12	13	14	15	16	17	18	19	20	21
	1	2	3	4	5	6	7	8	9	10	11	12	13	14	15	16	17	18	19	20	21
	1	2	3	4	5	6	7	8	9	10	11	12	13	14	15	16	17	18	19	20	21

TimeOuts

1	2	3
1	2	3
1	2	3

Team 1: ______________________

Event: ______________________

Format:

Referee: ____________

Court: ____________

Match: ____________

Team 2: ______________________

Server Score

	1	2	3	4	5	6	7	8	9	10	11	12	13	14	15	16	17	18	19	20	21
	1	2	3	4	5	6	7	8	9	10	11	12	13	14	15	16	17	18	19	20	21
	1	2	3	4	5	6	7	8	9	10	11	12	13	14	15	16	17	18	19	20	21

TimeOuts

1	2	3
1	2	3
1	2	3

If above wins match,
all scores & initials

_______ _______ _______ _______

If above wins match,
all scores & initials

Server Score

	1	2	3	4	5	6	7	8	9	10	11	12	13	14	15	16	17	18	19	20	21
	1	2	3	4	5	6	7	8	9	10	11	12	13	14	15	16	17	18	19	20	21
	1	2	3	4	5	6	7	8	9	10	11	12	13	14	15	16	17	18	19	20	21

TimeOuts

1	2	3
1	2	3
1	2	3

Team 1: ______________________

Event: ______________________

Format:

Referee: ____________

Court: ____________

Match: ____________

Team 2: ______________________________

Server Score

	1	2	3	4	5	6	7	8	9	10	11	12	13	14	15	16	17	18	19	20	21
	1	2	3	4	5	6	7	8	9	10	11	12	13	14	15	16	17	18	19	20	21
	1	2	3	4	5	6	7	8	9	10	11	12	13	14	15	16	17	18	19	20	21

TimeOuts

1	2	3
1	2	3
1	2	3

If above wins match,
all scores & initials

_______ _______ _______ _______

If above wins match,
all scores & initials

Server Score

	1	2	3	4	5	6	7	8	9	10	11	12	13	14	15	16	17	18	19	20	21
	1	2	3	4	5	6	7	8	9	10	11	12	13	14	15	16	17	18	19	20	21
	1	2	3	4	5	6	7	8	9	10	11	12	13	14	15	16	17	18	19	20	21

TimeOuts

1	2	3
1	2	3
1	2	3

Team 1: ______________________________

Event: ______________________________

Format:

Referee: ______________

Court: ______________

Match: __________

Team 2: ______________________________

Server Score

	1	2	3	4	5	6	7	8	9	10	11	12	13	14	15	16	17	18	19	20	21
	1	2	3	4	5	6	7	8	9	10	11	12	13	14	15	16	17	18	19	20	21
	1	2	3	4	5	6	7	8	9	10	11	12	13	14	15	16	17	18	19	20	21

TimeOuts

1	2	3
1	2	3
1	2	3

If above wins match,
all scores & initials

_______ _______ _______ _______

If above wins match,
all scores & initials

Server Score

	1	2	3	4	5	6	7	8	9	10	11	12	13	14	15	16	17	18	19	20	21
	1	2	3	4	5	6	7	8	9	10	11	12	13	14	15	16	17	18	19	20	21
	1	2	3	4	5	6	7	8	9	10	11	12	13	14	15	16	17	18	19	20	21

TimeOuts

1	2	3
1	2	3
1	2	3

Team 1: ______________________________

Event: ______________________________

Format:

Referee: ______________

Court: ______________

Match: __________

Team 2: ______________________

Server Score

	1	2	3	4	5	6	7	8	9	10	11	12	13	14	15	16	17	18	19	20	21
	1	2	3	4	5	6	7	8	9	10	11	12	13	14	15	16	17	18	19	20	21
	1	2	3	4	5	6	7	8	9	10	11	12	13	14	15	16	17	18	19	20	21

TimeOuts

1	2	3
1	2	3
1	2	3

If above wins match,
all scores & initials

______ ______ ______ ______

If above wins match,
all scores & initials

Server Score

	1	2	3	4	5	6	7	8	9	10	11	12	13	14	15	16	17	18	19	20	21
	1	2	3	4	5	6	7	8	9	10	11	12	13	14	15	16	17	18	19	20	21
	1	2	3	4	5	6	7	8	9	10	11	12	13	14	15	16	17	18	19	20	21

TimeOuts

1	2	3
1	2	3
1	2	3

Event: ______________________

Team 1: ______________________

Match: ______

Court: ______

Referee: ______

Format: ______

Team 2: ______________________

Server Score

	1	2	3	4	5	6	7	8	9	10	11	12	13	14	15	16	17	18	19	20	21
	1	2	3	4	5	6	7	8	9	10	11	12	13	14	15	16	17	18	19	20	21
	1	2	3	4	5	6	7	8	9	10	11	12	13	14	15	16	17	18	19	20	21

TimeOuts

1	2	3
1	2	3
1	2	3

If above wins match,
all scores & initials

______ ______ ______ ______

If above wins match,
all scores & initials

Server Score

	1	2	3	4	5	6	7	8	9	10	11	12	13	14	15	16	17	18	19	20	21
	1	2	3	4	5	6	7	8	9	10	11	12	13	14	15	16	17	18	19	20	21
	1	2	3	4	5	6	7	8	9	10	11	12	13	14	15	16	17	18	19	20	21

TimeOuts

1	2	3
1	2	3
1	2	3

Event: ______________________

Team 1: ______________________

Match: ______

Court: ______

Referee: ______

Format: ______

Team 2: ______________________

Server Score

	1	2	3	4	5	6	7	8	9	10	11	12	13	14	15	16	17	18	19	20	21
	1	2	3	4	5	6	7	8	9	10	11	12	13	14	15	16	17	18	19	20	21
	1	2	3	4	5	6	7	8	9	10	11	12	13	14	15	16	17	18	19	20	21

TimeOuts

1	2	3
1	2	3
1	2	3

If above wins match,
all scores & initials ______ ______ ______ ______

If above wins match,
all scores & initials

Server Score

	1	2	3	4	5	6	7	8	9	10	11	12	13	14	15	16	17	18	19	20	21
	1	2	3	4	5	6	7	8	9	10	11	12	13	14	15	16	17	18	19	20	21
	1	2	3	4	5	6	7	8	9	10	11	12	13	14	15	16	17	18	19	20	21

TimeOuts

1	2	3
1	2	3
1	2	3

Event: ______________________

Team 1: ______________________

Match: ________

Court: ________

Referee: ________

Format:

Team 2: ______________________

Server Score

	1	2	3	4	5	6	7	8	9	10	11	12	13	14	15	16	17	18	19	20	21
	1	2	3	4	5	6	7	8	9	10	11	12	13	14	15	16	17	18	19	20	21
	1	2	3	4	5	6	7	8	9	10	11	12	13	14	15	16	17	18	19	20	21

TimeOuts

1	2	3
1	2	3
1	2	3

If above wins match,
all scores & initials ______ ______ ______ ______

If above wins match,
all scores & initials

Server Score

	1	2	3	4	5	6	7	8	9	10	11	12	13	14	15	16	17	18	19	20	21
	1	2	3	4	5	6	7	8	9	10	11	12	13	14	15	16	17	18	19	20	21
	1	2	3	4	5	6	7	8	9	10	11	12	13	14	15	16	17	18	19	20	21

TimeOuts

1	2	3
1	2	3
1	2	3

Event: ______________________

Team 1: ______________________

Match: ________

Court: ________

Referee: ________

Format:

Team 2: ______________________

Server Score

	1	2	3	4	5	6	7	8	9	10	11	12	13	14	15	16	17	18	19	20	21
	1	2	3	4	5	6	7	8	9	10	11	12	13	14	15	16	17	18	19	20	21
	1	2	3	4	5	6	7	8	9	10	11	12	13	14	15	16	17	18	19	20	21

TimeOuts

1	2	3
1	2	3
1	2	3

If above wins match,
all scores & initials

______ ______ ______ ______

If above wins match,
all scores & initials

Server Score

	1	2	3	4	5	6	7	8	9	10	11	12	13	14	15	16	17	18	19	20	21
	1	2	3	4	5	6	7	8	9	10	11	12	13	14	15	16	17	18	19	20	21
	1	2	3	4	5	6	7	8	9	10	11	12	13	14	15	16	17	18	19	20	21

TimeOuts

1	2	3
1	2	3
1	2	3

Event: ______________________

Team 1: ______________________

Match: __________

Court: __________

Referee: __________

Format: __________

Team 2: ______________________

Server Score

	1	2	3	4	5	6	7	8	9	10	11	12	13	14	15	16	17	18	19	20	21
	1	2	3	4	5	6	7	8	9	10	11	12	13	14	15	16	17	18	19	20	21
	1	2	3	4	5	6	7	8	9	10	11	12	13	14	15	16	17	18	19	20	21

TimeOuts

1	2	3
1	2	3
1	2	3

If above wins match,
all scores & initials

______ ______ ______ ______

If above wins match,
all scores & initials

Server Score

	1	2	3	4	5	6	7	8	9	10	11	12	13	14	15	16	17	18	19	20	21
	1	2	3	4	5	6	7	8	9	10	11	12	13	14	15	16	17	18	19	20	21
	1	2	3	4	5	6	7	8	9	10	11	12	13	14	15	16	17	18	19	20	21

TimeOuts

1	2	3
1	2	3
1	2	3

Event: ______________________

Team 1: ______________________

Match: __________

Court: __________

Referee: __________

Format: __________

Team 2: ______________________________

Server Score

	1	2	3	4	5	6	7	8	9	10	11	12	13	14	15	16	17	18	19	20	21
	1	2	3	4	5	6	7	8	9	10	11	12	13	14	15	16	17	18	19	20	21
	1	2	3	4	5	6	7	8	9	10	11	12	13	14	15	16	17	18	19	20	21

TimeOuts

1	2	3
1	2	3
1	2	3

If above wins match,
all scores & initials

________ ________ ________ ________

If above wins match,
all scores & initials

Event: ______________________________

Team 1: ______________________________

Match: ________

Court: ____________

Referee: ______________

Format:

Server Score

	1	2	3	4	5	6	7	8	9	10	11	12	13	14	15	16	17	18	19	20	21
	1	2	3	4	5	6	7	8	9	10	11	12	13	14	15	16	17	18	19	20	21
	1	2	3	4	5	6	7	8	9	10	11	12	13	14	15	16	17	18	19	20	21

TimeOuts

1	2	3
1	2	3
1	2	3

Team 2: ______________________________

Server Score

	1	2	3	4	5	6	7	8	9	10	11	12	13	14	15	16	17	18	19	20	21
	1	2	3	4	5	6	7	8	9	10	11	12	13	14	15	16	17	18	19	20	21
	1	2	3	4	5	6	7	8	9	10	11	12	13	14	15	16	17	18	19	20	21

TimeOuts

1	2	3
1	2	3
1	2	3

If above wins match,
all scores & initials

________ ________ ________ ________

If above wins match,
all scores & initials

Event: ______________________________

Team 1: ______________________________

Match: ________

Court: ____________

Referee: ______________

Format:

Server Score

	1	2	3	4	5	6	7	8	9	10	11	12	13	14	15	16	17	18	19	20	21
	1	2	3	4	5	6	7	8	9	10	11	12	13	14	15	16	17	18	19	20	21
	1	2	3	4	5	6	7	8	9	10	11	12	13	14	15	16	17	18	19	20	21

TimeOuts

1	2	3
1	2	3
1	2	3

Team 2: ______________________________

Server Score

	1	2	3	4	5	6	7	8	9	10	11	12	13	14	15	16	17	18	19	20	21
	1	2	3	4	5	6	7	8	9	10	11	12	13	14	15	16	17	18	19	20	21
	1	2	3	4	5	6	7	8	9	10	11	12	13	14	15	16	17	18	19	20	21

TimeOuts

1	2	3
1	2	3
1	2	3

If above wins match,
all scores & initials

_______ _______ _______ _______

If above wins match,
all scores & initials

Match: ________

Event: ______________________________ Court: ____________

Team 1: ______________________________ Referee: ______________

Format:

Server Score

	1	2	3	4	5	6	7	8	9	10	11	12	13	14	15	16	17	18	19	20	21
	1	2	3	4	5	6	7	8	9	10	11	12	13	14	15	16	17	18	19	20	21
	1	2	3	4	5	6	7	8	9	10	11	12	13	14	15	16	17	18	19	20	21

TimeOuts

1	2	3
1	2	3
1	2	3

Team 2: ______________________________

Server Score

	1	2	3	4	5	6	7	8	9	10	11	12	13	14	15	16	17	18	19	20	21
	1	2	3	4	5	6	7	8	9	10	11	12	13	14	15	16	17	18	19	20	21
	1	2	3	4	5	6	7	8	9	10	11	12	13	14	15	16	17	18	19	20	21

TimeOuts

1	2	3
1	2	3
1	2	3

If above wins match,
all scores & initials

_______ _______ _______ _______

If above wins match,
all scores & initials

Match: ________

Event: ______________________________ Court: ____________

Team 1: ______________________________ Referee: ______________

Format:

Server Score

	1	2	3	4	5	6	7	8	9	10	11	12	13	14	15	16	17	18	19	20	21
	1	2	3	4	5	6	7	8	9	10	11	12	13	14	15	16	17	18	19	20	21
	1	2	3	4	5	6	7	8	9	10	11	12	13	14	15	16	17	18	19	20	21

TimeOuts

1	2	3
1	2	3
1	2	3

Team 2: ______________________________

Server Score

	1	2	3	4	5	6	7	8	9	10	11	12	13	14	15	16	17	18	19	20	21
	1	2	3	4	5	6	7	8	9	10	11	12	13	14	15	16	17	18	19	20	21
	1	2	3	4	5	6	7	8	9	10	11	12	13	14	15	16	17	18	19	20	21

TimeOuts

1	2	3
1	2	3
1	2	3

If above wins match,
all scores & initials

______ ______ ______ ______

If above wins match,
all scores & initials

Event: ______________________________ Match: ________

Team 1: ______________________________ Court: ____________

Referee: ______________

Format: ______________

Server Score

	1	2	3	4	5	6	7	8	9	10	11	12	13	14	15	16	17	18	19	20	21
	1	2	3	4	5	6	7	8	9	10	11	12	13	14	15	16	17	18	19	20	21
	1	2	3	4	5	6	7	8	9	10	11	12	13	14	15	16	17	18	19	20	21

TimeOuts

1	2	3
1	2	3
1	2	3

Team 2: ______________________________

Server Score

	1	2	3	4	5	6	7	8	9	10	11	12	13	14	15	16	17	18	19	20	21
	1	2	3	4	5	6	7	8	9	10	11	12	13	14	15	16	17	18	19	20	21
	1	2	3	4	5	6	7	8	9	10	11	12	13	14	15	16	17	18	19	20	21

TimeOuts

1	2	3
1	2	3
1	2	3

If above wins match,
all scores & initials

______ ______ ______ ______

If above wins match,
all scores & initials

Event: ______________________________ Match: ________

Team 1: ______________________________ Court: ____________

Referee: ______________

Format: ______________

Server Score

	1	2	3	4	5	6	7	8	9	10	11	12	13	14	15	16	17	18	19	20	21
	1	2	3	4	5	6	7	8	9	10	11	12	13	14	15	16	17	18	19	20	21
	1	2	3	4	5	6	7	8	9	10	11	12	13	14	15	16	17	18	19	20	21

TimeOuts

1	2	3
1	2	3
1	2	3

Team 2: ______________________________

Server Score

	1	2	3	4	5	6	7	8	9	10	11	12	13	14	15	16	17	18	19	20	21
	1	2	3	4	5	6	7	8	9	10	11	12	13	14	15	16	17	18	19	20	21
	1	2	3	4	5	6	7	8	9	10	11	12	13	14	15	16	17	18	19	20	21

TimeOuts

1	2	3
1	2	3
1	2	3

If above wins match,
all scores & initials

_______ _______ _______ _______

If above wins match,
all scores & initials

	1	2	3	4	5	6	7	8	9	10	11	12	13	14	15	16	17	18	19	20	21
	1	2	3	4	5	6	7	8	9	10	11	12	13	14	15	16	17	18	19	20	21
	1	2	3	4	5	6	7	8	9	10	11	12	13	14	15	16	17	18	19	20	21

Server Score

1	2	3
1	2	3
1	2	3

TimeOuts

Team 1: ______________________________

Event: ______________________________

Format:

Referee: ______________

Court: ______________

Match: ______________

Team 2: ______________________________

Server Score

	1	2	3	4	5	6	7	8	9	10	11	12	13	14	15	16	17	18	19	20	21
	1	2	3	4	5	6	7	8	9	10	11	12	13	14	15	16	17	18	19	20	21
	1	2	3	4	5	6	7	8	9	10	11	12	13	14	15	16	17	18	19	20	21

TimeOuts

1	2	3
1	2	3
1	2	3

If above wins match,
all scores & initials

_______ _______ _______ _______

If above wins match,
all scores & initials

	1	2	3	4	5	6	7	8	9	10	11	12	13	14	15	16	17	18	19	20	21
	1	2	3	4	5	6	7	8	9	10	11	12	13	14	15	16	17	18	19	20	21
	1	2	3	4	5	6	7	8	9	10	11	12	13	14	15	16	17	18	19	20	21

Server Score

1	2	3
1	2	3
1	2	3

TimeOuts

Team 1: ______________________________

Event: ______________________________

Format:

Referee: ______________

Court: ______________

Match: ______________

Team 2: ____________________

Server Score																					
	1	2	3	4	5	6	7	8	9	10	11	12	13	14	15	16	17	18	19	20	21
	1	2	3	4	5	6	7	8	9	10	11	12	13	14	15	16	17	18	19	20	21
	1	2	3	4	5	6	7	8	9	10	11	12	13	14	15	16	17	18	19	20	21

TimeOuts		
1	2	3
1	2	3
1	2	3

If above wins match,
all scores & initials

____ ____ ____ ____

If above wins match,
all scores & initials

Event: ____________________

Team 1: ____________________

Match: ________

Court: ________

Referee: ________

Format: ________

Server Score																					
	1	2	3	4	5	6	7	8	9	10	11	12	13	14	15	16	17	18	19	20	21
	1	2	3	4	5	6	7	8	9	10	11	12	13	14	15	16	17	18	19	20	21
	1	2	3	4	5	6	7	8	9	10	11	12	13	14	15	16	17	18	19	20	21

TimeOuts		
1	2	3
1	2	3
1	2	3

Team 2: ____________________

Server Score																					
	1	2	3	4	5	6	7	8	9	10	11	12	13	14	15	16	17	18	19	20	21
	1	2	3	4	5	6	7	8	9	10	11	12	13	14	15	16	17	18	19	20	21
	1	2	3	4	5	6	7	8	9	10	11	12	13	14	15	16	17	18	19	20	21

TimeOuts		
1	2	3
1	2	3
1	2	3

If above wins match,
all scores & initials

____ ____ ____ ____

If above wins match,
all scores & initials

Event: ____________________

Team 1: ____________________

Match: ________

Court: ________

Referee: ________

Format: ________

Server Score																					
	1	2	3	4	5	6	7	8	9	10	11	12	13	14	15	16	17	18	19	20	21
	1	2	3	4	5	6	7	8	9	10	11	12	13	14	15	16	17	18	19	20	21
	1	2	3	4	5	6	7	8	9	10	11	12	13	14	15	16	17	18	19	20	21

TimeOuts		
1	2	3
1	2	3
1	2	3

Team 2: ______________________________

Server Score

	1	2	3	4	5	6	7	8	9	10	11	12	13	14	15	16	17	18	19	20	21
	1	2	3	4	5	6	7	8	9	10	11	12	13	14	15	16	17	18	19	20	21
	1	2	3	4	5	6	7	8	9	10	11	12	13	14	15	16	17	18	19	20	21

TimeOuts

1	2	3
1	2	3
1	2	3

If above wins match,
all scores & initials

________ ________ ________ ________

If above wins match,
all scores & initials

Server Score

	1	2	3	4	5	6	7	8	9	10	11	12	13	14	15	16	17	18	19	20	21
	1	2	3	4	5	6	7	8	9	10	11	12	13	14	15	16	17	18	19	20	21
	1	2	3	4	5	6	7	8	9	10	11	12	13	14	15	16	17	18	19	20	21

TimeOuts

1	2	3
1	2	3
1	2	3

Event: ______________________________

Team 1: ______________________________

Match: __________

Court: __________

Referee: __________

Format: __________

Team 2: ______________________________

Server Score

	1	2	3	4	5	6	7	8	9	10	11	12	13	14	15	16	17	18	19	20	21
	1	2	3	4	5	6	7	8	9	10	11	12	13	14	15	16	17	18	19	20	21
	1	2	3	4	5	6	7	8	9	10	11	12	13	14	15	16	17	18	19	20	21

TimeOuts

1	2	3
1	2	3
1	2	3

If above wins match,
all scores & initials

________ ________ ________ ________

If above wins match,
all scores & initials

Server Score

	1	2	3	4	5	6	7	8	9	10	11	12	13	14	15	16	17	18	19	20	21
	1	2	3	4	5	6	7	8	9	10	11	12	13	14	15	16	17	18	19	20	21
	1	2	3	4	5	6	7	8	9	10	11	12	13	14	15	16	17	18	19	20	21

TimeOuts

1	2	3
1	2	3
1	2	3

Event: ______________________________

Team 1: ______________________________

Match: __________

Court: __________

Referee: __________

Format: __________

Team 2: ____________________

Server Score

	1	2	3	4	5	6	7	8	9	10	11	12	13	14	15	16	17	18	19	20	21
	1	2	3	4	5	6	7	8	9	10	11	12	13	14	15	16	17	18	19	20	21
	1	2	3	4	5	6	7	8	9	10	11	12	13	14	15	16	17	18	19	20	21

TimeOuts

1	2	3
1	2	3
1	2	3

If above wins match,
all scores & initials

____ ____ ____ ____

If above wins match,
all scores & initials

Server Score

	1	2	3	4	5	6	7	8	9	10	11	12	13	14	15	16	17	18	19	20	21
	1	2	3	4	5	6	7	8	9	10	11	12	13	14	15	16	17	18	19	20	21
	1	2	3	4	5	6	7	8	9	10	11	12	13	14	15	16	17	18	19	20	21

TimeOuts

1	2	3
1	2	3
1	2	3

Event: ____________________

Team 1: ____________________

Match: ________

Court: ________

Referee: ________

Format: ________

Team 2: ____________________

Server Score

	1	2	3	4	5	6	7	8	9	10	11	12	13	14	15	16	17	18	19	20	21
	1	2	3	4	5	6	7	8	9	10	11	12	13	14	15	16	17	18	19	20	21
	1	2	3	4	5	6	7	8	9	10	11	12	13	14	15	16	17	18	19	20	21

TimeOuts

1	2	3
1	2	3
1	2	3

If above wins match,
all scores & initials

____ ____ ____ ____

If above wins match,
all scores & initials

Server Score

	1	2	3	4	5	6	7	8	9	10	11	12	13	14	15	16	17	18	19	20	21
	1	2	3	4	5	6	7	8	9	10	11	12	13	14	15	16	17	18	19	20	21
	1	2	3	4	5	6	7	8	9	10	11	12	13	14	15	16	17	18	19	20	21

TimeOuts

1	2	3
1	2	3
1	2	3

Event: ____________________

Team 1: ____________________

Match: ________

Court: ________

Referee: ________

Format: ________

Team 2: ______________________________

Server Score

	1	2	3	4	5	6	7	8	9	10	11	12	13	14	15	16	17	18	19	20	21
	1	2	3	4	5	6	7	8	9	10	11	12	13	14	15	16	17	18	19	20	21
	1	2	3	4	5	6	7	8	9	10	11	12	13	14	15	16	17	18	19	20	21

TimeOuts

1	2	3
1	2	3
1	2	3

If above wins match,
all scores & initials

________ ________ ________ ________

If above wins match,
all scores & initials

Server Score

	1	2	3	4	5	6	7	8	9	10	11	12	13	14	15	16	17	18	19	20	21
	1	2	3	4	5	6	7	8	9	10	11	12	13	14	15	16	17	18	19	20	21
	1	2	3	4	5	6	7	8	9	10	11	12	13	14	15	16	17	18	19	20	21

TimeOuts

1	2	3
1	2	3
1	2	3

Team 1: ______________________________

Event: ______________________________

Format:

Referee: ______________

Court: ______________

Match: ________

Team 2: ______________________________

Server Score

	1	2	3	4	5	6	7	8	9	10	11	12	13	14	15	16	17	18	19	20	21
	1	2	3	4	5	6	7	8	9	10	11	12	13	14	15	16	17	18	19	20	21
	1	2	3	4	5	6	7	8	9	10	11	12	13	14	15	16	17	18	19	20	21

TimeOuts

1	2	3
1	2	3
1	2	3

If above wins match,
all scores & initials

________ ________ ________ ________

If above wins match,
all scores & initials

Server Score

	1	2	3	4	5	6	7	8	9	10	11	12	13	14	15	16	17	18	19	20	21
	1	2	3	4	5	6	7	8	9	10	11	12	13	14	15	16	17	18	19	20	21
	1	2	3	4	5	6	7	8	9	10	11	12	13	14	15	16	17	18	19	20	21

TimeOuts

1	2	3
1	2	3
1	2	3

Team 1: ______________________________

Event: ______________________________

Format:

Referee: ______________

Court: ______________

Match: ________

Team 2: ______________________________

Server Score

	1	2	3	4	5	6	7	8	9	10	11	12	13	14	15	16	17	18	19	20	21
	1	2	3	4	5	6	7	8	9	10	11	12	13	14	15	16	17	18	19	20	21
	1	2	3	4	5	6	7	8	9	10	11	12	13	14	15	16	17	18	19	20	21

TimeOuts

1	2	3
1	2	3
1	2	3

If above wins match,
all scores & initials

_____ _____ _____ _____

Match: ________

Court: ________

Referee: ________

Format:

Event: ______________________________

Team 1: ______________________________

Server Score

	1	2	3	4	5	6	7	8	9	10	11	12	13	14	15	16	17	18	19	20	21
	1	2	3	4	5	6	7	8	9	10	11	12	13	14	15	16	17	18	19	20	21
	1	2	3	4	5	6	7	8	9	10	11	12	13	14	15	16	17	18	19	20	21

TimeOuts

1	2	3
1	2	3
1	2	3

If above wins match,
all scores & initials

Team 2: ______________________________

Server Score

	1	2	3	4	5	6	7	8	9	10	11	12	13	14	15	16	17	18	19	20	21
	1	2	3	4	5	6	7	8	9	10	11	12	13	14	15	16	17	18	19	20	21
	1	2	3	4	5	6	7	8	9	10	11	12	13	14	15	16	17	18	19	20	21

TimeOuts

1	2	3
1	2	3
1	2	3

If above wins match,
all scores & initials

_____ _____ _____ _____

Match: ________

Court: ________

Referee: ________

Format:

Event: ______________________________

Team 1: ______________________________

Server Score

	1	2	3	4	5	6	7	8	9	10	11	12	13	14	15	16	17	18	19	20	21
	1	2	3	4	5	6	7	8	9	10	11	12	13	14	15	16	17	18	19	20	21
	1	2	3	4	5	6	7	8	9	10	11	12	13	14	15	16	17	18	19	20	21

TimeOuts

1	2	3
1	2	3
1	2	3

If above wins match,
all scores & initials

Team 2: ______________________________

Server Score

	1	2	3	4	5	6	7	8	9	10	11	12	13	14	15	16	17	18	19	20	21
	1	2	3	4	5	6	7	8	9	10	11	12	13	14	15	16	17	18	19	20	21
	1	2	3	4	5	6	7	8	9	10	11	12	13	14	15	16	17	18	19	20	21

TimeOuts

1	2	3
1	2	3
1	2	3

If above wins match,
all scores & initials

If above wins match,
all scores & initials
________ ________ ________ ________

Server Score

	1	2	3	4	5	6	7	8	9	10	11	12	13	14	15	16	17	18	19	20	21
	1	2	3	4	5	6	7	8	9	10	11	12	13	14	15	16	17	18	19	20	21
	1	2	3	4	5	6	7	8	9	10	11	12	13	14	15	16	17	18	19	20	21

TimeOuts

1	2	3
1	2	3
1	2	3

Event: ______________________________ Match: ____________

Team 1: ______________________________ Court: ____________

Referee: ____________

Format: ____________

Team 2: ______________________________

Server Score

	1	2	3	4	5	6	7	8	9	10	11	12	13	14	15	16	17	18	19	20	21
	1	2	3	4	5	6	7	8	9	10	11	12	13	14	15	16	17	18	19	20	21
	1	2	3	4	5	6	7	8	9	10	11	12	13	14	15	16	17	18	19	20	21

TimeOuts

1	2	3
1	2	3
1	2	3

If above wins match,
all scores & initials

If above wins match,
all scores & initials
________ ________ ________ ________

Server Score

	1	2	3	4	5	6	7	8	9	10	11	12	13	14	15	16	17	18	19	20	21
	1	2	3	4	5	6	7	8	9	10	11	12	13	14	15	16	17	18	19	20	21
	1	2	3	4	5	6	7	8	9	10	11	12	13	14	15	16	17	18	19	20	21

TimeOuts

1	2	3
1	2	3
1	2	3

Event: ______________________________ Match: ____________

Team 1: ______________________________ Court: ____________

Referee: ____________

Format: ____________

Team 2: ____________________

Server Score

	1	2	3	4	5	6	7	8	9	10	11	12	13	14	15	16	17	18	19	20	21
	1	2	3	4	5	6	7	8	9	10	11	12	13	14	15	16	17	18	19	20	21
	1	2	3	4	5	6	7	8	9	10	11	12	13	14	15	16	17	18	19	20	21

TimeOuts

1	2	3
1	2	3
1	2	3

If above wins match,
all scores & initials

If above wins match,
all scores & initials

________ ________ ________ ________

Server Score

	1	2	3	4	5	6	7	8	9	10	11	12	13	14	15	16	17	18	19	20	21
	1	2	3	4	5	6	7	8	9	10	11	12	13	14	15	16	17	18	19	20	21
	1	2	3	4	5	6	7	8	9	10	11	12	13	14	15	16	17	18	19	20	21

TimeOuts

1	2	3
1	2	3
1	2	3

Team 1: ____________________

Event: ____________________

Format:

Referee: ____________________

Court: ____________________

Match: ____________________

Team 2: ____________________

Server Score

	1	2	3	4	5	6	7	8	9	10	11	12	13	14	15	16	17	18	19	20	21
	1	2	3	4	5	6	7	8	9	10	11	12	13	14	15	16	17	18	19	20	21
	1	2	3	4	5	6	7	8	9	10	11	12	13	14	15	16	17	18	19	20	21

TimeOuts

1	2	3
1	2	3
1	2	3

If above wins match,
all scores & initials

If above wins match,
all scores & initials

________ ________ ________ ________

Server Score

	1	2	3	4	5	6	7	8	9	10	11	12	13	14	15	16	17	18	19	20	21
	1	2	3	4	5	6	7	8	9	10	11	12	13	14	15	16	17	18	19	20	21
	1	2	3	4	5	6	7	8	9	10	11	12	13	14	15	16	17	18	19	20	21

TimeOuts

1	2	3
1	2	3
1	2	3

Team 1: ____________________

Event: ____________________

Format:

Referee: ____________________

Court: ____________________

Match: ____________________

Team 2: ______________________________

Server Score

	1	2	3	4	5	6	7	8	9	10	11	12	13	14	15	16	17	18	19	20	21
	1	2	3	4	5	6	7	8	9	10	11	12	13	14	15	16	17	18	19	20	21
	1	2	3	4	5	6	7	8	9	10	11	12	13	14	15	16	17	18	19	20	21

TimeOuts

1	2	3
1	2	3
1	2	3

If above wins match,
all scores & initials

Event: ______________________________

Team 1: ______________________________

Match: __________

Court: __________

Referee: __________

Format: __________

Server Score

	1	2	3	4	5	6	7	8	9	10	11	12	13	14	15	16	17	18	19	20	21
	1	2	3	4	5	6	7	8	9	10	11	12	13	14	15	16	17	18	19	20	21
	1	2	3	4	5	6	7	8	9	10	11	12	13	14	15	16	17	18	19	20	21

TimeOuts

1	2	3
1	2	3
1	2	3

If above wins match,
all scores & initials ________ ________ ________ ________

Team 2: ______________________________

Server Score

	1	2	3	4	5	6	7	8	9	10	11	12	13	14	15	16	17	18	19	20	21
	1	2	3	4	5	6	7	8	9	10	11	12	13	14	15	16	17	18	19	20	21
	1	2	3	4	5	6	7	8	9	10	11	12	13	14	15	16	17	18	19	20	21

TimeOuts

1	2	3
1	2	3
1	2	3

If above wins match,
all scores & initials

Event: ______________________________

Team 1: ______________________________

Match: __________

Court: __________

Referee: __________

Format: __________

Server Score

	1	2	3	4	5	6	7	8	9	10	11	12	13	14	15	16	17	18	19	20	21
	1	2	3	4	5	6	7	8	9	10	11	12	13	14	15	16	17	18	19	20	21
	1	2	3	4	5	6	7	8	9	10	11	12	13	14	15	16	17	18	19	20	21

TimeOuts

1	2	3
1	2	3
1	2	3

If above wins match,
all scores & initials ________ ________ ________ ________

Team 2: ______________________________

Server Score

	1	2	3	4	5	6	7	8	9	10	11	12	13	14	15	16	17	18	19	20	21
	1	2	3	4	5	6	7	8	9	10	11	12	13	14	15	16	17	18	19	20	21
	1	2	3	4	5	6	7	8	9	10	11	12	13	14	15	16	17	18	19	20	21

TimeOuts

1	2	3
1	2	3
1	2	3

If above wins match,
all scores & initials

_______ _______ _______ _______

If above wins match,
all scores & initials

Server Score

	1	2	3	4	5	6	7	8	9	10	11	12	13	14	15	16	17	18	19	20	21
	1	2	3	4	5	6	7	8	9	10	11	12	13	14	15	16	17	18	19	20	21
	1	2	3	4	5	6	7	8	9	10	11	12	13	14	15	16	17	18	19	20	21

TimeOuts

1	2	3
1	2	3
1	2	3

Team 1: ______________________________

Event: ______________________________

Format:

Referee: ______________

Court: ____________

Match: _________

Team 2: ______________________________

Server Score

	1	2	3	4	5	6	7	8	9	10	11	12	13	14	15	16	17	18	19	20	21
	1	2	3	4	5	6	7	8	9	10	11	12	13	14	15	16	17	18	19	20	21
	1	2	3	4	5	6	7	8	9	10	11	12	13	14	15	16	17	18	19	20	21

TimeOuts

1	2	3
1	2	3
1	2	3

If above wins match,
all scores & initials

_______ _______ _______ _______

If above wins match,
all scores & initials

Server Score

	1	2	3	4	5	6	7	8	9	10	11	12	13	14	15	16	17	18	19	20	21
	1	2	3	4	5	6	7	8	9	10	11	12	13	14	15	16	17	18	19	20	21
	1	2	3	4	5	6	7	8	9	10	11	12	13	14	15	16	17	18	19	20	21

TimeOuts

1	2	3
1	2	3
1	2	3

Team 1: ______________________________

Event: ______________________________

Format:

Referee: ______________

Court: ____________

Match: _________

Team 2: ____________________

Server Score

	1	2	3	4	5	6	7	8	9	10	11	12	13	14	15	16	17	18	19	20	21
	1	2	3	4	5	6	7	8	9	10	11	12	13	14	15	16	17	18	19	20	21
	1	2	3	4	5	6	7	8	9	10	11	12	13	14	15	16	17	18	19	20	21

TimeOuts

1	2	3
1	2	3
1	2	3

If above wins match,
all scores & initials

If above wins match,
all scores & initials ________ ________ ________ ________

1	2	3
1	2	3
1	2	3

TimeOuts

	1	2	3	4	5	6	7	8	9	10	11	12	13	14	15	16	17	18	19	20	21
	1	2	3	4	5	6	7	8	9	10	11	12	13	14	15	16	17	18	19	20	21
	1	2	3	4	5	6	7	8	9	10	11	12	13	14	15	16	17	18	19	20	21

Server Score

Format: ____________________

Referee: ____________________

Team 1: ____________________

Court: ____________________

Event: ____________________

Match: ____________________

Team 2: ____________________

Server Score

	1	2	3	4	5	6	7	8	9	10	11	12	13	14	15	16	17	18	19	20	21
	1	2	3	4	5	6	7	8	9	10	11	12	13	14	15	16	17	18	19	20	21
	1	2	3	4	5	6	7	8	9	10	11	12	13	14	15	16	17	18	19	20	21

TimeOuts

1	2	3
1	2	3
1	2	3

If above wins match,
all scores & initials

If above wins match,
all scores & initials ________ ________ ________ ________

1	2	3
1	2	3
1	2	3

TimeOuts

	1	2	3	4	5	6	7	8	9	10	11	12	13	14	15	16	17	18	19	20	21
	1	2	3	4	5	6	7	8	9	10	11	12	13	14	15	16	17	18	19	20	21
	1	2	3	4	5	6	7	8	9	10	11	12	13	14	15	16	17	18	19	20	21

Server Score

Format: ____________________

Referee: ____________________

Team 1: ____________________

Court: ____________________

Event: ____________________

Match: ____________________

Team 2: ____________________

Server Score

	1	2	3	4	5	6	7	8	9	10	11	12	13	14	15	16	17	18	19	20	21
	1	2	3	4	5	6	7	8	9	10	11	12	13	14	15	16	17	18	19	20	21
	1	2	3	4	5	6	7	8	9	10	11	12	13	14	15	16	17	18	19	20	21

TimeOuts

1	2	3
1	2	3
1	2	3

If above wins match,
all scores & initials

____ ____ ____ ____

If above wins match,
all scores & initials

Server Score

	1	2	3	4	5	6	7	8	9	10	11	12	13	14	15	16	17	18	19	20	21
	1	2	3	4	5	6	7	8	9	10	11	12	13	14	15	16	17	18	19	20	21
	1	2	3	4	5	6	7	8	9	10	11	12	13	14	15	16	17	18	19	20	21

TimeOuts

1	2	3
1	2	3
1	2	3

Event: ____________________

Team 1: ____________________

Match: ________

Court: ________

Referee: ________

Format: ________

Team 2: ____________________

Server Score

	1	2	3	4	5	6	7	8	9	10	11	12	13	14	15	16	17	18	19	20	21
	1	2	3	4	5	6	7	8	9	10	11	12	13	14	15	16	17	18	19	20	21
	1	2	3	4	5	6	7	8	9	10	11	12	13	14	15	16	17	18	19	20	21

TimeOuts

1	2	3
1	2	3
1	2	3

If above wins match,
all scores & initials

____ ____ ____ ____

If above wins match,
all scores & initials

Server Score

	1	2	3	4	5	6	7	8	9	10	11	12	13	14	15	16	17	18	19	20	21
	1	2	3	4	5	6	7	8	9	10	11	12	13	14	15	16	17	18	19	20	21
	1	2	3	4	5	6	7	8	9	10	11	12	13	14	15	16	17	18	19	20	21

TimeOuts

1	2	3
1	2	3
1	2	3

Event: ____________________

Team 1: ____________________

Match: ________

Court: ________

Referee: ________

Format: ________

Team 2: ______________________________

Server Score

	1	2	3	4	5	6	7	8	9	10	11	12	13	14	15	16	17	18	19	20	21
	1	2	3	4	5	6	7	8	9	10	11	12	13	14	15	16	17	18	19	20	21
	1	2	3	4	5	6	7	8	9	10	11	12	13	14	15	16	17	18	19	20	21

TimeOuts

1	2	3
1	2	3
1	2	3

If above wins match,
all scores & initials

_______ _______ _______ _______

If above wins match,
all scores & initials

Event: ______________________________

Team 1: ______________________________

Match: ________

Court: ________

Referee: ________

Format:

Server Score

	1	2	3	4	5	6	7	8	9	10	11	12	13	14	15	16	17	18	19	20	21
	1	2	3	4	5	6	7	8	9	10	11	12	13	14	15	16	17	18	19	20	21
	1	2	3	4	5	6	7	8	9	10	11	12	13	14	15	16	17	18	19	20	21

TimeOuts

1	2	3
1	2	3
1	2	3

Team 2: ______________________________

Server Score

	1	2	3	4	5	6	7	8	9	10	11	12	13	14	15	16	17	18	19	20	21
	1	2	3	4	5	6	7	8	9	10	11	12	13	14	15	16	17	18	19	20	21
	1	2	3	4	5	6	7	8	9	10	11	12	13	14	15	16	17	18	19	20	21

TimeOuts

1	2	3
1	2	3
1	2	3

If above wins match,
all scores & initials

_______ _______ _______ _______

If above wins match,
all scores & initials

Event: ______________________________

Team 1: ______________________________

Match: ________

Court: ________

Referee: ________

Format:

Server Score

	1	2	3	4	5	6	7	8	9	10	11	12	13	14	15	16	17	18	19	20	21
	1	2	3	4	5	6	7	8	9	10	11	12	13	14	15	16	17	18	19	20	21
	1	2	3	4	5	6	7	8	9	10	11	12	13	14	15	16	17	18	19	20	21

TimeOuts

1	2	3
1	2	3
1	2	3

Team 2: ______________________________

Server Score

	1	2	3	4	5	6	7	8	9	10	11	12	13	14	15	16	17	18	19	20	21
	1	2	3	4	5	6	7	8	9	10	11	12	13	14	15	16	17	18	19	20	21
	1	2	3	4	5	6	7	8	9	10	11	12	13	14	15	16	17	18	19	20	21

TimeOuts

1	2	3
1	2	3
1	2	3

If above wins match,
all scores & initials

____ ____ ____ ____

Event: ______________________________

Team 1: ______________________________

Match: ________

Court: ________

Referee: ________

Format: ________

Server Score

	1	2	3	4	5	6	7	8	9	10	11	12	13	14	15	16	17	18	19	20	21
	1	2	3	4	5	6	7	8	9	10	11	12	13	14	15	16	17	18	19	20	21
	1	2	3	4	5	6	7	8	9	10	11	12	13	14	15	16	17	18	19	20	21

TimeOuts

1	2	3
1	2	3
1	2	3

If above wins match,
all scores & initials

Team 2: ______________________________

Server Score

	1	2	3	4	5	6	7	8	9	10	11	12	13	14	15	16	17	18	19	20	21
	1	2	3	4	5	6	7	8	9	10	11	12	13	14	15	16	17	18	19	20	21
	1	2	3	4	5	6	7	8	9	10	11	12	13	14	15	16	17	18	19	20	21

TimeOuts

1	2	3
1	2	3
1	2	3

If above wins match,
all scores & initials

____ ____ ____ ____

Event: ______________________________

Team 1: ______________________________

Match: ________

Court: ________

Referee: ________

Format: ________

Server Score

	1	2	3	4	5	6	7	8	9	10	11	12	13	14	15	16	17	18	19	20	21
	1	2	3	4	5	6	7	8	9	10	11	12	13	14	15	16	17	18	19	20	21
	1	2	3	4	5	6	7	8	9	10	11	12	13	14	15	16	17	18	19	20	21

TimeOuts

1	2	3
1	2	3
1	2	3

If above wins match,
all scores & initials

Team 2: ______________________________

Server Score

	1	2	3	4	5	6	7	8	9	10	11	12	13	14	15	16	17	18	19	20	21
	1	2	3	4	5	6	7	8	9	10	11	12	13	14	15	16	17	18	19	20	21
	1	2	3	4	5	6	7	8	9	10	11	12	13	14	15	16	17	18	19	20	21

TimeOuts

1	2	3
1	2	3
1	2	3

If above wins match,
all scores & initials

________ ________ ________ ________

If above wins match,
all scores & initials

	1	2	3	4	5	6	7	8	9	10	11	12	13	14	15	16	17	18	19	20	21
	1	2	3	4	5	6	7	8	9	10	11	12	13	14	15	16	17	18	19	20	21
	1	2	3	4	5	6	7	8	9	10	11	12	13	14	15	16	17	18	19	20	21

1	2	3
1	2	3
1	2	3

Server Score

TimeOuts

Team 1: ______________________________

Event: ______________________________

Format:

Referee: ______________

Court: ______________

Match: ______________

Team 2: ______________________________

Server Score

	1	2	3	4	5	6	7	8	9	10	11	12	13	14	15	16	17	18	19	20	21
	1	2	3	4	5	6	7	8	9	10	11	12	13	14	15	16	17	18	19	20	21
	1	2	3	4	5	6	7	8	9	10	11	12	13	14	15	16	17	18	19	20	21

TimeOuts

1	2	3
1	2	3
1	2	3

If above wins match,
all scores & initials

________ ________ ________ ________

If above wins match,
all scores & initials

	1	2	3	4	5	6	7	8	9	10	11	12	13	14	15	16	17	18	19	20	21
	1	2	3	4	5	6	7	8	9	10	11	12	13	14	15	16	17	18	19	20	21
	1	2	3	4	5	6	7	8	9	10	11	12	13	14	15	16	17	18	19	20	21

1	2	3
1	2	3
1	2	3

Server Score

TimeOuts

Team 1: ______________________________

Event: ______________________________

Format:

Referee: ______________

Court: ______________

Match: ______________

Team 2: ____________________

Server Score

	1	2	3	4	5	6	7	8	9	10	11	12	13	14	15	16	17	18	19	20	21
	1	2	3	4	5	6	7	8	9	10	11	12	13	14	15	16	17	18	19	20	21
	1	2	3	4	5	6	7	8	9	10	11	12	13	14	15	16	17	18	19	20	21

TimeOuts

1	2	3
1	2	3
1	2	3

If above wins match,
all scores & initials

____ ____ ____ ____

If above wins match,
all scores & initials

Server Score

	1	2	3	4	5	6	7	8	9	10	11	12	13	14	15	16	17	18	19	20	21
	1	2	3	4	5	6	7	8	9	10	11	12	13	14	15	16	17	18	19	20	21
	1	2	3	4	5	6	7	8	9	10	11	12	13	14	15	16	17	18	19	20	21

TimeOuts

1	2	3
1	2	3
1	2	3

Event: ____________________

Team 1: ____________________

Match: ________

Court: ________

Referee: ________

Format: ________

Team 2: ____________________

Server Score

	1	2	3	4	5	6	7	8	9	10	11	12	13	14	15	16	17	18	19	20	21
	1	2	3	4	5	6	7	8	9	10	11	12	13	14	15	16	17	18	19	20	21
	1	2	3	4	5	6	7	8	9	10	11	12	13	14	15	16	17	18	19	20	21

TimeOuts

1	2	3
1	2	3
1	2	3

If above wins match,
all scores & initials

____ ____ ____ ____

If above wins match,
all scores & initials

Server Score

	1	2	3	4	5	6	7	8	9	10	11	12	13	14	15	16	17	18	19	20	21
	1	2	3	4	5	6	7	8	9	10	11	12	13	14	15	16	17	18	19	20	21
	1	2	3	4	5	6	7	8	9	10	11	12	13	14	15	16	17	18	19	20	21

TimeOuts

1	2	3
1	2	3
1	2	3

Event: ____________________

Team 1: ____________________

Match: ________

Court: ________

Referee: ________

Format: ________

Team 2: ____________________

Server Score

	1	2	3	4	5	6	7	8	9	10	11	12	13	14	15	16	17	18	19	20	21
	1	2	3	4	5	6	7	8	9	10	11	12	13	14	15	16	17	18	19	20	21
	1	2	3	4	5	6	7	8	9	10	11	12	13	14	15	16	17	18	19	20	21

TimeOuts

1	2	3
1	2	3
1	2	3

If above wins match,
all scores & initials

________ ________ ________ ________

Event: ____________________

Team 1: ____________________

Match: ________

Court: ________

Referee: ________

Format:

Server Score

	1	2	3	4	5	6	7	8	9	10	11	12	13	14	15	16	17	18	19	20	21
	1	2	3	4	5	6	7	8	9	10	11	12	13	14	15	16	17	18	19	20	21
	1	2	3	4	5	6	7	8	9	10	11	12	13	14	15	16	17	18	19	20	21

TimeOuts

1	2	3
1	2	3
1	2	3

If above wins match,
all scores & initials

Team 2: ____________________

Server Score

	1	2	3	4	5	6	7	8	9	10	11	12	13	14	15	16	17	18	19	20	21
	1	2	3	4	5	6	7	8	9	10	11	12	13	14	15	16	17	18	19	20	21
	1	2	3	4	5	6	7	8	9	10	11	12	13	14	15	16	17	18	19	20	21

TimeOuts

1	2	3
1	2	3
1	2	3

If above wins match,
all scores & initials

________ ________ ________ ________

Event: ____________________

Team 1: ____________________

Match: ________

Court: ________

Referee: ________

Format:

Server Score

	1	2	3	4	5	6	7	8	9	10	11	12	13	14	15	16	17	18	19	20	21
	1	2	3	4	5	6	7	8	9	10	11	12	13	14	15	16	17	18	19	20	21
	1	2	3	4	5	6	7	8	9	10	11	12	13	14	15	16	17	18	19	20	21

TimeOuts

1	2	3
1	2	3
1	2	3

If above wins match,
all scores & initials

Team 2: ______________________________

Server Score

	1	2	3	4	5	6	7	8	9	10	11	12	13	14	15	16	17	18	19	20	21
	1	2	3	4	5	6	7	8	9	10	11	12	13	14	15	16	17	18	19	20	21
	1	2	3	4	5	6	7	8	9	10	11	12	13	14	15	16	17	18	19	20	21

TimeOuts

1	2	3
1	2	3
1	2	3

If above wins match,
all scores & initials

______ ______ ______ ______

Event: ______________________________

Team 1: ______________________________

Match: ________

Court: ________

Referee: ________

Format: ________

Server Score

	1	2	3	4	5	6	7	8	9	10	11	12	13	14	15	16	17	18	19	20	21
	1	2	3	4	5	6	7	8	9	10	11	12	13	14	15	16	17	18	19	20	21
	1	2	3	4	5	6	7	8	9	10	11	12	13	14	15	16	17	18	19	20	21

TimeOuts

1	2	3
1	2	3
1	2	3

If above wins match,
all scores & initials

Team 2: ______________________________

Server Score

	1	2	3	4	5	6	7	8	9	10	11	12	13	14	15	16	17	18	19	20	21
	1	2	3	4	5	6	7	8	9	10	11	12	13	14	15	16	17	18	19	20	21
	1	2	3	4	5	6	7	8	9	10	11	12	13	14	15	16	17	18	19	20	21

TimeOuts

1	2	3
1	2	3
1	2	3

If above wins match,
all scores & initials

______ ______ ______ ______

Event: ______________________________

Team 1: ______________________________

Match: ________

Court: ________

Referee: ________

Format: ________

Server Score

	1	2	3	4	5	6	7	8	9	10	11	12	13	14	15	16	17	18	19	20	21
	1	2	3	4	5	6	7	8	9	10	11	12	13	14	15	16	17	18	19	20	21
	1	2	3	4	5	6	7	8	9	10	11	12	13	14	15	16	17	18	19	20	21

TimeOuts

1	2	3
1	2	3
1	2	3

If above wins match,
all scores & initials

Event: ____________________ Match: __________

Team 1: ____________________ Court: __________

Referee: __________

Format: __________

Server Score

	1	2	3	4	5	6	7	8	9	10	11	12	13	14	15	16	17	18	19	20	21
	1	2	3	4	5	6	7	8	9	10	11	12	13	14	15	16	17	18	19	20	21
	1	2	3	4	5	6	7	8	9	10	11	12	13	14	15	16	17	18	19	20	21

TimeOuts

1	2	3
1	2	3
1	2	3

If above wins match,
all scores & initials ______ ______ ______ ______

Team 2: ____________________

Server Score

	1	2	3	4	5	6	7	8	9	10	11	12	13	14	15	16	17	18	19	20	21
	1	2	3	4	5	6	7	8	9	10	11	12	13	14	15	16	17	18	19	20	21
	1	2	3	4	5	6	7	8	9	10	11	12	13	14	15	16	17	18	19	20	21

TimeOuts

1	2	3
1	2	3
1	2	3

If above wins match,
all scores & initials

Event: ____________________ Match: __________

Team 1: ____________________ Court: __________

Referee: __________

Format: __________

Server Score

	1	2	3	4	5	6	7	8	9	10	11	12	13	14	15	16	17	18	19	20	21
	1	2	3	4	5	6	7	8	9	10	11	12	13	14	15	16	17	18	19	20	21
	1	2	3	4	5	6	7	8	9	10	11	12	13	14	15	16	17	18	19	20	21

TimeOuts

1	2	3
1	2	3
1	2	3

If above wins match,
all scores & initials ______ ______ ______ ______

Team 2: ____________________

Server Score

	1	2	3	4	5	6	7	8	9	10	11	12	13	14	15	16	17	18	19	20	21
	1	2	3	4	5	6	7	8	9	10	11	12	13	14	15	16	17	18	19	20	21
	1	2	3	4	5	6	7	8	9	10	11	12	13	14	15	16	17	18	19	20	21

TimeOuts

1	2	3
1	2	3
1	2	3

If above wins match,
all scores & initials

Team 2: ______________________

Server Score

	1	2	3	4	5	6	7	8	9	10	11	12	13	14	15	16	17	18	19	20	21
	1	2	3	4	5	6	7	8	9	10	11	12	13	14	15	16	17	18	19	20	21
	1	2	3	4	5	6	7	8	9	10	11	12	13	14	15	16	17	18	19	20	21

TimeOuts

1	2	3
1	2	3
1	2	3

If above wins match,
all scores & initials

If above wins match,
all scores & initials
________ ________ ________ ________

Server Score

	1	2	3	4	5	6	7	8	9	10	11	12	13	14	15	16	17	18	19	20	21
	1	2	3	4	5	6	7	8	9	10	11	12	13	14	15	16	17	18	19	20	21
	1	2	3	4	5	6	7	8	9	10	11	12	13	14	15	16	17	18	19	20	21

TimeOuts

1	2	3
1	2	3
1	2	3

Event: ______________________

Team 1: ______________________

Match: ________

Court: ________

Referee: ________

Format: ________

Team 2: ______________________

Server Score

	1	2	3	4	5	6	7	8	9	10	11	12	13	14	15	16	17	18	19	20	21
	1	2	3	4	5	6	7	8	9	10	11	12	13	14	15	16	17	18	19	20	21
	1	2	3	4	5	6	7	8	9	10	11	12	13	14	15	16	17	18	19	20	21

TimeOuts

1	2	3
1	2	3
1	2	3

If above wins match,
all scores & initials

If above wins match,
all scores & initials
________ ________ ________ ________

Server Score

	1	2	3	4	5	6	7	8	9	10	11	12	13	14	15	16	17	18	19	20	21
	1	2	3	4	5	6	7	8	9	10	11	12	13	14	15	16	17	18	19	20	21
	1	2	3	4	5	6	7	8	9	10	11	12	13	14	15	16	17	18	19	20	21

TimeOuts

1	2	3
1	2	3
1	2	3

Event: ______________________

Team 1: ______________________

Match: ________

Court: ________

Referee: ________

Format: ________

Team 2: ______________________________

Server Score

	1	2	3	4	5	6	7	8	9	10	11	12	13	14	15	16	17	18	19	20	21
	1	2	3	4	5	6	7	8	9	10	11	12	13	14	15	16	17	18	19	20	21
	1	2	3	4	5	6	7	8	9	10	11	12	13	14	15	16	17	18	19	20	21

TimeOuts

1	2	3
1	2	3
1	2	3

If above wins match,
all scores & initials

_______ _______ _______ _______

If above wins match,
all scores & initials

Event: ______________________________

Team 1: ______________________________

Match: __________

Court: __________

Referee: __________

Format: __________

Server Score

	1	2	3	4	5	6	7	8	9	10	11	12	13	14	15	16	17	18	19	20	21
	1	2	3	4	5	6	7	8	9	10	11	12	13	14	15	16	17	18	19	20	21
	1	2	3	4	5	6	7	8	9	10	11	12	13	14	15	16	17	18	19	20	21

TimeOuts

1	2	3
1	2	3
1	2	3

Team 2: ______________________________

Server Score

	1	2	3	4	5	6	7	8	9	10	11	12	13	14	15	16	17	18	19	20	21
	1	2	3	4	5	6	7	8	9	10	11	12	13	14	15	16	17	18	19	20	21
	1	2	3	4	5	6	7	8	9	10	11	12	13	14	15	16	17	18	19	20	21

TimeOuts

1	2	3
1	2	3
1	2	3

If above wins match,
all scores & initials

_______ _______ _______ _______

If above wins match,
all scores & initials

Event: ______________________________

Team 1: ______________________________

Match: __________

Court: __________

Referee: __________

Format: __________

Server Score

	1	2	3	4	5	6	7	8	9	10	11	12	13	14	15	16	17	18	19	20	21
	1	2	3	4	5	6	7	8	9	10	11	12	13	14	15	16	17	18	19	20	21
	1	2	3	4	5	6	7	8	9	10	11	12	13	14	15	16	17	18	19	20	21

TimeOuts

1	2	3
1	2	3
1	2	3

Team 2: ______________________________

Server Score

	1	2	3	4	5	6	7	8	9	10	11	12	13	14	15	16	17	18	19	20	21
	1	2	3	4	5	6	7	8	9	10	11	12	13	14	15	16	17	18	19	20	21
	1	2	3	4	5	6	7	8	9	10	11	12	13	14	15	16	17	18	19	20	21

TimeOuts

1	2	3
1	2	3
1	2	3

If above wins match,
all scores & initials

________ ________ ________ ________

If above wins match,
all scores & initials

Server Score

	1	2	3	4	5	6	7	8	9	10	11	12	13	14	15	16	17	18	19	20	21
	1	2	3	4	5	6	7	8	9	10	11	12	13	14	15	16	17	18	19	20	21
	1	2	3	4	5	6	7	8	9	10	11	12	13	14	15	16	17	18	19	20	21

TimeOuts

1	2	3
1	2	3
1	2	3

Team 1: ______________________________

Event: ______________________________

Format:

Referee: ______________

Court: ______________

Match: ________

Team 2: ______________________________

Server Score

	1	2	3	4	5	6	7	8	9	10	11	12	13	14	15	16	17	18	19	20	21
	1	2	3	4	5	6	7	8	9	10	11	12	13	14	15	16	17	18	19	20	21
	1	2	3	4	5	6	7	8	9	10	11	12	13	14	15	16	17	18	19	20	21

TimeOuts

1	2	3
1	2	3
1	2	3

If above wins match,
all scores & initials

________ ________ ________ ________

If above wins match,
all scores & initials

Server Score

	1	2	3	4	5	6	7	8	9	10	11	12	13	14	15	16	17	18	19	20	21
	1	2	3	4	5	6	7	8	9	10	11	12	13	14	15	16	17	18	19	20	21
	1	2	3	4	5	6	7	8	9	10	11	12	13	14	15	16	17	18	19	20	21

TimeOuts

1	2	3
1	2	3
1	2	3

Team 1: ______________________________

Event: ______________________________

Format:

Referee: ______________

Court: ______________

Match: ________

Team 2: ____________________

Server Score

	1	2	3	4	5	6	7	8	9	10	11	12	13	14	15	16	17	18	19	20	21
	1	2	3	4	5	6	7	8	9	10	11	12	13	14	15	16	17	18	19	20	21
	1	2	3	4	5	6	7	8	9	10	11	12	13	14	15	16	17	18	19	20	21

TimeOuts

1	2	3
1	2	3
1	2	3

If above wins match,
all scores & initials

_____ _____ _____ _____

If above wins match,
all scores & initials

Server Score

	1	2	3	4	5	6	7	8	9	10	11	12	13	14	15	16	17	18	19	20	21
	1	2	3	4	5	6	7	8	9	10	11	12	13	14	15	16	17	18	19	20	21
	1	2	3	4	5	6	7	8	9	10	11	12	13	14	15	16	17	18	19	20	21

TimeOuts

1	2	3
1	2	3
1	2	3

Event: ____________________

Team 1: ____________________

Match: ________

Court: ________

Referee: ________

Format:

Team 2: ____________________

Server Score

	1	2	3	4	5	6	7	8	9	10	11	12	13	14	15	16	17	18	19	20	21
	1	2	3	4	5	6	7	8	9	10	11	12	13	14	15	16	17	18	19	20	21
	1	2	3	4	5	6	7	8	9	10	11	12	13	14	15	16	17	18	19	20	21

TimeOuts

1	2	3
1	2	3
1	2	3

If above wins match,
all scores & initials

_____ _____ _____ _____

If above wins match,
all scores & initials

Server Score

	1	2	3	4	5	6	7	8	9	10	11	12	13	14	15	16	17	18	19	20	21
	1	2	3	4	5	6	7	8	9	10	11	12	13	14	15	16	17	18	19	20	21
	1	2	3	4	5	6	7	8	9	10	11	12	13	14	15	16	17	18	19	20	21

TimeOuts

1	2	3
1	2	3
1	2	3

Event: ____________________

Team 1: ____________________

Match: ________

Court: ________

Referee: ________

Format:

Team 2: ______________________

Server Score

	1	2	3	4	5	6	7	8	9	10	11	12	13	14	15	16	17	18	19	20	21
	1	2	3	4	5	6	7	8	9	10	11	12	13	14	15	16	17	18	19	20	21
	1	2	3	4	5	6	7	8	9	10	11	12	13	14	15	16	17	18	19	20	21

TimeOuts

1	2	3
1	2	3
1	2	3

If above wins match,
all scores & initials

If above wins match,
all scores & initials
_____ _____ _____ _____

Event: ______________________ Match: __________

Team 1: ______________________ Court: __________

Referee: __________

Format: __________

Server Score

	1	2	3	4	5	6	7	8	9	10	11	12	13	14	15	16	17	18	19	20	21
	1	2	3	4	5	6	7	8	9	10	11	12	13	14	15	16	17	18	19	20	21
	1	2	3	4	5	6	7	8	9	10	11	12	13	14	15	16	17	18	19	20	21

TimeOuts

1	2	3
1	2	3
1	2	3

Team 2: ______________________

Server Score

	1	2	3	4	5	6	7	8	9	10	11	12	13	14	15	16	17	18	19	20	21
	1	2	3	4	5	6	7	8	9	10	11	12	13	14	15	16	17	18	19	20	21
	1	2	3	4	5	6	7	8	9	10	11	12	13	14	15	16	17	18	19	20	21

TimeOuts

1	2	3
1	2	3
1	2	3

If above wins match,
all scores & initials

If above wins match,
all scores & initials
_____ _____ _____ _____

Event: ______________________ Match: __________

Team 1: ______________________ Court: __________

Referee: __________

Format: __________

Server Score

	1	2	3	4	5	6	7	8	9	10	11	12	13	14	15	16	17	18	19	20	21
	1	2	3	4	5	6	7	8	9	10	11	12	13	14	15	16	17	18	19	20	21
	1	2	3	4	5	6	7	8	9	10	11	12	13	14	15	16	17	18	19	20	21

TimeOuts

1	2	3
1	2	3
1	2	3

Team 2: ____________________

Server Score

	1	2	3	4	5	6	7	8	9	10	11	12	13	14	15	16	17	18	19	20	21
	1	2	3	4	5	6	7	8	9	10	11	12	13	14	15	16	17	18	19	20	21
	1	2	3	4	5	6	7	8	9	10	11	12	13	14	15	16	17	18	19	20	21

TimeOuts

1	2	3
1	2	3
1	2	3

If above wins match,
all scores & initials

____ ____ ____ ____

If above wins match,
all scores & initials

Server Score

	1	2	3	4	5	6	7	8	9	10	11	12	13	14	15	16	17	18	19	20	21
	1	2	3	4	5	6	7	8	9	10	11	12	13	14	15	16	17	18	19	20	21
	1	2	3	4	5	6	7	8	9	10	11	12	13	14	15	16	17	18	19	20	21

TimeOuts

1	2	3
1	2	3
1	2	3

Team 1: ____________________

Event: ____________________

Format:

Referee: ____________

Court: ____________

Match: ____________

Team 2: ____________________

Server Score

	1	2	3	4	5	6	7	8	9	10	11	12	13	14	15	16	17	18	19	20	21
	1	2	3	4	5	6	7	8	9	10	11	12	13	14	15	16	17	18	19	20	21
	1	2	3	4	5	6	7	8	9	10	11	12	13	14	15	16	17	18	19	20	21

TimeOuts

1	2	3
1	2	3
1	2	3

If above wins match,
all scores & initials

____ ____ ____ ____

If above wins match,
all scores & initials

Server Score

	1	2	3	4	5	6	7	8	9	10	11	12	13	14	15	16	17	18	19	20	21
	1	2	3	4	5	6	7	8	9	10	11	12	13	14	15	16	17	18	19	20	21
	1	2	3	4	5	6	7	8	9	10	11	12	13	14	15	16	17	18	19	20	21

TimeOuts

1	2	3
1	2	3
1	2	3

Team 1: ____________________

Event: ____________________

Format:

Referee: ____________

Court: ____________

Match: ____________

Team 2: ______________________________

Server Score

	1	2	3	4	5	6	7	8	9	10	11	12	13	14	15	16	17	18	19	20	21
	1	2	3	4	5	6	7	8	9	10	11	12	13	14	15	16	17	18	19	20	21
	1	2	3	4	5	6	7	8	9	10	11	12	13	14	15	16	17	18	19	20	21

TimeOuts

1	2	3
1	2	3
1	2	3

If above wins match,
all scores & initials

If above wins match,
all scores & initials

________ ________ ________ ________

Server Score

	1	2	3	4	5	6	7	8	9	10	11	12	13	14	15	16	17	18	19	20	21
	1	2	3	4	5	6	7	8	9	10	11	12	13	14	15	16	17	18	19	20	21
	1	2	3	4	5	6	7	8	9	10	11	12	13	14	15	16	17	18	19	20	21

TimeOuts

1	2	3
1	2	3
1	2	3

Event: ______________________________

Team 1: ______________________________

Match: ________

Court: ________

Referee: ________

Format: ________

Team 2: ______________________________

Server Score

	1	2	3	4	5	6	7	8	9	10	11	12	13	14	15	16	17	18	19	20	21
	1	2	3	4	5	6	7	8	9	10	11	12	13	14	15	16	17	18	19	20	21
	1	2	3	4	5	6	7	8	9	10	11	12	13	14	15	16	17	18	19	20	21

TimeOuts

1	2	3
1	2	3
1	2	3

If above wins match,
all scores & initials

If above wins match,
all scores & initials

________ ________ ________ ________

Server Score

	1	2	3	4	5	6	7	8	9	10	11	12	13	14	15	16	17	18	19	20	21
	1	2	3	4	5	6	7	8	9	10	11	12	13	14	15	16	17	18	19	20	21
	1	2	3	4	5	6	7	8	9	10	11	12	13	14	15	16	17	18	19	20	21

TimeOuts

1	2	3
1	2	3
1	2	3

Event: ______________________________

Team 1: ______________________________

Match: ________

Court: ________

Referee: ________

Format: ________

Team 2: ____________________

Server Score

	1	2	3	4	5	6	7	8	9	10	11	12	13	14	15	16	17	18	19	20	21
	1	2	3	4	5	6	7	8	9	10	11	12	13	14	15	16	17	18	19	20	21
	1	2	3	4	5	6	7	8	9	10	11	12	13	14	15	16	17	18	19	20	21

TimeOuts

1	2	3
1	2	3
1	2	3

If above wins match,
all scores & initials

________ ________ ________ ________

If above wins match,
all scores & initials

Server Score

	1	2	3	4	5	6	7	8	9	10	11	12	13	14	15	16	17	18	19	20	21
	1	2	3	4	5	6	7	8	9	10	11	12	13	14	15	16	17	18	19	20	21
	1	2	3	4	5	6	7	8	9	10	11	12	13	14	15	16	17	18	19	20	21

TimeOuts

1	2	3
1	2	3
1	2	3

Team 1: ____________________

Event: ____________________

Format: ____________

Referee: ____________

Court: ____________

Match: ____________

Team 2: ____________________

Server Score

	1	2	3	4	5	6	7	8	9	10	11	12	13	14	15	16	17	18	19	20	21
	1	2	3	4	5	6	7	8	9	10	11	12	13	14	15	16	17	18	19	20	21
	1	2	3	4	5	6	7	8	9	10	11	12	13	14	15	16	17	18	19	20	21

TimeOuts

1	2	3
1	2	3
1	2	3

If above wins match,
all scores & initials

________ ________ ________ ________

If above wins match,
all scores & initials

Server Score

	1	2	3	4	5	6	7	8	9	10	11	12	13	14	15	16	17	18	19	20	21
	1	2	3	4	5	6	7	8	9	10	11	12	13	14	15	16	17	18	19	20	21
	1	2	3	4	5	6	7	8	9	10	11	12	13	14	15	16	17	18	19	20	21

TimeOuts

1	2	3
1	2	3
1	2	3

Team 1: ____________________

Event: ____________________

Format: ____________

Referee: ____________

Court: ____________

Match: ____________

Team 2: ____________________

Server Score

	1	2	3	4	5	6	7	8	9	10	11	12	13	14	15	16	17	18	19	20	21
	1	2	3	4	5	6	7	8	9	10	11	12	13	14	15	16	17	18	19	20	21
	1	2	3	4	5	6	7	8	9	10	11	12	13	14	15	16	17	18	19	20	21

TimeOuts

1	2	3
1	2	3
1	2	3

If above wins match,
all scores & initials

____ ____ ____ ____

If above wins match,
all scores & initials

Server Score

	1	2	3	4	5	6	7	8	9	10	11	12	13	14	15	16	17	18	19	20	21
	1	2	3	4	5	6	7	8	9	10	11	12	13	14	15	16	17	18	19	20	21
	1	2	3	4	5	6	7	8	9	10	11	12	13	14	15	16	17	18	19	20	21

TimeOuts

1	2	3
1	2	3
1	2	3

Team 1: ____________________ Format: ____________

Event: ____________________ Referee: ____________

Court: ____________

Match: ____________

Team 2: ____________________

Server Score

	1	2	3	4	5	6	7	8	9	10	11	12	13	14	15	16	17	18	19	20	21
	1	2	3	4	5	6	7	8	9	10	11	12	13	14	15	16	17	18	19	20	21
	1	2	3	4	5	6	7	8	9	10	11	12	13	14	15	16	17	18	19	20	21

TimeOuts

1	2	3
1	2	3
1	2	3

If above wins match,
all scores & initials

____ ____ ____ ____

If above wins match,
all scores & initials

Server Score

	1	2	3	4	5	6	7	8	9	10	11	12	13	14	15	16	17	18	19	20	21
	1	2	3	4	5	6	7	8	9	10	11	12	13	14	15	16	17	18	19	20	21
	1	2	3	4	5	6	7	8	9	10	11	12	13	14	15	16	17	18	19	20	21

TimeOuts

1	2	3
1	2	3
1	2	3

Team 1: ____________________ Format: ____________

Event: ____________________ Referee: ____________

Court: ____________

Match: ____________

Team 2: ______________________________

Server Score

	1	2	3	4	5	6	7	8	9	10	11	12	13	14	15	16	17	18	19	20	21
	1	2	3	4	5	6	7	8	9	10	11	12	13	14	15	16	17	18	19	20	21
	1	2	3	4	5	6	7	8	9	10	11	12	13	14	15	16	17	18	19	20	21

TimeOuts

1	2	3
1	2	3
1	2	3

If above wins match,
all scores & initials

______ ______ ______ ______

If above wins match,
all scores & initials

Server Score

	1	2	3	4	5	6	7	8	9	10	11	12	13	14	15	16	17	18	19	20	21
	1	2	3	4	5	6	7	8	9	10	11	12	13	14	15	16	17	18	19	20	21
	1	2	3	4	5	6	7	8	9	10	11	12	13	14	15	16	17	18	19	20	21

TimeOuts

1	2	3
1	2	3
1	2	3

Format: ______

Team 1: ______________________________ Referee: ______

Event: ______________________________ Court: ______

Match: ______

Team 2: ______________________________

Server Score

	1	2	3	4	5	6	7	8	9	10	11	12	13	14	15	16	17	18	19	20	21
	1	2	3	4	5	6	7	8	9	10	11	12	13	14	15	16	17	18	19	20	21
	1	2	3	4	5	6	7	8	9	10	11	12	13	14	15	16	17	18	19	20	21

TimeOuts

1	2	3
1	2	3
1	2	3

If above wins match,
all scores & initials

______ ______ ______ ______

If above wins match,
all scores & initials

Server Score

	1	2	3	4	5	6	7	8	9	10	11	12	13	14	15	16	17	18	19	20	21
	1	2	3	4	5	6	7	8	9	10	11	12	13	14	15	16	17	18	19	20	21
	1	2	3	4	5	6	7	8	9	10	11	12	13	14	15	16	17	18	19	20	21

TimeOuts

1	2	3
1	2	3
1	2	3

Format: ______

Team 1: ______________________________ Referee: ______

Event: ______________________________ Court: ______

Match: ______

Team 2: ____________________

Server Score

	1	2	3	4	5	6	7	8	9	10	11	12	13	14	15	16	17	18	19	20	21
	1	2	3	4	5	6	7	8	9	10	11	12	13	14	15	16	17	18	19	20	21
	1	2	3	4	5	6	7	8	9	10	11	12	13	14	15	16	17	18	19	20	21

TimeOuts

1	2	3
1	2	3
1	2	3

If above wins match,
all scores & initials

_______ _______ _______ _______

If above wins match,
all scores & initials

Server Score

	1	2	3	4	5	6	7	8	9	10	11	12	13	14	15	16	17	18	19	20	21
	1	2	3	4	5	6	7	8	9	10	11	12	13	14	15	16	17	18	19	20	21
	1	2	3	4	5	6	7	8	9	10	11	12	13	14	15	16	17	18	19	20	21

TimeOuts

1	2	3
1	2	3
1	2	3

Team 1: ____________________

Event: ____________________

Format:

Referee: ____________________

Court: ____________________

Match: ____________________

Team 2: ____________________

Server Score

	1	2	3	4	5	6	7	8	9	10	11	12	13	14	15	16	17	18	19	20	21
	1	2	3	4	5	6	7	8	9	10	11	12	13	14	15	16	17	18	19	20	21
	1	2	3	4	5	6	7	8	9	10	11	12	13	14	15	16	17	18	19	20	21

TimeOuts

1	2	3
1	2	3
1	2	3

If above wins match,
all scores & initials

_______ _______ _______ _______

If above wins match,
all scores & initials

Server Score

	1	2	3	4	5	6	7	8	9	10	11	12	13	14	15	16	17	18	19	20	21
	1	2	3	4	5	6	7	8	9	10	11	12	13	14	15	16	17	18	19	20	21
	1	2	3	4	5	6	7	8	9	10	11	12	13	14	15	16	17	18	19	20	21

TimeOuts

1	2	3
1	2	3
1	2	3

Team 1: ____________________

Event: ____________________

Format:

Referee: ____________________

Court: ____________________

Match: ____________________

Team 2: ____________________

Server Score

	1	2	3	4	5	6	7	8	9	10	11	12	13	14	15	16	17	18	19	20	21
	1	2	3	4	5	6	7	8	9	10	11	12	13	14	15	16	17	18	19	20	21
	1	2	3	4	5	6	7	8	9	10	11	12	13	14	15	16	17	18	19	20	21

TimeOuts

1	2	3
1	2	3
1	2	3

If above wins match,
all scores & initials

Event: ____________________ Match: ________

Team 1: ____________________ Court: ________

Referee: ________

Format: ________

Server Score

	1	2	3	4	5	6	7	8	9	10	11	12	13	14	15	16	17	18	19	20	21
	1	2	3	4	5	6	7	8	9	10	11	12	13	14	15	16	17	18	19	20	21
	1	2	3	4	5	6	7	8	9	10	11	12	13	14	15	16	17	18	19	20	21

TimeOuts

1	2	3
1	2	3
1	2	3

If above wins match,
all scores & initials ________ ________ ________ ________

Team 2: ____________________

Server Score

	1	2	3	4	5	6	7	8	9	10	11	12	13	14	15	16	17	18	19	20	21
	1	2	3	4	5	6	7	8	9	10	11	12	13	14	15	16	17	18	19	20	21
	1	2	3	4	5	6	7	8	9	10	11	12	13	14	15	16	17	18	19	20	21

TimeOuts

1	2	3
1	2	3
1	2	3

If above wins match,
all scores & initials

Event: ____________________ Match: ________

Team 1: ____________________ Court: ________

Referee: ________

Format: ________

Server Score

	1	2	3	4	5	6	7	8	9	10	11	12	13	14	15	16	17	18	19	20	21
	1	2	3	4	5	6	7	8	9	10	11	12	13	14	15	16	17	18	19	20	21
	1	2	3	4	5	6	7	8	9	10	11	12	13	14	15	16	17	18	19	20	21

TimeOuts

1	2	3
1	2	3
1	2	3

If above wins match,
all scores & initials ________ ________ ________ ________

Team 2: ______________________________

Server Score

	1	2	3	4	5	6	7	8	9	10	11	12	13	14	15	16	17	18	19	20	21
	1	2	3	4	5	6	7	8	9	10	11	12	13	14	15	16	17	18	19	20	21
	1	2	3	4	5	6	7	8	9	10	11	12	13	14	15	16	17	18	19	20	21

TimeOuts

1	2	3
1	2	3
1	2	3

If above wins match,
all scores & initials

Event: ______________________________ Match: __________

Team 1: ______________________________ Court: __________

Referee: __________

Format: __________

Server Score

	1	2	3	4	5	6	7	8	9	10	11	12	13	14	15	16	17	18	19	20	21
	1	2	3	4	5	6	7	8	9	10	11	12	13	14	15	16	17	18	19	20	21
	1	2	3	4	5	6	7	8	9	10	11	12	13	14	15	16	17	18	19	20	21

TimeOuts

1	2	3
1	2	3
1	2	3

If above wins match,
all scores & initials ________ ________ ________ ________

Team 2: ______________________________

Server Score

	1	2	3	4	5	6	7	8	9	10	11	12	13	14	15	16	17	18	19	20	21
	1	2	3	4	5	6	7	8	9	10	11	12	13	14	15	16	17	18	19	20	21
	1	2	3	4	5	6	7	8	9	10	11	12	13	14	15	16	17	18	19	20	21

TimeOuts

1	2	3
1	2	3
1	2	3

If above wins match,
all scores & initials

Event: ______________________________ Match: __________

Team 1: ______________________________ Court: __________

Referee: __________

Format: __________

Server Score

	1	2	3	4	5	6	7	8	9	10	11	12	13	14	15	16	17	18	19	20	21
	1	2	3	4	5	6	7	8	9	10	11	12	13	14	15	16	17	18	19	20	21
	1	2	3	4	5	6	7	8	9	10	11	12	13	14	15	16	17	18	19	20	21

TimeOuts

1	2	3
1	2	3
1	2	3

If above wins match,
all scores & initials ________ ________ ________ ________

Team 2: ______________________________

Server Score

	1	2	3	4	5	6	7	8	9	10	11	12	13	14	15	16	17	18	19	20	21
	1	2	3	4	5	6	7	8	9	10	11	12	13	14	15	16	17	18	19	20	21
	1	2	3	4	5	6	7	8	9	10	11	12	13	14	15	16	17	18	19	20	21

TimeOuts

1	2	3
1	2	3
1	2	3

If above wins match,
all scores & initials

_______ _______ _______ _______

If above wins match,
all scores & initials

Server Score

	1	2	3	4	5	6	7	8	9	10	11	12	13	14	15	16	17	18	19	20	21
	1	2	3	4	5	6	7	8	9	10	11	12	13	14	15	16	17	18	19	20	21
	1	2	3	4	5	6	7	8	9	10	11	12	13	14	15	16	17	18	19	20	21

TimeOuts

1	2	3
1	2	3
1	2	3

Team 1: ______________________________

Event: ______________________________

Format:

Referee: ______________

Court: ______________

Match: ______________

Team 2: ______________________________

Server Score

	1	2	3	4	5	6	7	8	9	10	11	12	13	14	15	16	17	18	19	20	21
	1	2	3	4	5	6	7	8	9	10	11	12	13	14	15	16	17	18	19	20	21
	1	2	3	4	5	6	7	8	9	10	11	12	13	14	15	16	17	18	19	20	21

TimeOuts

1	2	3
1	2	3
1	2	3

If above wins match,
all scores & initials

_______ _______ _______ _______

If above wins match,
all scores & initials

Server Score

	1	2	3	4	5	6	7	8	9	10	11	12	13	14	15	16	17	18	19	20	21
	1	2	3	4	5	6	7	8	9	10	11	12	13	14	15	16	17	18	19	20	21
	1	2	3	4	5	6	7	8	9	10	11	12	13	14	15	16	17	18	19	20	21

TimeOuts

1	2	3
1	2	3
1	2	3

Team 1: ______________________________

Event: ______________________________

Format:

Referee: ______________

Court: ______________

Match: ______________

Team 2: ______________________________

Server Score

	1	2	3	4	5	6	7	8	9	10	11	12	13	14	15	16	17	18	19	20	21
	1	2	3	4	5	6	7	8	9	10	11	12	13	14	15	16	17	18	19	20	21
	1	2	3	4	5	6	7	8	9	10	11	12	13	14	15	16	17	18	19	20	21

TimeOuts

1	2	3
1	2	3
1	2	3

If above wins match,
all scores & initials

Event: ______________________________

Team 1: ______________________________

Match: __________

Court: __________

Referee: __________

Format: __________

Server Score

	1	2	3	4	5	6	7	8	9	10	11	12	13	14	15	16	17	18	19	20	21
	1	2	3	4	5	6	7	8	9	10	11	12	13	14	15	16	17	18	19	20	21
	1	2	3	4	5	6	7	8	9	10	11	12	13	14	15	16	17	18	19	20	21

TimeOuts

1	2	3
1	2	3
1	2	3

If above wins match,
all scores & initials

_______ _______ _______ _______

Team 2: ______________________________

Server Score

	1	2	3	4	5	6	7	8	9	10	11	12	13	14	15	16	17	18	19	20	21
	1	2	3	4	5	6	7	8	9	10	11	12	13	14	15	16	17	18	19	20	21
	1	2	3	4	5	6	7	8	9	10	11	12	13	14	15	16	17	18	19	20	21

TimeOuts

1	2	3
1	2	3
1	2	3

If above wins match,
all scores & initials

Event: ______________________________

Team 1: ______________________________

Match: __________

Court: __________

Referee: __________

Format: __________

Server Score

	1	2	3	4	5	6	7	8	9	10	11	12	13	14	15	16	17	18	19	20	21
	1	2	3	4	5	6	7	8	9	10	11	12	13	14	15	16	17	18	19	20	21
	1	2	3	4	5	6	7	8	9	10	11	12	13	14	15	16	17	18	19	20	21

TimeOuts

1	2	3
1	2	3
1	2	3

If above wins match,
all scores & initials

_______ _______ _______ _______

Team 2: ____________________

Server Score

	1	2	3	4	5	6	7	8	9	10	11	12	13	14	15	16	17	18	19	20	21
	1	2	3	4	5	6	7	8	9	10	11	12	13	14	15	16	17	18	19	20	21
	1	2	3	4	5	6	7	8	9	10	11	12	13	14	15	16	17	18	19	20	21

TimeOuts

1	2	3
1	2	3
1	2	3

If above wins match,
all scores & initials

________ ________ ________ ________

If above wins match,
all scores & initials

Server Score

	1	2	3	4	5	6	7	8	9	10	11	12	13	14	15	16	17	18	19	20	21
	1	2	3	4	5	6	7	8	9	10	11	12	13	14	15	16	17	18	19	20	21
	1	2	3	4	5	6	7	8	9	10	11	12	13	14	15	16	17	18	19	20	21

TimeOuts

1	2	3
1	2	3
1	2	3

Team 1: ____________________

Event: ____________________

Match: ________

Court: ________

Referee: ________

Format:

Team 2: ____________________

Server Score

	1	2	3	4	5	6	7	8	9	10	11	12	13	14	15	16	17	18	19	20	21
	1	2	3	4	5	6	7	8	9	10	11	12	13	14	15	16	17	18	19	20	21
	1	2	3	4	5	6	7	8	9	10	11	12	13	14	15	16	17	18	19	20	21

TimeOuts

1	2	3
1	2	3
1	2	3

If above wins match,
all scores & initials

________ ________ ________ ________

If above wins match,
all scores & initials

Server Score

	1	2	3	4	5	6	7	8	9	10	11	12	13	14	15	16	17	18	19	20	21
	1	2	3	4	5	6	7	8	9	10	11	12	13	14	15	16	17	18	19	20	21
	1	2	3	4	5	6	7	8	9	10	11	12	13	14	15	16	17	18	19	20	21

TimeOuts

1	2	3
1	2	3
1	2	3

Team 1: ____________________

Event: ____________________

Match: ________

Court: ________

Referee: ________

Format:

Team 2: ______________________________

Server Score

	1	2	3	4	5	6	7	8	9	10	11	12	13	14	15	16	17	18	19	20	21
	1	2	3	4	5	6	7	8	9	10	11	12	13	14	15	16	17	18	19	20	21
	1	2	3	4	5	6	7	8	9	10	11	12	13	14	15	16	17	18	19	20	21

TimeOuts

1	2	3
1	2	3
1	2	3

If above wins match,
all scores & initials

_______ _______ _______ _______

If above wins match,
all scores & initials

Server Score

	1	2	3	4	5	6	7	8	9	10	11	12	13	14	15	16	17	18	19	20	21
	1	2	3	4	5	6	7	8	9	10	11	12	13	14	15	16	17	18	19	20	21
	1	2	3	4	5	6	7	8	9	10	11	12	13	14	15	16	17	18	19	20	21

TimeOuts

1	2	3
1	2	3
1	2	3

Event: ______________________________

Team 1: ______________________________

Match: __________

Court: __________

Referee: __________

Format: __________

Team 2: ______________________________

Server Score

	1	2	3	4	5	6	7	8	9	10	11	12	13	14	15	16	17	18	19	20	21
	1	2	3	4	5	6	7	8	9	10	11	12	13	14	15	16	17	18	19	20	21
	1	2	3	4	5	6	7	8	9	10	11	12	13	14	15	16	17	18	19	20	21

TimeOuts

1	2	3
1	2	3
1	2	3

If above wins match,
all scores & initials

_______ _______ _______ _______

If above wins match,
all scores & initials

Server Score

	1	2	3	4	5	6	7	8	9	10	11	12	13	14	15	16	17	18	19	20	21
	1	2	3	4	5	6	7	8	9	10	11	12	13	14	15	16	17	18	19	20	21
	1	2	3	4	5	6	7	8	9	10	11	12	13	14	15	16	17	18	19	20	21

TimeOuts

1	2	3
1	2	3
1	2	3

Event: ______________________________

Team 1: ______________________________

Match: __________

Court: __________

Referee: __________

Format: __________

Team 2: ____________________

Server Score

	1	2	3	4	5	6	7	8	9	10	11	12	13	14	15	16	17	18	19	20	21
	1	2	3	4	5	6	7	8	9	10	11	12	13	14	15	16	17	18	19	20	21
	1	2	3	4	5	6	7	8	9	10	11	12	13	14	15	16	17	18	19	20	21

TimeOuts

1	2	3
1	2	3
1	2	3

If above wins match,
all scores & initials

______ ______ ______ ______

If above wins match,
all scores & initials

Server Score

	1	2	3	4	5	6	7	8	9	10	11	12	13	14	15	16	17	18	19	20	21
	1	2	3	4	5	6	7	8	9	10	11	12	13	14	15	16	17	18	19	20	21
	1	2	3	4	5	6	7	8	9	10	11	12	13	14	15	16	17	18	19	20	21

TimeOuts

1	2	3
1	2	3
1	2	3

Team 1: ____________________

Event: ____________________

Format:

Referee: ____________

Court: ____________

Match: ____________

Team 2: ____________________

Server Score

	1	2	3	4	5	6	7	8	9	10	11	12	13	14	15	16	17	18	19	20	21
	1	2	3	4	5	6	7	8	9	10	11	12	13	14	15	16	17	18	19	20	21
	1	2	3	4	5	6	7	8	9	10	11	12	13	14	15	16	17	18	19	20	21

TimeOuts

1	2	3
1	2	3
1	2	3

If above wins match,
all scores & initials

______ ______ ______ ______

If above wins match,
all scores & initials

Server Score

	1	2	3	4	5	6	7	8	9	10	11	12	13	14	15	16	17	18	19	20	21
	1	2	3	4	5	6	7	8	9	10	11	12	13	14	15	16	17	18	19	20	21
	1	2	3	4	5	6	7	8	9	10	11	12	13	14	15	16	17	18	19	20	21

TimeOuts

1	2	3
1	2	3
1	2	3

Team 1: ____________________

Event: ____________________

Format:

Referee: ____________

Court: ____________

Match: ____________

Team 2: ______________________________

Server Score

	1	2	3	4	5	6	7	8	9	10	11	12	13	14	15	16	17	18	19	20	21
	1	2	3	4	5	6	7	8	9	10	11	12	13	14	15	16	17	18	19	20	21
	1	2	3	4	5	6	7	8	9	10	11	12	13	14	15	16	17	18	19	20	21

TimeOuts

1	2	3
1	2	3
1	2	3

If above wins match,
all scores & initials

If above wins match,
all scores & initials
________ ________ ________ ________

Server Score

	1	2	3	4	5	6	7	8	9	10	11	12	13	14	15	16	17	18	19	20	21
	1	2	3	4	5	6	7	8	9	10	11	12	13	14	15	16	17	18	19	20	21
	1	2	3	4	5	6	7	8	9	10	11	12	13	14	15	16	17	18	19	20	21

TimeOuts

1	2	3
1	2	3
1	2	3

Team 1: ______________________________

Event: ______________________________

Match: __________

Court: __________

Referee: __________

Format: __________

Team 2: ______________________________

Server Score

	1	2	3	4	5	6	7	8	9	10	11	12	13	14	15	16	17	18	19	20	21
	1	2	3	4	5	6	7	8	9	10	11	12	13	14	15	16	17	18	19	20	21
	1	2	3	4	5	6	7	8	9	10	11	12	13	14	15	16	17	18	19	20	21

TimeOuts

1	2	3
1	2	3
1	2	3

If above wins match,
all scores & initials

If above wins match,
all scores & initials
________ ________ ________ ________

Server Score

	1	2	3	4	5	6	7	8	9	10	11	12	13	14	15	16	17	18	19	20	21
	1	2	3	4	5	6	7	8	9	10	11	12	13	14	15	16	17	18	19	20	21
	1	2	3	4	5	6	7	8	9	10	11	12	13	14	15	16	17	18	19	20	21

TimeOuts

1	2	3
1	2	3
1	2	3

Team 1: ______________________________

Event: ______________________________

Match: __________

Court: __________

Referee: __________

Format: __________

Team 2: ________________________________

Server Score

	1	2	3	4	5	6	7	8	9	10	11	12	13	14	15	16	17	18	19	20	21
	1	2	3	4	5	6	7	8	9	10	11	12	13	14	15	16	17	18	19	20	21
	1	2	3	4	5	6	7	8	9	10	11	12	13	14	15	16	17	18	19	20	21

TimeOuts

1	2	3
1	2	3
1	2	3

If above wins match,
all scores & initials

________ ________ ________ ________

If above wins match,
all scores & initials

Server Score

	1	2	3	4	5	6	7	8	9	10	11	12	13	14	15	16	17	18	19	20	21
	1	2	3	4	5	6	7	8	9	10	11	12	13	14	15	16	17	18	19	20	21
	1	2	3	4	5	6	7	8	9	10	11	12	13	14	15	16	17	18	19	20	21

TimeOuts

1	2	3
1	2	3
1	2	3

Event: ________________________________

Team 1: ________________________________

Match: ________

Court: ________

Referee: ________

Format:

Team 2: ________________________________

Server Score

	1	2	3	4	5	6	7	8	9	10	11	12	13	14	15	16	17	18	19	20	21
	1	2	3	4	5	6	7	8	9	10	11	12	13	14	15	16	17	18	19	20	21
	1	2	3	4	5	6	7	8	9	10	11	12	13	14	15	16	17	18	19	20	21

TimeOuts

1	2	3
1	2	3
1	2	3

If above wins match,
all scores & initials

________ ________ ________ ________

If above wins match,
all scores & initials

Server Score

	1	2	3	4	5	6	7	8	9	10	11	12	13	14	15	16	17	18	19	20	21
	1	2	3	4	5	6	7	8	9	10	11	12	13	14	15	16	17	18	19	20	21
	1	2	3	4	5	6	7	8	9	10	11	12	13	14	15	16	17	18	19	20	21

TimeOuts

1	2	3
1	2	3
1	2	3

Event: ________________________________

Team 1: ________________________________

Match: ________

Court: ________

Referee: ________

Format:

Team 2: ____________________

Server Score

	1	2	3	4	5	6	7	8	9	10	11	12	13	14	15	16	17	18	19	20	21
	1	2	3	4	5	6	7	8	9	10	11	12	13	14	15	16	17	18	19	20	21
	1	2	3	4	5	6	7	8	9	10	11	12	13	14	15	16	17	18	19	20	21

TimeOuts

1	2	3
1	2	3
1	2	3

If above wins match,
all scores & initials

____ ____ ____ ____

Event: ____________________
Team 1: ____________________

Match: ________
Court: ________
Referee: ________
Format: ________

Server Score

	1	2	3	4	5	6	7	8	9	10	11	12	13	14	15	16	17	18	19	20	21
	1	2	3	4	5	6	7	8	9	10	11	12	13	14	15	16	17	18	19	20	21
	1	2	3	4	5	6	7	8	9	10	11	12	13	14	15	16	17	18	19	20	21

TimeOuts

1	2	3
1	2	3
1	2	3

If above wins match,
all scores & initials

Team 2: ____________________

Server Score

	1	2	3	4	5	6	7	8	9	10	11	12	13	14	15	16	17	18	19	20	21
	1	2	3	4	5	6	7	8	9	10	11	12	13	14	15	16	17	18	19	20	21
	1	2	3	4	5	6	7	8	9	10	11	12	13	14	15	16	17	18	19	20	21

TimeOuts

1	2	3
1	2	3
1	2	3

If above wins match,
all scores & initials

____ ____ ____ ____

Event: ____________________
Team 1: ____________________

Match: ________
Court: ________
Referee: ________
Format: ________

Server Score

	1	2	3	4	5	6	7	8	9	10	11	12	13	14	15	16	17	18	19	20	21
	1	2	3	4	5	6	7	8	9	10	11	12	13	14	15	16	17	18	19	20	21
	1	2	3	4	5	6	7	8	9	10	11	12	13	14	15	16	17	18	19	20	21

TimeOuts

1	2	3
1	2	3
1	2	3

If above wins match,
all scores & initials

Team 2: ______________________________

Server Score

	1	2	3	4	5	6	7	8	9	10	11	12	13	14	15	16	17	18	19	20	21
	1	2	3	4	5	6	7	8	9	10	11	12	13	14	15	16	17	18	19	20	21
	1	2	3	4	5	6	7	8	9	10	11	12	13	14	15	16	17	18	19	20	21

TimeOuts

1	2	3
1	2	3
1	2	3

If above wins match,
all scores & initials

______ ______ ______ ______

If above wins match,
all scores & initials

Server Score

	1	2	3	4	5	6	7	8	9	10	11	12	13	14	15	16	17	18	19	20	21
	1	2	3	4	5	6	7	8	9	10	11	12	13	14	15	16	17	18	19	20	21
	1	2	3	4	5	6	7	8	9	10	11	12	13	14	15	16	17	18	19	20	21

TimeOuts

1	2	3
1	2	3
1	2	3

Event: ______________________________

Team 1: ______________________________

Match: ________

Court: ________

Referee: ________

Format: ________

Team 2: ______________________________

Server Score

	1	2	3	4	5	6	7	8	9	10	11	12	13	14	15	16	17	18	19	20	21
	1	2	3	4	5	6	7	8	9	10	11	12	13	14	15	16	17	18	19	20	21
	1	2	3	4	5	6	7	8	9	10	11	12	13	14	15	16	17	18	19	20	21

TimeOuts

1	2	3
1	2	3
1	2	3

If above wins match,
all scores & initials

______ ______ ______ ______

If above wins match,
all scores & initials

Server Score

	1	2	3	4	5	6	7	8	9	10	11	12	13	14	15	16	17	18	19	20	21
	1	2	3	4	5	6	7	8	9	10	11	12	13	14	15	16	17	18	19	20	21
	1	2	3	4	5	6	7	8	9	10	11	12	13	14	15	16	17	18	19	20	21

TimeOuts

1	2	3
1	2	3
1	2	3

Event: ______________________________

Team 1: ______________________________

Match: ________

Court: ________

Referee: ________

Format: ________

Team 2: ______________________________

Server Score

	1	2	3	4	5	6	7	8	9	10	11	12	13	14	15	16	17	18	19	20	21
	1	2	3	4	5	6	7	8	9	10	11	12	13	14	15	16	17	18	19	20	21
	1	2	3	4	5	6	7	8	9	10	11	12	13	14	15	16	17	18	19	20	21

TimeOuts

1	2	3
1	2	3
1	2	3

If above wins match,
all scores & initials

If above wins match,
all scores & initials
______ ______ ______ ______

Server Score

	1	2	3	4	5	6	7	8	9	10	11	12	13	14	15	16	17	18	19	20	21
	1	2	3	4	5	6	7	8	9	10	11	12	13	14	15	16	17	18	19	20	21
	1	2	3	4	5	6	7	8	9	10	11	12	13	14	15	16	17	18	19	20	21

TimeOuts

1	2	3
1	2	3
1	2	3

Team 1: ______________________________

Event: ______________________________

Format:

Referee: ______________

Court: ______________

Match: ______________

Team 2: ______________________________

Server Score

	1	2	3	4	5	6	7	8	9	10	11	12	13	14	15	16	17	18	19	20	21
	1	2	3	4	5	6	7	8	9	10	11	12	13	14	15	16	17	18	19	20	21
	1	2	3	4	5	6	7	8	9	10	11	12	13	14	15	16	17	18	19	20	21

TimeOuts

1	2	3
1	2	3
1	2	3

If above wins match,
all scores & initials

If above wins match,
all scores & initials
______ ______ ______ ______

Server Score

	1	2	3	4	5	6	7	8	9	10	11	12	13	14	15	16	17	18	19	20	21
	1	2	3	4	5	6	7	8	9	10	11	12	13	14	15	16	17	18	19	20	21
	1	2	3	4	5	6	7	8	9	10	11	12	13	14	15	16	17	18	19	20	21

TimeOuts

1	2	3
1	2	3
1	2	3

Team 1: ______________________________

Event: ______________________________

Format:

Referee: ______________

Court: ______________

Match: ______________

Team 2: ______________________________

Server Score

	1	2	3	4	5	6	7	8	9	10	11	12	13	14	15	16	17	18	19	20	21
	1	2	3	4	5	6	7	8	9	10	11	12	13	14	15	16	17	18	19	20	21
	1	2	3	4	5	6	7	8	9	10	11	12	13	14	15	16	17	18	19	20	21

TimeOuts

1	2	3
1	2	3
1	2	3

If above wins match,
all scores & initials

______ ______ ______ ______

If above wins match,
all scores & initials

Server Score

	1	2	3	4	5	6	7	8	9	10	11	12	13	14	15	16	17	18	19	20	21
	1	2	3	4	5	6	7	8	9	10	11	12	13	14	15	16	17	18	19	20	21
	1	2	3	4	5	6	7	8	9	10	11	12	13	14	15	16	17	18	19	20	21

TimeOuts

1	2	3
1	2	3
1	2	3

Team 1: ______________________________ Referee: ______________

Event: ______________________________ Court: ______________

Format: ______________

Match: ______________

Team 2: ______________________________

Server Score

	1	2	3	4	5	6	7	8	9	10	11	12	13	14	15	16	17	18	19	20	21
	1	2	3	4	5	6	7	8	9	10	11	12	13	14	15	16	17	18	19	20	21
	1	2	3	4	5	6	7	8	9	10	11	12	13	14	15	16	17	18	19	20	21

TimeOuts

1	2	3
1	2	3
1	2	3

If above wins match,
all scores & initials

______ ______ ______ ______

If above wins match,
all scores & initials

Server Score

	1	2	3	4	5	6	7	8	9	10	11	12	13	14	15	16	17	18	19	20	21
	1	2	3	4	5	6	7	8	9	10	11	12	13	14	15	16	17	18	19	20	21
	1	2	3	4	5	6	7	8	9	10	11	12	13	14	15	16	17	18	19	20	21

TimeOuts

1	2	3
1	2	3
1	2	3

Team 1: ______________________________ Referee: ______________

Event: ______________________________ Court: ______________

Format: ______________

Match: ______________

Team 2: ______________________________

Server Score

	1	2	3	4	5	6	7	8	9	10	11	12	13	14	15	16	17	18	19	20	21
	1	2	3	4	5	6	7	8	9	10	11	12	13	14	15	16	17	18	19	20	21
	1	2	3	4	5	6	7	8	9	10	11	12	13	14	15	16	17	18	19	20	21

TimeOuts

1	2	3
1	2	3
1	2	3

If above wins match,
all scores & initials

If above wins match,
all scores & initials ________ ________ ________ ________

Server Score

	1	2	3	4	5	6	7	8	9	10	11	12	13	14	15	16	17	18	19	20	21
	1	2	3	4	5	6	7	8	9	10	11	12	13	14	15	16	17	18	19	20	21
	1	2	3	4	5	6	7	8	9	10	11	12	13	14	15	16	17	18	19	20	21

TimeOuts

1	2	3
1	2	3
1	2	3

Event: ______________________________

Team 1: ______________________________

Match: __________

Court: __________

Referee: __________

Format: __________

Team 2: ______________________________

Server Score

	1	2	3	4	5	6	7	8	9	10	11	12	13	14	15	16	17	18	19	20	21
	1	2	3	4	5	6	7	8	9	10	11	12	13	14	15	16	17	18	19	20	21
	1	2	3	4	5	6	7	8	9	10	11	12	13	14	15	16	17	18	19	20	21

TimeOuts

1	2	3
1	2	3
1	2	3

If above wins match,
all scores & initials

If above wins match,
all scores & initials ________ ________ ________ ________

Server Score

	1	2	3	4	5	6	7	8	9	10	11	12	13	14	15	16	17	18	19	20	21
	1	2	3	4	5	6	7	8	9	10	11	12	13	14	15	16	17	18	19	20	21
	1	2	3	4	5	6	7	8	9	10	11	12	13	14	15	16	17	18	19	20	21

TimeOuts

1	2	3
1	2	3
1	2	3

Event: ______________________________

Team 1: ______________________________

Match: __________

Court: __________

Referee: __________

Format: __________

Team 2: ____________________

Server Score																					
	1	2	3	4	5	6	7	8	9	10	11	12	13	14	15	16	17	18	19	20	21
	1	2	3	4	5	6	7	8	9	10	11	12	13	14	15	16	17	18	19	20	21
	1	2	3	4	5	6	7	8	9	10	11	12	13	14	15	16	17	18	19	20	21

TimeOuts		
1	2	3
1	2	3
1	2	3

If above wins match,
all scores & initials

____ ____ ____ ____

If above wins match,
all scores & initials

Server Score																					
	1	2	3	4	5	6	7	8	9	10	11	12	13	14	15	16	17	18	19	20	21
	1	2	3	4	5	6	7	8	9	10	11	12	13	14	15	16	17	18	19	20	21
	1	2	3	4	5	6	7	8	9	10	11	12	13	14	15	16	17	18	19	20	21

TimeOuts		
1	2	3
1	2	3
1	2	3

Event: ____________________

Team 1: ____________________

Match: ________

Court: ________

Referee: ________

Format:

Team 2: ____________________

Server Score																					
	1	2	3	4	5	6	7	8	9	10	11	12	13	14	15	16	17	18	19	20	21
	1	2	3	4	5	6	7	8	9	10	11	12	13	14	15	16	17	18	19	20	21
	1	2	3	4	5	6	7	8	9	10	11	12	13	14	15	16	17	18	19	20	21

TimeOuts		
1	2	3
1	2	3
1	2	3

If above wins match,
all scores & initials

____ ____ ____ ____

If above wins match,
all scores & initials

Server Score																					
	1	2	3	4	5	6	7	8	9	10	11	12	13	14	15	16	17	18	19	20	21
	1	2	3	4	5	6	7	8	9	10	11	12	13	14	15	16	17	18	19	20	21
	1	2	3	4	5	6	7	8	9	10	11	12	13	14	15	16	17	18	19	20	21

TimeOuts		
1	2	3
1	2	3
1	2	3

Event: ____________________

Team 1: ____________________

Match: ________

Court: ________

Referee: ________

Format:

Team 2: ______________________________

Server Score

	1	2	3	4	5	6	7	8	9	10	11	12	13	14	15	16	17	18	19	20	21
	1	2	3	4	5	6	7	8	9	10	11	12	13	14	15	16	17	18	19	20	21
	1	2	3	4	5	6	7	8	9	10	11	12	13	14	15	16	17	18	19	20	21

TimeOuts

1	2	3
1	2	3
1	2	3

If above wins match,
all scores & initials

_______ _______ _______ _______

Event: ______________________________

Team 1: ______________________________

Match: ________

Court: ________

Referee: ________

Format: ________

Server Score

	1	2	3	4	5	6	7	8	9	10	11	12	13	14	15	16	17	18	19	20	21
	1	2	3	4	5	6	7	8	9	10	11	12	13	14	15	16	17	18	19	20	21
	1	2	3	4	5	6	7	8	9	10	11	12	13	14	15	16	17	18	19	20	21

TimeOuts

1	2	3
1	2	3
1	2	3

If above wins match,
all scores & initials

Team 2: ______________________________

Server Score

	1	2	3	4	5	6	7	8	9	10	11	12	13	14	15	16	17	18	19	20	21
	1	2	3	4	5	6	7	8	9	10	11	12	13	14	15	16	17	18	19	20	21
	1	2	3	4	5	6	7	8	9	10	11	12	13	14	15	16	17	18	19	20	21

TimeOuts

1	2	3
1	2	3
1	2	3

If above wins match,
all scores & initials

_______ _______ _______ _______

Event: ______________________________

Team 1: ______________________________

Match: ________

Court: ________

Referee: ________

Format: ________

Server Score

	1	2	3	4	5	6	7	8	9	10	11	12	13	14	15	16	17	18	19	20	21
	1	2	3	4	5	6	7	8	9	10	11	12	13	14	15	16	17	18	19	20	21
	1	2	3	4	5	6	7	8	9	10	11	12	13	14	15	16	17	18	19	20	21

TimeOuts

1	2	3
1	2	3
1	2	3

If above wins match,
all scores & initials

Team 2: ____________________

Server Score

	1	2	3	4	5	6	7	8	9	10	11	12	13	14	15	16	17	18	19	20	21
	1	2	3	4	5	6	7	8	9	10	11	12	13	14	15	16	17	18	19	20	21
	1	2	3	4	5	6	7	8	9	10	11	12	13	14	15	16	17	18	19	20	21

TimeOuts

1	2	3
1	2	3
1	2	3

If above wins match,
all scores & initials

_______ _______ _______ _______

If above wins match,
all scores & initials

Server Score

	1	2	3	4	5	6	7	8	9	10	11	12	13	14	15	16	17	18	19	20	21
	1	2	3	4	5	6	7	8	9	10	11	12	13	14	15	16	17	18	19	20	21
	1	2	3	4	5	6	7	8	9	10	11	12	13	14	15	16	17	18	19	20	21

TimeOuts

1	2	3
1	2	3
1	2	3

Event: ____________________

Team 1: ____________________

Match: __________

Court: __________

Referee: __________

Format: __________

Team 2: ____________________

Server Score

	1	2	3	4	5	6	7	8	9	10	11	12	13	14	15	16	17	18	19	20	21
	1	2	3	4	5	6	7	8	9	10	11	12	13	14	15	16	17	18	19	20	21
	1	2	3	4	5	6	7	8	9	10	11	12	13	14	15	16	17	18	19	20	21

TimeOuts

1	2	3
1	2	3
1	2	3

If above wins match,
all scores & initials

_______ _______ _______ _______

If above wins match,
all scores & initials

Server Score

	1	2	3	4	5	6	7	8	9	10	11	12	13	14	15	16	17	18	19	20	21
	1	2	3	4	5	6	7	8	9	10	11	12	13	14	15	16	17	18	19	20	21
	1	2	3	4	5	6	7	8	9	10	11	12	13	14	15	16	17	18	19	20	21

TimeOuts

1	2	3
1	2	3
1	2	3

Event: ____________________

Team 1: ____________________

Match: __________

Court: __________

Referee: __________

Format: __________

Team 2: ______________________________

Server Score

	1	2	3	4	5	6	7	8	9	10	11	12	13	14	15	16	17	18	19	20	21
	1	2	3	4	5	6	7	8	9	10	11	12	13	14	15	16	17	18	19	20	21
	1	2	3	4	5	6	7	8	9	10	11	12	13	14	15	16	17	18	19	20	21

TimeOuts

1	2	3
1	2	3
1	2	3

If above wins match,
all scores & initials

______ ______ ______ ______

If above wins match,
all scores & initials

Server Score

	1	2	3	4	5	6	7	8	9	10	11	12	13	14	15	16	17	18	19	20	21
	1	2	3	4	5	6	7	8	9	10	11	12	13	14	15	16	17	18	19	20	21
	1	2	3	4	5	6	7	8	9	10	11	12	13	14	15	16	17	18	19	20	21

TimeOuts

1	2	3
1	2	3
1	2	3

Team 1: ______________________________

Event: ______________________________

Format: ______________

Referee: ______________

Court: ______________

Match: ______________

Team 2: ______________________________

Server Score

	1	2	3	4	5	6	7	8	9	10	11	12	13	14	15	16	17	18	19	20	21
	1	2	3	4	5	6	7	8	9	10	11	12	13	14	15	16	17	18	19	20	21
	1	2	3	4	5	6	7	8	9	10	11	12	13	14	15	16	17	18	19	20	21

TimeOuts

1	2	3
1	2	3
1	2	3

If above wins match,
all scores & initials

______ ______ ______ ______

If above wins match,
all scores & initials

Server Score

	1	2	3	4	5	6	7	8	9	10	11	12	13	14	15	16	17	18	19	20	21
	1	2	3	4	5	6	7	8	9	10	11	12	13	14	15	16	17	18	19	20	21
	1	2	3	4	5	6	7	8	9	10	11	12	13	14	15	16	17	18	19	20	21

TimeOuts

1	2	3
1	2	3
1	2	3

Team 1: ______________________________

Event: ______________________________

Format: ______________

Referee: ______________

Court: ______________

Match: ______________

Team 2: ______________________________

Server Score

	1	2	3	4	5	6	7	8	9	10	11	12	13	14	15	16	17	18	19	20	21
	1	2	3	4	5	6	7	8	9	10	11	12	13	14	15	16	17	18	19	20	21
	1	2	3	4	5	6	7	8	9	10	11	12	13	14	15	16	17	18	19	20	21

TimeOuts

1	2	3
1	2	3
1	2	3

If above wins match,
all scores & initials

_______ _______ _______ _______

Match: __________ Event: ______________________________

Court: __________ Team 1: ______________________________

Referee: __________

Format:

Server Score

	1	2	3	4	5	6	7	8	9	10	11	12	13	14	15	16	17	18	19	20	21
	1	2	3	4	5	6	7	8	9	10	11	12	13	14	15	16	17	18	19	20	21
	1	2	3	4	5	6	7	8	9	10	11	12	13	14	15	16	17	18	19	20	21

TimeOuts

1	2	3
1	2	3
1	2	3

If above wins match,
all scores & initials

Team 2: ______________________________

Server Score

	1	2	3	4	5	6	7	8	9	10	11	12	13	14	15	16	17	18	19	20	21
	1	2	3	4	5	6	7	8	9	10	11	12	13	14	15	16	17	18	19	20	21
	1	2	3	4	5	6	7	8	9	10	11	12	13	14	15	16	17	18	19	20	21

TimeOuts

1	2	3
1	2	3
1	2	3

If above wins match,
all scores & initials

_______ _______ _______ _______

Match: __________ Event: ______________________________

Court: __________ Team 1: ______________________________

Referee: __________

Format:

Server Score

	1	2	3	4	5	6	7	8	9	10	11	12	13	14	15	16	17	18	19	20	21
	1	2	3	4	5	6	7	8	9	10	11	12	13	14	15	16	17	18	19	20	21
	1	2	3	4	5	6	7	8	9	10	11	12	13	14	15	16	17	18	19	20	21

TimeOuts

1	2	3
1	2	3
1	2	3

If above wins match,
all scores & initials

Team 2: ______________________

Server Score

	1	2	3	4	5	6	7	8	9	10	11	12	13	14	15	16	17	18	19	20	21
	1	2	3	4	5	6	7	8	9	10	11	12	13	14	15	16	17	18	19	20	21
	1	2	3	4	5	6	7	8	9	10	11	12	13	14	15	16	17	18	19	20	21

TimeOuts

1	2	3
1	2	3
1	2	3

If above wins match,
all scores & initials

______ ______ ______ ______

If above wins match,
all scores & initials

Event: ______________________

Team 1: ______________________

Server Score

	1	2	3	4	5	6	7	8	9	10	11	12	13	14	15	16	17	18	19	20	21
	1	2	3	4	5	6	7	8	9	10	11	12	13	14	15	16	17	18	19	20	21
	1	2	3	4	5	6	7	8	9	10	11	12	13	14	15	16	17	18	19	20	21

Match: ________

Court: ________

Referee: ________

Format: ________

TimeOuts

1	2	3
1	2	3
1	2	3

Team 2: ______________________

Server Score

	1	2	3	4	5	6	7	8	9	10	11	12	13	14	15	16	17	18	19	20	21
	1	2	3	4	5	6	7	8	9	10	11	12	13	14	15	16	17	18	19	20	21
	1	2	3	4	5	6	7	8	9	10	11	12	13	14	15	16	17	18	19	20	21

TimeOuts

1	2	3
1	2	3
1	2	3

If above wins match,
all scores & initials

______ ______ ______ ______

If above wins match,
all scores & initials

Event: ______________________

Team 1: ______________________

Server Score

	1	2	3	4	5	6	7	8	9	10	11	12	13	14	15	16	17	18	19	20	21
	1	2	3	4	5	6	7	8	9	10	11	12	13	14	15	16	17	18	19	20	21
	1	2	3	4	5	6	7	8	9	10	11	12	13	14	15	16	17	18	19	20	21

Match: ________

Court: ________

Referee: ________

Format: ________

TimeOuts

1	2	3
1	2	3
1	2	3

Team 2: ______________________________

Server Score																					
	1	2	3	4	5	6	7	8	9	10	11	12	13	14	15	16	17	18	19	20	21
	1	2	3	4	5	6	7	8	9	10	11	12	13	14	15	16	17	18	19	20	21
	1	2	3	4	5	6	7	8	9	10	11	12	13	14	15	16	17	18	19	20	21

TimeOuts		
1	2	3
1	2	3
1	2	3

If above wins match,
all scores & initials

______ ______ ______ ______

Match: ________

Court: ________

Referee: ________

Format:

Event: ______________________________

Team 1: ______________________________

Server Score																					
	1	2	3	4	5	6	7	8	9	10	11	12	13	14	15	16	17	18	19	20	21
	1	2	3	4	5	6	7	8	9	10	11	12	13	14	15	16	17	18	19	20	21
	1	2	3	4	5	6	7	8	9	10	11	12	13	14	15	16	17	18	19	20	21

TimeOuts		
1	2	3
1	2	3
1	2	3

If above wins match,
all scores & initials

Team 2: ______________________________

Server Score																					
	1	2	3	4	5	6	7	8	9	10	11	12	13	14	15	16	17	18	19	20	21
	1	2	3	4	5	6	7	8	9	10	11	12	13	14	15	16	17	18	19	20	21
	1	2	3	4	5	6	7	8	9	10	11	12	13	14	15	16	17	18	19	20	21

TimeOuts		
1	2	3
1	2	3
1	2	3

If above wins match,
all scores & initials

______ ______ ______ ______

Match: ________

Court: ________

Referee: ________

Format:

Event: ______________________________

Team 1: ______________________________

Server Score																					
	1	2	3	4	5	6	7	8	9	10	11	12	13	14	15	16	17	18	19	20	21
	1	2	3	4	5	6	7	8	9	10	11	12	13	14	15	16	17	18	19	20	21
	1	2	3	4	5	6	7	8	9	10	11	12	13	14	15	16	17	18	19	20	21

TimeOuts		
1	2	3
1	2	3
1	2	3

If above wins match,
all scores & initials

Team 2: ______________________________

Server Score

	1	2	3	4	5	6	7	8	9	10	11	12	13	14	15	16	17	18	19	20	21
	1	2	3	4	5	6	7	8	9	10	11	12	13	14	15	16	17	18	19	20	21
	1	2	3	4	5	6	7	8	9	10	11	12	13	14	15	16	17	18	19	20	21

TimeOuts

1	2	3
1	2	3
1	2	3

If above wins match,
all scores & initials

____ ____ ____ ____

If above wins match,
all scores & initials

Server Score

	1	2	3	4	5	6	7	8	9	10	11	12	13	14	15	16	17	18	19	20	21
	1	2	3	4	5	6	7	8	9	10	11	12	13	14	15	16	17	18	19	20	21
	1	2	3	4	5	6	7	8	9	10	11	12	13	14	15	16	17	18	19	20	21

TimeOuts

1	2	3
1	2	3
1	2	3

Event: ______________________________

Team 1: ______________________________

Match: __________

Court: __________

Referee: __________

Format: __________

Team 2: ______________________________

Server Score

	1	2	3	4	5	6	7	8	9	10	11	12	13	14	15	16	17	18	19	20	21
	1	2	3	4	5	6	7	8	9	10	11	12	13	14	15	16	17	18	19	20	21
	1	2	3	4	5	6	7	8	9	10	11	12	13	14	15	16	17	18	19	20	21

TimeOuts

1	2	3
1	2	3
1	2	3

If above wins match,
all scores & initials

____ ____ ____ ____

If above wins match,
all scores & initials

Server Score

	1	2	3	4	5	6	7	8	9	10	11	12	13	14	15	16	17	18	19	20	21
	1	2	3	4	5	6	7	8	9	10	11	12	13	14	15	16	17	18	19	20	21
	1	2	3	4	5	6	7	8	9	10	11	12	13	14	15	16	17	18	19	20	21

TimeOuts

1	2	3
1	2	3
1	2	3

Event: ______________________________

Team 1: ______________________________

Match: __________

Court: __________

Referee: __________

Format: __________

Team 2: ______________________________

Server Score

	1	2	3	4	5	6	7	8	9	10	11	12	13	14	15	16	17	18	19	20	21
	1	2	3	4	5	6	7	8	9	10	11	12	13	14	15	16	17	18	19	20	21
	1	2	3	4	5	6	7	8	9	10	11	12	13	14	15	16	17	18	19	20	21

TimeOuts

1	2	3
1	2	3
1	2	3

If above wins match,
all scores & initials

Event: ______________________________ Match: __________

Team 1: ______________________________ Court: __________

Referee: __________

Format:

Server Score

	1	2	3	4	5	6	7	8	9	10	11	12	13	14	15	16	17	18	19	20	21
	1	2	3	4	5	6	7	8	9	10	11	12	13	14	15	16	17	18	19	20	21
	1	2	3	4	5	6	7	8	9	10	11	12	13	14	15	16	17	18	19	20	21

TimeOuts

1	2	3
1	2	3
1	2	3

If above wins match,
all scores & initials

______ ______ ______ ______

Team 2: ______________________________

Server Score

	1	2	3	4	5	6	7	8	9	10	11	12	13	14	15	16	17	18	19	20	21
	1	2	3	4	5	6	7	8	9	10	11	12	13	14	15	16	17	18	19	20	21
	1	2	3	4	5	6	7	8	9	10	11	12	13	14	15	16	17	18	19	20	21

TimeOuts

1	2	3
1	2	3
1	2	3

If above wins match,
all scores & initials

Event: ______________________________ Match: __________

Team 1: ______________________________ Court: __________

Referee: __________

Format:

Server Score

	1	2	3	4	5	6	7	8	9	10	11	12	13	14	15	16	17	18	19	20	21
	1	2	3	4	5	6	7	8	9	10	11	12	13	14	15	16	17	18	19	20	21
	1	2	3	4	5	6	7	8	9	10	11	12	13	14	15	16	17	18	19	20	21

TimeOuts

1	2	3
1	2	3
1	2	3

If above wins match,
all scores & initials

______ ______ ______ ______

Team 2: ______________________________

Server Score

	1	2	3	4	5	6	7	8	9	10	11	12	13	14	15	16	17	18	19	20	21
	1	2	3	4	5	6	7	8	9	10	11	12	13	14	15	16	17	18	19	20	21
	1	2	3	4	5	6	7	8	9	10	11	12	13	14	15	16	17	18	19	20	21

TimeOuts

1	2	3
1	2	3
1	2	3

If above wins match,
all scores & initials

______ ______ ______ ______

If above wins match,
all scores & initials

Server Score

	1	2	3	4	5	6	7	8	9	10	11	12	13	14	15	16	17	18	19	20	21
	1	2	3	4	5	6	7	8	9	10	11	12	13	14	15	16	17	18	19	20	21
	1	2	3	4	5	6	7	8	9	10	11	12	13	14	15	16	17	18	19	20	21

TimeOuts

1	2	3
1	2	3
1	2	3

Team 1: ______________________________

Event: ______________________________

Format:

Referee: ______________

Court: ______________

Match: ______________

Team 2: ______________________________

Server Score

	1	2	3	4	5	6	7	8	9	10	11	12	13	14	15	16	17	18	19	20	21
	1	2	3	4	5	6	7	8	9	10	11	12	13	14	15	16	17	18	19	20	21
	1	2	3	4	5	6	7	8	9	10	11	12	13	14	15	16	17	18	19	20	21

TimeOuts

1	2	3
1	2	3
1	2	3

If above wins match,
all scores & initials

______ ______ ______ ______

If above wins match,
all scores & initials

Server Score

	1	2	3	4	5	6	7	8	9	10	11	12	13	14	15	16	17	18	19	20	21
	1	2	3	4	5	6	7	8	9	10	11	12	13	14	15	16	17	18	19	20	21
	1	2	3	4	5	6	7	8	9	10	11	12	13	14	15	16	17	18	19	20	21

TimeOuts

1	2	3
1	2	3
1	2	3

Team 1: ______________________________

Event: ______________________________

Format:

Referee: ______________

Court: ______________

Match: ______________

Team 2: ____________________

Server Score

	1	2	3	4	5	6	7	8	9	10	11	12	13	14	15	16	17	18	19	20	21
	1	2	3	4	5	6	7	8	9	10	11	12	13	14	15	16	17	18	19	20	21
	1	2	3	4	5	6	7	8	9	10	11	12	13	14	15	16	17	18	19	20	21

TimeOuts

1	2	3
1	2	3
1	2	3

If above wins match,
all scores & initials

______ ______ ______ ______

Event: ____________________

Team 1: ____________________

Match: ______

Court: ______

Referee: ______

Format: ______

Server Score

	1	2	3	4	5	6	7	8	9	10	11	12	13	14	15	16	17	18	19	20	21
	1	2	3	4	5	6	7	8	9	10	11	12	13	14	15	16	17	18	19	20	21
	1	2	3	4	5	6	7	8	9	10	11	12	13	14	15	16	17	18	19	20	21

TimeOuts

1	2	3
1	2	3
1	2	3

If above wins match,
all scores & initials

______ ______ ______ ______

Team 2: ____________________

Server Score

	1	2	3	4	5	6	7	8	9	10	11	12	13	14	15	16	17	18	19	20	21
	1	2	3	4	5	6	7	8	9	10	11	12	13	14	15	16	17	18	19	20	21
	1	2	3	4	5	6	7	8	9	10	11	12	13	14	15	16	17	18	19	20	21

TimeOuts

1	2	3
1	2	3
1	2	3

If above wins match,
all scores & initials

______ ______ ______ ______

Event: ____________________

Team 1: ____________________

Match: ______

Court: ______

Referee: ______

Format: ______

Server Score

	1	2	3	4	5	6	7	8	9	10	11	12	13	14	15	16	17	18	19	20	21
	1	2	3	4	5	6	7	8	9	10	11	12	13	14	15	16	17	18	19	20	21
	1	2	3	4	5	6	7	8	9	10	11	12	13	14	15	16	17	18	19	20	21

TimeOuts

1	2	3
1	2	3
1	2	3

If above wins match,
all scores & initials

______ ______ ______ ______

Team 2: ______________________________

Server Score

	1	2	3	4	5	6	7	8	9	10	11	12	13	14	15	16	17	18	19	20	21
	1	2	3	4	5	6	7	8	9	10	11	12	13	14	15	16	17	18	19	20	21
	1	2	3	4	5	6	7	8	9	10	11	12	13	14	15	16	17	18	19	20	21

TimeOuts

1	2	3
1	2	3
1	2	3

If above wins match,
all scores & initials

________ ________ ________ ________

If above wins match,
all scores & initials

Server Score

	1	2	3	4	5	6	7	8	9	10	11	12	13	14	15	16	17	18	19	20	21
	1	2	3	4	5	6	7	8	9	10	11	12	13	14	15	16	17	18	19	20	21
	1	2	3	4	5	6	7	8	9	10	11	12	13	14	15	16	17	18	19	20	21

TimeOuts

1	2	3
1	2	3
1	2	3

Event: ______________________________

Team 1: ______________________________

Match: __________

Court: __________

Referee: __________

Format: __________

Team 2: ______________________________

Server Score

	1	2	3	4	5	6	7	8	9	10	11	12	13	14	15	16	17	18	19	20	21
	1	2	3	4	5	6	7	8	9	10	11	12	13	14	15	16	17	18	19	20	21
	1	2	3	4	5	6	7	8	9	10	11	12	13	14	15	16	17	18	19	20	21

TimeOuts

1	2	3
1	2	3
1	2	3

If above wins match,
all scores & initials

________ ________ ________ ________

If above wins match,
all scores & initials

Server Score

	1	2	3	4	5	6	7	8	9	10	11	12	13	14	15	16	17	18	19	20	21
	1	2	3	4	5	6	7	8	9	10	11	12	13	14	15	16	17	18	19	20	21
	1	2	3	4	5	6	7	8	9	10	11	12	13	14	15	16	17	18	19	20	21

TimeOuts

1	2	3
1	2	3
1	2	3

Event: ______________________________

Team 1: ______________________________

Match: __________

Court: __________

Referee: __________

Format: __________

Team 2: ______________________________

Server Score

	1	2	3	4	5	6	7	8	9	10	11	12	13	14	15	16	17	18	19	20	21
	1	2	3	4	5	6	7	8	9	10	11	12	13	14	15	16	17	18	19	20	21
	1	2	3	4	5	6	7	8	9	10	11	12	13	14	15	16	17	18	19	20	21

TimeOuts

1	2	3
1	2	3
1	2	3

If above wins match,
all scores & initials

________ ________ ________ ________

If above wins match,
all scores & initials

Server Score

	1	2	3	4	5	6	7	8	9	10	11	12	13	14	15	16	17	18	19	20	21
	1	2	3	4	5	6	7	8	9	10	11	12	13	14	15	16	17	18	19	20	21
	1	2	3	4	5	6	7	8	9	10	11	12	13	14	15	16	17	18	19	20	21

TimeOuts

1	2	3
1	2	3
1	2	3

Event: ______________________________ Match: __________

Team 1: ______________________________ Court: __________

Referee: ______________

Format: ______________

Team 2: ______________________________

Server Score

	1	2	3	4	5	6	7	8	9	10	11	12	13	14	15	16	17	18	19	20	21
	1	2	3	4	5	6	7	8	9	10	11	12	13	14	15	16	17	18	19	20	21
	1	2	3	4	5	6	7	8	9	10	11	12	13	14	15	16	17	18	19	20	21

TimeOuts

1	2	3
1	2	3
1	2	3

If above wins match,
all scores & initials

________ ________ ________ ________

If above wins match,
all scores & initials

Server Score

	1	2	3	4	5	6	7	8	9	10	11	12	13	14	15	16	17	18	19	20	21
	1	2	3	4	5	6	7	8	9	10	11	12	13	14	15	16	17	18	19	20	21
	1	2	3	4	5	6	7	8	9	10	11	12	13	14	15	16	17	18	19	20	21

TimeOuts

1	2	3
1	2	3
1	2	3

Event: ______________________________ Match: __________

Team 1: ______________________________ Court: __________

Referee: ______________

Format: ______________

Team 2: ______________________________

Server Score

	1	2	3	4	5	6	7	8	9	10	11	12	13	14	15	16	17	18	19	20	21
	1	2	3	4	5	6	7	8	9	10	11	12	13	14	15	16	17	18	19	20	21
	1	2	3	4	5	6	7	8	9	10	11	12	13	14	15	16	17	18	19	20	21

TimeOuts

1	2	3
1	2	3
1	2	3

If above wins match,
all scores & initials

_______ _______ _______ _______

If above wins match,
all scores & initials

Server Score

	1	2	3	4	5	6	7	8	9	10	11	12	13	14	15	16	17	18	19	20	21
	1	2	3	4	5	6	7	8	9	10	11	12	13	14	15	16	17	18	19	20	21
	1	2	3	4	5	6	7	8	9	10	11	12	13	14	15	16	17	18	19	20	21

TimeOuts

1	2	3
1	2	3
1	2	3

Team 1: ______________________________

Event: ______________________________

Format:

Referee: ______________

Court: ______________

Match: ______________

Team 2: ______________________________

Server Score

	1	2	3	4	5	6	7	8	9	10	11	12	13	14	15	16	17	18	19	20	21
	1	2	3	4	5	6	7	8	9	10	11	12	13	14	15	16	17	18	19	20	21
	1	2	3	4	5	6	7	8	9	10	11	12	13	14	15	16	17	18	19	20	21

TimeOuts

1	2	3
1	2	3
1	2	3

If above wins match,
all scores & initials

_______ _______ _______ _______

If above wins match,
all scores & initials

Server Score

	1	2	3	4	5	6	7	8	9	10	11	12	13	14	15	16	17	18	19	20	21
	1	2	3	4	5	6	7	8	9	10	11	12	13	14	15	16	17	18	19	20	21
	1	2	3	4	5	6	7	8	9	10	11	12	13	14	15	16	17	18	19	20	21

TimeOuts

1	2	3
1	2	3
1	2	3

Team 1: ______________________________

Event: ______________________________

Format:

Referee: ______________

Court: ______________

Match: ______________

Team 2: ______________________________

Server Score

	1	2	3	4	5	6	7	8	9	10	11	12	13	14	15	16	17	18	19	20	21
	1	2	3	4	5	6	7	8	9	10	11	12	13	14	15	16	17	18	19	20	21
	1	2	3	4	5	6	7	8	9	10	11	12	13	14	15	16	17	18	19	20	21

TimeOuts

1	2	3
1	2	3
1	2	3

If above wins match,
all scores & initials

_______ _______ _______ _______

If above wins match,
all scores & initials

Server Score

	1	2	3	4	5	6	7	8	9	10	11	12	13	14	15	16	17	18	19	20	21
	1	2	3	4	5	6	7	8	9	10	11	12	13	14	15	16	17	18	19	20	21
	1	2	3	4	5	6	7	8	9	10	11	12	13	14	15	16	17	18	19	20	21

TimeOuts

1	2	3
1	2	3
1	2	3

Team 1: ______________________________

Event: ______________________________

Format:

Referee: ______________

Court: ______________

Match: ______________

Team 2: ______________________________

Server Score

	1	2	3	4	5	6	7	8	9	10	11	12	13	14	15	16	17	18	19	20	21
	1	2	3	4	5	6	7	8	9	10	11	12	13	14	15	16	17	18	19	20	21
	1	2	3	4	5	6	7	8	9	10	11	12	13	14	15	16	17	18	19	20	21

TimeOuts

1	2	3
1	2	3
1	2	3

If above wins match,
all scores & initials

_______ _______ _______ _______

If above wins match,
all scores & initials

Server Score

	1	2	3	4	5	6	7	8	9	10	11	12	13	14	15	16	17	18	19	20	21
	1	2	3	4	5	6	7	8	9	10	11	12	13	14	15	16	17	18	19	20	21
	1	2	3	4	5	6	7	8	9	10	11	12	13	14	15	16	17	18	19	20	21

TimeOuts

1	2	3
1	2	3
1	2	3

Team 1: ______________________________

Event: ______________________________

Format:

Referee: ______________

Court: ______________

Match: ______________

Team 2: ______________________

Server Score

	1	2	3	4	5	6	7	8	9	10	11	12	13	14	15	16	17	18	19	20	21
	1	2	3	4	5	6	7	8	9	10	11	12	13	14	15	16	17	18	19	20	21
	1	2	3	4	5	6	7	8	9	10	11	12	13	14	15	16	17	18	19	20	21

TimeOuts

1	2	3
1	2	3
1	2	3

If above wins match,
all scores & initials

_______ _______ _______ _______

Match: __________

Court: __________

Referee: __________

Format: __________

Event: ______________________

Team 1: ______________________

Server Score

	1	2	3	4	5	6	7	8	9	10	11	12	13	14	15	16	17	18	19	20	21
	1	2	3	4	5	6	7	8	9	10	11	12	13	14	15	16	17	18	19	20	21
	1	2	3	4	5	6	7	8	9	10	11	12	13	14	15	16	17	18	19	20	21

TimeOuts

1	2	3
1	2	3
1	2	3

If above wins match,
all scores & initials

Team 2: ______________________

Server Score

	1	2	3	4	5	6	7	8	9	10	11	12	13	14	15	16	17	18	19	20	21
	1	2	3	4	5	6	7	8	9	10	11	12	13	14	15	16	17	18	19	20	21
	1	2	3	4	5	6	7	8	9	10	11	12	13	14	15	16	17	18	19	20	21

TimeOuts

1	2	3
1	2	3
1	2	3

If above wins match,
all scores & initials

_______ _______ _______ _______

Match: __________

Court: __________

Referee: __________

Format: __________

Event: ______________________

Team 1: ______________________

Server Score

	1	2	3	4	5	6	7	8	9	10	11	12	13	14	15	16	17	18	19	20	21
	1	2	3	4	5	6	7	8	9	10	11	12	13	14	15	16	17	18	19	20	21
	1	2	3	4	5	6	7	8	9	10	11	12	13	14	15	16	17	18	19	20	21

TimeOuts

1	2	3
1	2	3
1	2	3

If above wins match,
all scores & initials

Team 2: ______________________________

Server Score

	1	2	3	4	5	6	7	8	9	10	11	12	13	14	15	16	17	18	19	20	21
	1	2	3	4	5	6	7	8	9	10	11	12	13	14	15	16	17	18	19	20	21
	1	2	3	4	5	6	7	8	9	10	11	12	13	14	15	16	17	18	19	20	21

TimeOuts

1	2	3
1	2	3
1	2	3

If above wins match,
all scores & initials

______ ______ ______ ______

If above wins match,
all scores & initials

Event: ______________________________

Team 1: ______________________________

Match: ______

Court: ______

Referee: ______

Format:

Server Score

	1	2	3	4	5	6	7	8	9	10	11	12	13	14	15	16	17	18	19	20	21
	1	2	3	4	5	6	7	8	9	10	11	12	13	14	15	16	17	18	19	20	21
	1	2	3	4	5	6	7	8	9	10	11	12	13	14	15	16	17	18	19	20	21

TimeOuts

1	2	3
1	2	3
1	2	3

Team 2: ______________________________

Server Score

	1	2	3	4	5	6	7	8	9	10	11	12	13	14	15	16	17	18	19	20	21
	1	2	3	4	5	6	7	8	9	10	11	12	13	14	15	16	17	18	19	20	21
	1	2	3	4	5	6	7	8	9	10	11	12	13	14	15	16	17	18	19	20	21

TimeOuts

1	2	3
1	2	3
1	2	3

If above wins match,
all scores & initials

______ ______ ______ ______

If above wins match,
all scores & initials

Event: ______________________________

Team 1: ______________________________

Match: ______

Court: ______

Referee: ______

Format:

Server Score

	1	2	3	4	5	6	7	8	9	10	11	12	13	14	15	16	17	18	19	20	21
	1	2	3	4	5	6	7	8	9	10	11	12	13	14	15	16	17	18	19	20	21
	1	2	3	4	5	6	7	8	9	10	11	12	13	14	15	16	17	18	19	20	21

TimeOuts

1	2	3
1	2	3
1	2	3

Team 2: ____________________

Server Score

	1	2	3	4	5	6	7	8	9	10	11	12	13	14	15	16	17	18	19	20	21
	1	2	3	4	5	6	7	8	9	10	11	12	13	14	15	16	17	18	19	20	21
	1	2	3	4	5	6	7	8	9	10	11	12	13	14	15	16	17	18	19	20	21

TimeOuts

1	2	3
1	2	3
1	2	3

If above wins match,
all scores & initials

If above wins match,
all scores & initials

_______ _______ _______ _______

Server Score

	1	2	3	4	5	6	7	8	9	10	11	12	13	14	15	16	17	18	19	20	21
	1	2	3	4	5	6	7	8	9	10	11	12	13	14	15	16	17	18	19	20	21
	1	2	3	4	5	6	7	8	9	10	11	12	13	14	15	16	17	18	19	20	21

TimeOuts

1	2	3
1	2	3
1	2	3

Event: ____________________

Team 1: ____________________

Match: __________

Court: __________

Referee: __________

Format: __________

Team 2: ____________________

Server Score

	1	2	3	4	5	6	7	8	9	10	11	12	13	14	15	16	17	18	19	20	21
	1	2	3	4	5	6	7	8	9	10	11	12	13	14	15	16	17	18	19	20	21
	1	2	3	4	5	6	7	8	9	10	11	12	13	14	15	16	17	18	19	20	21

TimeOuts

1	2	3
1	2	3
1	2	3

If above wins match,
all scores & initials

If above wins match,
all scores & initials

_______ _______ _______ _______

Server Score

	1	2	3	4	5	6	7	8	9	10	11	12	13	14	15	16	17	18	19	20	21
	1	2	3	4	5	6	7	8	9	10	11	12	13	14	15	16	17	18	19	20	21
	1	2	3	4	5	6	7	8	9	10	11	12	13	14	15	16	17	18	19	20	21

TimeOuts

1	2	3
1	2	3
1	2	3

Event: ____________________

Team 1: ____________________

Match: __________

Court: __________

Referee: __________

Format: __________

Team 2: ______________________________

Server Score

	1	2	3	4	5	6	7	8	9	10	11	12	13	14	15	16	17	18	19	20	21
	1	2	3	4	5	6	7	8	9	10	11	12	13	14	15	16	17	18	19	20	21
	1	2	3	4	5	6	7	8	9	10	11	12	13	14	15	16	17	18	19	20	21

TimeOuts

1	2	3
1	2	3
1	2	3

If above wins match,
all scores & initials

If above wins match,
all scores & initials
________ ________ ________ ________

Server Score

	1	2	3	4	5	6	7	8	9	10	11	12	13	14	15	16	17	18	19	20	21
	1	2	3	4	5	6	7	8	9	10	11	12	13	14	15	16	17	18	19	20	21
	1	2	3	4	5	6	7	8	9	10	11	12	13	14	15	16	17	18	19	20	21

TimeOuts

1	2	3
1	2	3
1	2	3

Event: ______________________________

Team 1: ______________________________

Match: ____________

Court: ____________

Referee: ____________

Format: ____________

Team 2: ______________________________

Server Score

	1	2	3	4	5	6	7	8	9	10	11	12	13	14	15	16	17	18	19	20	21
	1	2	3	4	5	6	7	8	9	10	11	12	13	14	15	16	17	18	19	20	21
	1	2	3	4	5	6	7	8	9	10	11	12	13	14	15	16	17	18	19	20	21

TimeOuts

1	2	3
1	2	3
1	2	3

If above wins match,
all scores & initials

If above wins match,
all scores & initials
________ ________ ________ ________

Server Score

	1	2	3	4	5	6	7	8	9	10	11	12	13	14	15	16	17	18	19	20	21
	1	2	3	4	5	6	7	8	9	10	11	12	13	14	15	16	17	18	19	20	21
	1	2	3	4	5	6	7	8	9	10	11	12	13	14	15	16	17	18	19	20	21

TimeOuts

1	2	3
1	2	3
1	2	3

Event: ______________________________

Team 1: ______________________________

Match: ____________

Court: ____________

Referee: ____________

Format: ____________

Team 2: ______________________________

Server Score

	1	2	3	4	5	6	7	8	9	10	11	12	13	14	15	16	17	18	19	20	21
	1	2	3	4	5	6	7	8	9	10	11	12	13	14	15	16	17	18	19	20	21
	1	2	3	4	5	6	7	8	9	10	11	12	13	14	15	16	17	18	19	20	21

TimeOuts

1	2	3
1	2	3
1	2	3

If above wins match,
all scores & initials

________ ________ ________ ________

Event: ______________________________ Match: __________

Team 1: ______________________________ Court: __________

Referee: __________

Format: __________

Server Score

	1	2	3	4	5	6	7	8	9	10	11	12	13	14	15	16	17	18	19	20	21
	1	2	3	4	5	6	7	8	9	10	11	12	13	14	15	16	17	18	19	20	21
	1	2	3	4	5	6	7	8	9	10	11	12	13	14	15	16	17	18	19	20	21

TimeOuts

1	2	3
1	2	3
1	2	3

If above wins match,
all scores & initials

________ ________ ________ ________

Team 2: ______________________________

Server Score

	1	2	3	4	5	6	7	8	9	10	11	12	13	14	15	16	17	18	19	20	21
	1	2	3	4	5	6	7	8	9	10	11	12	13	14	15	16	17	18	19	20	21
	1	2	3	4	5	6	7	8	9	10	11	12	13	14	15	16	17	18	19	20	21

TimeOuts

1	2	3
1	2	3
1	2	3

If above wins match,
all scores & initials

________ ________ ________ ________

Event: ______________________________ Match: __________

Team 1: ______________________________ Court: __________

Referee: __________

Format: __________

Server Score

	1	2	3	4	5	6	7	8	9	10	11	12	13	14	15	16	17	18	19	20	21
	1	2	3	4	5	6	7	8	9	10	11	12	13	14	15	16	17	18	19	20	21
	1	2	3	4	5	6	7	8	9	10	11	12	13	14	15	16	17	18	19	20	21

TimeOuts

1	2	3
1	2	3
1	2	3

If above wins match,
all scores & initials

________ ________ ________ ________

Team 2: ____________________

Server Score

	1	2	3	4	5	6	7	8	9	10	11	12	13	14	15	16	17	18	19	20	21
	1	2	3	4	5	6	7	8	9	10	11	12	13	14	15	16	17	18	19	20	21
	1	2	3	4	5	6	7	8	9	10	11	12	13	14	15	16	17	18	19	20	21

TimeOuts

1	2	3
1	2	3
1	2	3

If above wins match,
all scores & initials

If above wins match,
all scores & initials
________ ________ ________ ________

Server Score

	1	2	3	4	5	6	7	8	9	10	11	12	13	14	15	16	17	18	19	20	21
	1	2	3	4	5	6	7	8	9	10	11	12	13	14	15	16	17	18	19	20	21
	1	2	3	4	5	6	7	8	9	10	11	12	13	14	15	16	17	18	19	20	21

TimeOuts

1	2	3
1	2	3
1	2	3

Event: ____________________

Team 1: ____________________

Match: ________

Court: ________

Referee: ________

Format: ________

Team 2: ____________________

Server Score

	1	2	3	4	5	6	7	8	9	10	11	12	13	14	15	16	17	18	19	20	21
	1	2	3	4	5	6	7	8	9	10	11	12	13	14	15	16	17	18	19	20	21
	1	2	3	4	5	6	7	8	9	10	11	12	13	14	15	16	17	18	19	20	21

TimeOuts

1	2	3
1	2	3
1	2	3

If above wins match,
all scores & initials

If above wins match,
all scores & initials
________ ________ ________ ________

Server Score

	1	2	3	4	5	6	7	8	9	10	11	12	13	14	15	16	17	18	19	20	21
	1	2	3	4	5	6	7	8	9	10	11	12	13	14	15	16	17	18	19	20	21
	1	2	3	4	5	6	7	8	9	10	11	12	13	14	15	16	17	18	19	20	21

TimeOuts

1	2	3
1	2	3
1	2	3

Event: ____________________

Team 1: ____________________

Match: ________

Court: ________

Referee: ________

Format: ________

Team 2: ____________________

Server Score

	1	2	3	4	5	6	7	8	9	10	11	12	13	14	15	16	17	18	19	20	21
	1	2	3	4	5	6	7	8	9	10	11	12	13	14	15	16	17	18	19	20	21
	1	2	3	4	5	6	7	8	9	10	11	12	13	14	15	16	17	18	19	20	21

TimeOuts

1	2	3
1	2	3
1	2	3

If above wins match,
all scores & initials

Event: ____________________ Match: ________

Team 1: ____________________ Court: ________

Referee: ________

Format: ________

Server Score

	1	2	3	4	5	6	7	8	9	10	11	12	13	14	15	16	17	18	19	20	21
	1	2	3	4	5	6	7	8	9	10	11	12	13	14	15	16	17	18	19	20	21
	1	2	3	4	5	6	7	8	9	10	11	12	13	14	15	16	17	18	19	20	21

TimeOuts

1	2	3
1	2	3
1	2	3

If above wins match,
all scores & initials ________ ________ ________ ________

Team 2: ____________________

Server Score

	1	2	3	4	5	6	7	8	9	10	11	12	13	14	15	16	17	18	19	20	21
	1	2	3	4	5	6	7	8	9	10	11	12	13	14	15	16	17	18	19	20	21
	1	2	3	4	5	6	7	8	9	10	11	12	13	14	15	16	17	18	19	20	21

TimeOuts

1	2	3
1	2	3
1	2	3

If above wins match,
all scores & initials

Event: ____________________ Match: ________

Team 1: ____________________ Court: ________

Referee: ________

Format: ________

Server Score

	1	2	3	4	5	6	7	8	9	10	11	12	13	14	15	16	17	18	19	20	21
	1	2	3	4	5	6	7	8	9	10	11	12	13	14	15	16	17	18	19	20	21
	1	2	3	4	5	6	7	8	9	10	11	12	13	14	15	16	17	18	19	20	21

TimeOuts

1	2	3
1	2	3
1	2	3

If above wins match,
all scores & initials ________ ________ ________ ________

Team 2: ____________________

Server Score

	1	2	3	4	5	6	7	8	9	10	11	12	13	14	15	16	17	18	19	20	21
	1	2	3	4	5	6	7	8	9	10	11	12	13	14	15	16	17	18	19	20	21
	1	2	3	4	5	6	7	8	9	10	11	12	13	14	15	16	17	18	19	20	21

TimeOuts

1	2	3
1	2	3
1	2	3

If above wins match,
all scores & initials

____ ____ ____ ____

If above wins match,
all scores & initials

Server Score

	1	2	3	4	5	6	7	8	9	10	11	12	13	14	15	16	17	18	19	20	21
	1	2	3	4	5	6	7	8	9	10	11	12	13	14	15	16	17	18	19	20	21
	1	2	3	4	5	6	7	8	9	10	11	12	13	14	15	16	17	18	19	20	21

TimeOuts

1	2	3
1	2	3
1	2	3

Team 1: ____________________

Event: ____________________

Format:

Referee: ____________

Court: ____________

Match: ____________

Team 2: ____________________

Server Score

	1	2	3	4	5	6	7	8	9	10	11	12	13	14	15	16	17	18	19	20	21
	1	2	3	4	5	6	7	8	9	10	11	12	13	14	15	16	17	18	19	20	21
	1	2	3	4	5	6	7	8	9	10	11	12	13	14	15	16	17	18	19	20	21

TimeOuts

1	2	3
1	2	3
1	2	3

If above wins match,
all scores & initials

____ ____ ____ ____

If above wins match,
all scores & initials

Server Score

	1	2	3	4	5	6	7	8	9	10	11	12	13	14	15	16	17	18	19	20	21
	1	2	3	4	5	6	7	8	9	10	11	12	13	14	15	16	17	18	19	20	21
	1	2	3	4	5	6	7	8	9	10	11	12	13	14	15	16	17	18	19	20	21

TimeOuts

1	2	3
1	2	3
1	2	3

Team 1: ____________________

Event: ____________________

Format:

Referee: ____________

Court: ____________

Match: ____________

Team 2: ____________________

Server Score

	1	2	3	4	5	6	7	8	9	10	11	12	13	14	15	16	17	18	19	20	21
	1	2	3	4	5	6	7	8	9	10	11	12	13	14	15	16	17	18	19	20	21
	1	2	3	4	5	6	7	8	9	10	11	12	13	14	15	16	17	18	19	20	21

TimeOuts

1	2	3
1	2	3
1	2	3

If above wins match,
all scores & initials

________ ________ ________ ________

If above wins match,
all scores & initials

	1	2	3	4	5	6	7	8	9	10	11	12	13	14	15	16	17	18	19	20	21
	1	2	3	4	5	6	7	8	9	10	11	12	13	14	15	16	17	18	19	20	21
	1	2	3	4	5	6	7	8	9	10	11	12	13	14	15	16	17	18	19	20	21

Server Score

1	2	3
1	2	3
1	2	3

TimeOuts

Team 1: ____________________

Event: ____________________

Format:

Referee: ____________

Court: ____________

Match: ________

Team 2: ____________________

Server Score

	1	2	3	4	5	6	7	8	9	10	11	12	13	14	15	16	17	18	19	20	21
	1	2	3	4	5	6	7	8	9	10	11	12	13	14	15	16	17	18	19	20	21
	1	2	3	4	5	6	7	8	9	10	11	12	13	14	15	16	17	18	19	20	21

TimeOuts

1	2	3
1	2	3
1	2	3

If above wins match,
all scores & initials

________ ________ ________ ________

If above wins match,
all scores & initials

	1	2	3	4	5	6	7	8	9	10	11	12	13	14	15	16	17	18	19	20	21
	1	2	3	4	5	6	7	8	9	10	11	12	13	14	15	16	17	18	19	20	21
	1	2	3	4	5	6	7	8	9	10	11	12	13	14	15	16	17	18	19	20	21

Server Score

1	2	3
1	2	3
1	2	3

TimeOuts

Team 1: ____________________

Event: ____________________

Format:

Referee: ____________

Court: ____________

Match: ________

Team 2: ____________________

Server Score

	1	2	3	4	5	6	7	8	9	10	11	12	13	14	15	16	17	18	19	20	21
	1	2	3	4	5	6	7	8	9	10	11	12	13	14	15	16	17	18	19	20	21
	1	2	3	4	5	6	7	8	9	10	11	12	13	14	15	16	17	18	19	20	21

TimeOuts

1	2	3
1	2	3
1	2	3

If above wins match,
all scores & initials

________ ________ ________ ________

If above wins match,
all scores & initials

Server Score

	1	2	3	4	5	6	7	8	9	10	11	12	13	14	15	16	17	18	19	20	21
	1	2	3	4	5	6	7	8	9	10	11	12	13	14	15	16	17	18	19	20	21
	1	2	3	4	5	6	7	8	9	10	11	12	13	14	15	16	17	18	19	20	21

TimeOuts

1	2	3
1	2	3
1	2	3

Event: ____________________ Match: ________

Team 1: ____________________ Court: ________

Referee: ________

Format: ________

Team 2: ____________________

Server Score

	1	2	3	4	5	6	7	8	9	10	11	12	13	14	15	16	17	18	19	20	21
	1	2	3	4	5	6	7	8	9	10	11	12	13	14	15	16	17	18	19	20	21
	1	2	3	4	5	6	7	8	9	10	11	12	13	14	15	16	17	18	19	20	21

TimeOuts

1	2	3
1	2	3
1	2	3

If above wins match,
all scores & initials

________ ________ ________ ________

If above wins match,
all scores & initials

Server Score

	1	2	3	4	5	6	7	8	9	10	11	12	13	14	15	16	17	18	19	20	21
	1	2	3	4	5	6	7	8	9	10	11	12	13	14	15	16	17	18	19	20	21
	1	2	3	4	5	6	7	8	9	10	11	12	13	14	15	16	17	18	19	20	21

TimeOuts

1	2	3
1	2	3
1	2	3

Event: ____________________ Match: ________

Team 1: ____________________ Court: ________

Referee: ________

Format: ________

Team 2: ____________________

Server Score

	1	2	3	4	5	6	7	8	9	10	11	12	13	14	15	16	17	18	19	20	21
	1	2	3	4	5	6	7	8	9	10	11	12	13	14	15	16	17	18	19	20	21
	1	2	3	4	5	6	7	8	9	10	11	12	13	14	15	16	17	18	19	20	21

TimeOuts

1	2	3
1	2	3
1	2	3

If above wins match,
all scores & initials

____ ____ ____ ____

If above wins match,
all scores & initials

Server Score

	1	2	3	4	5	6	7	8	9	10	11	12	13	14	15	16	17	18	19	20	21
	1	2	3	4	5	6	7	8	9	10	11	12	13	14	15	16	17	18	19	20	21
	1	2	3	4	5	6	7	8	9	10	11	12	13	14	15	16	17	18	19	20	21

TimeOuts

1	2	3
1	2	3
1	2	3

Team 1: ____________________

Event: ____________________

Format:

Referee: ____________

Court: ____________

Match: ________

Team 2: ____________________

Server Score

	1	2	3	4	5	6	7	8	9	10	11	12	13	14	15	16	17	18	19	20	21
	1	2	3	4	5	6	7	8	9	10	11	12	13	14	15	16	17	18	19	20	21
	1	2	3	4	5	6	7	8	9	10	11	12	13	14	15	16	17	18	19	20	21

TimeOuts

1	2	3
1	2	3
1	2	3

If above wins match,
all scores & initials

____ ____ ____ ____

If above wins match,
all scores & initials

Server Score

	1	2	3	4	5	6	7	8	9	10	11	12	13	14	15	16	17	18	19	20	21
	1	2	3	4	5	6	7	8	9	10	11	12	13	14	15	16	17	18	19	20	21
	1	2	3	4	5	6	7	8	9	10	11	12	13	14	15	16	17	18	19	20	21

TimeOuts

1	2	3
1	2	3
1	2	3

Team 1: ____________________

Event: ____________________

Format:

Referee: ____________

Court: ____________

Match: ________

Team 2: ______________________________

Server Score

	1	2	3	4	5	6	7	8	9	10	11	12	13	14	15	16	17	18	19	20	21
	1	2	3	4	5	6	7	8	9	10	11	12	13	14	15	16	17	18	19	20	21
	1	2	3	4	5	6	7	8	9	10	11	12	13	14	15	16	17	18	19	20	21

TimeOuts

1	2	3
1	2	3
1	2	3

If above wins match,
all scores & initials

If above wins match,
all scores & initials

_______ _______ _______ _______

Server Score

	1	2	3	4	5	6	7	8	9	10	11	12	13	14	15	16	17	18	19	20	21
	1	2	3	4	5	6	7	8	9	10	11	12	13	14	15	16	17	18	19	20	21
	1	2	3	4	5	6	7	8	9	10	11	12	13	14	15	16	17	18	19	20	21

TimeOuts

1	2	3
1	2	3
1	2	3

Team 1: ______________________________

Event: ______________________________

Format:

Referee: ______________

Court: ______________

Match: ________

Team 2: ______________________________

Server Score

	1	2	3	4	5	6	7	8	9	10	11	12	13	14	15	16	17	18	19	20	21
	1	2	3	4	5	6	7	8	9	10	11	12	13	14	15	16	17	18	19	20	21
	1	2	3	4	5	6	7	8	9	10	11	12	13	14	15	16	17	18	19	20	21

TimeOuts

1	2	3
1	2	3
1	2	3

If above wins match,
all scores & initials

If above wins match,
all scores & initials

_______ _______ _______ _______

Server Score

	1	2	3	4	5	6	7	8	9	10	11	12	13	14	15	16	17	18	19	20	21
	1	2	3	4	5	6	7	8	9	10	11	12	13	14	15	16	17	18	19	20	21
	1	2	3	4	5	6	7	8	9	10	11	12	13	14	15	16	17	18	19	20	21

TimeOuts

1	2	3
1	2	3
1	2	3

Team 1: ______________________________

Event: ______________________________

Format:

Referee: ______________

Court: ______________

Match: ________

Team 2: ______________________________

Server Score

	1	2	3	4	5	6	7	8	9	10	11	12	13	14	15	16	17	18	19	20	21
	1	2	3	4	5	6	7	8	9	10	11	12	13	14	15	16	17	18	19	20	21
	1	2	3	4	5	6	7	8	9	10	11	12	13	14	15	16	17	18	19	20	21

TimeOuts

1	2	3
1	2	3
1	2	3

If above wins match,
all scores & initials

________ ________ ________ ________

If above wins match,
all scores & initials

Event: ______________________________ Match: __________

Team 1: ______________________________ Court: __________

Referee: __________

Format: __________

Server Score

	1	2	3	4	5	6	7	8	9	10	11	12	13	14	15	16	17	18	19	20	21
	1	2	3	4	5	6	7	8	9	10	11	12	13	14	15	16	17	18	19	20	21
	1	2	3	4	5	6	7	8	9	10	11	12	13	14	15	16	17	18	19	20	21

TimeOuts

1	2	3
1	2	3
1	2	3

Team 2: ______________________________

Server Score

	1	2	3	4	5	6	7	8	9	10	11	12	13	14	15	16	17	18	19	20	21
	1	2	3	4	5	6	7	8	9	10	11	12	13	14	15	16	17	18	19	20	21
	1	2	3	4	5	6	7	8	9	10	11	12	13	14	15	16	17	18	19	20	21

TimeOuts

1	2	3
1	2	3
1	2	3

If above wins match,
all scores & initials

________ ________ ________ ________

If above wins match,
all scores & initials

Event: ______________________________ Match: __________

Team 1: ______________________________ Court: __________

Referee: __________

Format: __________

Server Score

	1	2	3	4	5	6	7	8	9	10	11	12	13	14	15	16	17	18	19	20	21
	1	2	3	4	5	6	7	8	9	10	11	12	13	14	15	16	17	18	19	20	21
	1	2	3	4	5	6	7	8	9	10	11	12	13	14	15	16	17	18	19	20	21

TimeOuts

1	2	3
1	2	3
1	2	3

Team 2: ______________________________

Server Score

	1	2	3	4	5	6	7	8	9	10	11	12	13	14	15	16	17	18	19	20	21
	1	2	3	4	5	6	7	8	9	10	11	12	13	14	15	16	17	18	19	20	21
	1	2	3	4	5	6	7	8	9	10	11	12	13	14	15	16	17	18	19	20	21

TimeOuts

1	2	3
1	2	3
1	2	3

If above wins match,
all scores & initials

_______ _______ _______ _______

If above wins match,
all scores & initials

Server Score

	1	2	3	4	5	6	7	8	9	10	11	12	13	14	15	16	17	18	19	20	21
	1	2	3	4	5	6	7	8	9	10	11	12	13	14	15	16	17	18	19	20	21
	1	2	3	4	5	6	7	8	9	10	11	12	13	14	15	16	17	18	19	20	21

TimeOuts

1	2	3
1	2	3
1	2	3

Team 1: ______________________________

Event: ______________________________

Format:

Referee: ______________

Court: ______________

Match: ______________

Team 2: ______________________________

Server Score

	1	2	3	4	5	6	7	8	9	10	11	12	13	14	15	16	17	18	19	20	21
	1	2	3	4	5	6	7	8	9	10	11	12	13	14	15	16	17	18	19	20	21
	1	2	3	4	5	6	7	8	9	10	11	12	13	14	15	16	17	18	19	20	21

TimeOuts

1	2	3
1	2	3
1	2	3

If above wins match,
all scores & initials

_______ _______ _______ _______

If above wins match,
all scores & initials

Server Score

	1	2	3	4	5	6	7	8	9	10	11	12	13	14	15	16	17	18	19	20	21
	1	2	3	4	5	6	7	8	9	10	11	12	13	14	15	16	17	18	19	20	21
	1	2	3	4	5	6	7	8	9	10	11	12	13	14	15	16	17	18	19	20	21

TimeOuts

1	2	3
1	2	3
1	2	3

Team 1: ______________________________

Event: ______________________________

Format:

Referee: ______________

Court: ______________

Match: ______________

Team 2: ______________________________

Server Score

	1	2	3	4	5	6	7	8	9	10	11	12	13	14	15	16	17	18	19	20	21
	1	2	3	4	5	6	7	8	9	10	11	12	13	14	15	16	17	18	19	20	21
	1	2	3	4	5	6	7	8	9	10	11	12	13	14	15	16	17	18	19	20	21

TimeOuts

1	2	3
1	2	3
1	2	3

If above wins match,
all scores & initials

_______ _______ _______ _______

If above wins match,
all scores & initials

Server Score

	1	2	3	4	5	6	7	8	9	10	11	12	13	14	15	16	17	18	19	20	21
	1	2	3	4	5	6	7	8	9	10	11	12	13	14	15	16	17	18	19	20	21
	1	2	3	4	5	6	7	8	9	10	11	12	13	14	15	16	17	18	19	20	21

TimeOuts

1	2	3
1	2	3
1	2	3

Team 1: ______________________________

Event: ______________________________

Format: ______________

Referee: ______________

Court: ______________

Match: ______________

Team 2: ______________________________

Server Score

	1	2	3	4	5	6	7	8	9	10	11	12	13	14	15	16	17	18	19	20	21
	1	2	3	4	5	6	7	8	9	10	11	12	13	14	15	16	17	18	19	20	21
	1	2	3	4	5	6	7	8	9	10	11	12	13	14	15	16	17	18	19	20	21

TimeOuts

1	2	3
1	2	3
1	2	3

If above wins match,
all scores & initials

_______ _______ _______ _______

If above wins match,
all scores & initials

Server Score

	1	2	3	4	5	6	7	8	9	10	11	12	13	14	15	16	17	18	19	20	21
	1	2	3	4	5	6	7	8	9	10	11	12	13	14	15	16	17	18	19	20	21
	1	2	3	4	5	6	7	8	9	10	11	12	13	14	15	16	17	18	19	20	21

TimeOuts

1	2	3
1	2	3
1	2	3

Team 1: ______________________________

Event: ______________________________

Format: ______________

Referee: ______________

Court: ______________

Match: ______________

Team 2: ______________________________

Server Score

	1	2	3	4	5	6	7	8	9	10	11	12	13	14	15	16	17	18	19	20	21
	1	2	3	4	5	6	7	8	9	10	11	12	13	14	15	16	17	18	19	20	21
	1	2	3	4	5	6	7	8	9	10	11	12	13	14	15	16	17	18	19	20	21

TimeOuts

1	2	3
1	2	3
1	2	3

If above wins match,
all scores & initials

_______ _______ _______ _______

If above wins match,
all scores & initials

Server Score

	1	2	3	4	5	6	7	8	9	10	11	12	13	14	15	16	17	18	19	20	21
	1	2	3	4	5	6	7	8	9	10	11	12	13	14	15	16	17	18	19	20	21
	1	2	3	4	5	6	7	8	9	10	11	12	13	14	15	16	17	18	19	20	21

TimeOuts

1	2	3
1	2	3
1	2	3

Team 1: ______________________________

Event: ______________________________

Format:

Referee: ______________

Court: ______________

Match: ______________

Team 2: ______________________________

Server Score

	1	2	3	4	5	6	7	8	9	10	11	12	13	14	15	16	17	18	19	20	21
	1	2	3	4	5	6	7	8	9	10	11	12	13	14	15	16	17	18	19	20	21
	1	2	3	4	5	6	7	8	9	10	11	12	13	14	15	16	17	18	19	20	21

TimeOuts

1	2	3
1	2	3
1	2	3

If above wins match,
all scores & initials

_______ _______ _______ _______

If above wins match,
all scores & initials

Server Score

	1	2	3	4	5	6	7	8	9	10	11	12	13	14	15	16	17	18	19	20	21
	1	2	3	4	5	6	7	8	9	10	11	12	13	14	15	16	17	18	19	20	21
	1	2	3	4	5	6	7	8	9	10	11	12	13	14	15	16	17	18	19	20	21

TimeOuts

1	2	3
1	2	3
1	2	3

Team 1: ______________________________

Event: ______________________________

Format:

Referee: ______________

Court: ______________

Match: ______________

Team 2: ______________________________

Server Score

	1	2	3	4	5	6	7	8	9	10	11	12	13	14	15	16	17	18	19	20	21
	1	2	3	4	5	6	7	8	9	10	11	12	13	14	15	16	17	18	19	20	21
	1	2	3	4	5	6	7	8	9	10	11	12	13	14	15	16	17	18	19	20	21

TimeOuts

1	2	3
1	2	3
1	2	3

If above wins match,
all scores & initials

_______ _______ _______ _______

If above wins match,
all scores & initials

Server Score

	1	2	3	4	5	6	7	8	9	10	11	12	13	14	15	16	17	18	19	20	21
	1	2	3	4	5	6	7	8	9	10	11	12	13	14	15	16	17	18	19	20	21
	1	2	3	4	5	6	7	8	9	10	11	12	13	14	15	16	17	18	19	20	21

TimeOuts

1	2	3
1	2	3
1	2	3

Team 1: ______________________________

Event: ______________________________

Format:

Referee: ______________

Court: ______________

Match: ______________

Team 2: ______________________________

Server Score

	1	2	3	4	5	6	7	8	9	10	11	12	13	14	15	16	17	18	19	20	21
	1	2	3	4	5	6	7	8	9	10	11	12	13	14	15	16	17	18	19	20	21
	1	2	3	4	5	6	7	8	9	10	11	12	13	14	15	16	17	18	19	20	21

TimeOuts

1	2	3
1	2	3
1	2	3

If above wins match,
all scores & initials

_______ _______ _______ _______

If above wins match,
all scores & initials

Server Score

	1	2	3	4	5	6	7	8	9	10	11	12	13	14	15	16	17	18	19	20	21
	1	2	3	4	5	6	7	8	9	10	11	12	13	14	15	16	17	18	19	20	21
	1	2	3	4	5	6	7	8	9	10	11	12	13	14	15	16	17	18	19	20	21

TimeOuts

1	2	3
1	2	3
1	2	3

Team 1: ______________________________

Event: ______________________________

Format:

Referee: ______________

Court: ______________

Match: ______________

Team 2: ______________________________

Server Score

	1	2	3	4	5	6	7	8	9	10	11	12	13	14	15	16	17	18	19	20	21
	1	2	3	4	5	6	7	8	9	10	11	12	13	14	15	16	17	18	19	20	21
	1	2	3	4	5	6	7	8	9	10	11	12	13	14	15	16	17	18	19	20	21

TimeOuts

1	2	3
1	2	3
1	2	3

If above wins match,
all scores & initials

________ ________ ________ ________

If above wins match,
all scores & initials

Server Score

	1	2	3	4	5	6	7	8	9	10	11	12	13	14	15	16	17	18	19	20	21
	1	2	3	4	5	6	7	8	9	10	11	12	13	14	15	16	17	18	19	20	21
	1	2	3	4	5	6	7	8	9	10	11	12	13	14	15	16	17	18	19	20	21

TimeOuts

1	2	3
1	2	3
1	2	3

Team 1: ______________________________

Event: ______________________________

Format:

Referee: ______________

Court: ______________

Match: ______________

Team 2: ______________________________

Server Score

	1	2	3	4	5	6	7	8	9	10	11	12	13	14	15	16	17	18	19	20	21
	1	2	3	4	5	6	7	8	9	10	11	12	13	14	15	16	17	18	19	20	21
	1	2	3	4	5	6	7	8	9	10	11	12	13	14	15	16	17	18	19	20	21

TimeOuts

1	2	3
1	2	3
1	2	3

If above wins match,
all scores & initials

________ ________ ________ ________

If above wins match,
all scores & initials

Server Score

	1	2	3	4	5	6	7	8	9	10	11	12	13	14	15	16	17	18	19	20	21
	1	2	3	4	5	6	7	8	9	10	11	12	13	14	15	16	17	18	19	20	21
	1	2	3	4	5	6	7	8	9	10	11	12	13	14	15	16	17	18	19	20	21

TimeOuts

1	2	3
1	2	3
1	2	3

Team 1: ______________________________

Event: ______________________________

Format:

Referee: ______________

Court: ______________

Match: ______________

Team 2: ______________________________

Server Score

	1	2	3	4	5	6	7	8	9	10	11	12	13	14	15	16	17	18	19	20	21
	1	2	3	4	5	6	7	8	9	10	11	12	13	14	15	16	17	18	19	20	21
	1	2	3	4	5	6	7	8	9	10	11	12	13	14	15	16	17	18	19	20	21

TimeOuts

1	2	3
1	2	3
1	2	3

If above wins match,
all scores & initials

_______ _______ _______ _______

If above wins match,
all scores & initials

Server Score

	1	2	3	4	5	6	7	8	9	10	11	12	13	14	15	16	17	18	19	20	21
	1	2	3	4	5	6	7	8	9	10	11	12	13	14	15	16	17	18	19	20	21
	1	2	3	4	5	6	7	8	9	10	11	12	13	14	15	16	17	18	19	20	21

TimeOuts

1	2	3
1	2	3
1	2	3

Team 1: ______________________________

Event: ______________________________

Match: __________

Court: __________

Referee: __________

Format: __________

Team 2: ______________________________

Server Score

	1	2	3	4	5	6	7	8	9	10	11	12	13	14	15	16	17	18	19	20	21
	1	2	3	4	5	6	7	8	9	10	11	12	13	14	15	16	17	18	19	20	21
	1	2	3	4	5	6	7	8	9	10	11	12	13	14	15	16	17	18	19	20	21

TimeOuts

1	2	3
1	2	3
1	2	3

If above wins match,
all scores & initials

_______ _______ _______ _______

If above wins match,
all scores & initials

Server Score

	1	2	3	4	5	6	7	8	9	10	11	12	13	14	15	16	17	18	19	20	21
	1	2	3	4	5	6	7	8	9	10	11	12	13	14	15	16	17	18	19	20	21
	1	2	3	4	5	6	7	8	9	10	11	12	13	14	15	16	17	18	19	20	21

TimeOuts

1	2	3
1	2	3
1	2	3

Team 1: ______________________________

Event: ______________________________

Match: __________

Court: __________

Referee: __________

Format: __________

Team 2: ______________________________

Server Score

	1	2	3	4	5	6	7	8	9	10	11	12	13	14	15	16	17	18	19	20	21
	1	2	3	4	5	6	7	8	9	10	11	12	13	14	15	16	17	18	19	20	21
	1	2	3	4	5	6	7	8	9	10	11	12	13	14	15	16	17	18	19	20	21

TimeOuts

1	2	3
1	2	3
1	2	3

If above wins match,
all scores & initials

_______ _______ _______ _______

If above wins match,
all scores & initials

Server Score

	1	2	3	4	5	6	7	8	9	10	11	12	13	14	15	16	17	18	19	20	21
	1	2	3	4	5	6	7	8	9	10	11	12	13	14	15	16	17	18	19	20	21
	1	2	3	4	5	6	7	8	9	10	11	12	13	14	15	16	17	18	19	20	21

TimeOuts

1	2	3
1	2	3
1	2	3

Team 1: ______________________________

Event: ______________________________

Format:

Referee: ______________

Court: ______________

Match: ______________

Team 2: ______________________________

Server Score

	1	2	3	4	5	6	7	8	9	10	11	12	13	14	15	16	17	18	19	20	21
	1	2	3	4	5	6	7	8	9	10	11	12	13	14	15	16	17	18	19	20	21
	1	2	3	4	5	6	7	8	9	10	11	12	13	14	15	16	17	18	19	20	21

TimeOuts

1	2	3
1	2	3
1	2	3

If above wins match,
all scores & initials

_______ _______ _______ _______

If above wins match,
all scores & initials

Server Score

	1	2	3	4	5	6	7	8	9	10	11	12	13	14	15	16	17	18	19	20	21
	1	2	3	4	5	6	7	8	9	10	11	12	13	14	15	16	17	18	19	20	21
	1	2	3	4	5	6	7	8	9	10	11	12	13	14	15	16	17	18	19	20	21

TimeOuts

1	2	3
1	2	3
1	2	3

Team 1: ______________________________

Event: ______________________________

Format:

Referee: ______________

Court: ______________

Match: ______________

Team 2: ______________________

Server Score

	1	2	3	4	5	6	7	8	9	10	11	12	13	14	15	16	17	18	19	20	21
	1	2	3	4	5	6	7	8	9	10	11	12	13	14	15	16	17	18	19	20	21
	1	2	3	4	5	6	7	8	9	10	11	12	13	14	15	16	17	18	19	20	21

TimeOuts

1	2	3
1	2	3
1	2	3

If above wins match,
all scores & initials

______ ______ ______ ______

If above wins match,
all scores & initials

Server Score

	1	2	3	4	5	6	7	8	9	10	11	12	13	14	15	16	17	18	19	20	21
	1	2	3	4	5	6	7	8	9	10	11	12	13	14	15	16	17	18	19	20	21
	1	2	3	4	5	6	7	8	9	10	11	12	13	14	15	16	17	18	19	20	21

TimeOuts

1	2	3
1	2	3
1	2	3

Event: ______________________

Team 1: ______________________

Match: ________

Court: ________

Referee: ________

Format: ________

Team 2: ______________________

Server Score

	1	2	3	4	5	6	7	8	9	10	11	12	13	14	15	16	17	18	19	20	21
	1	2	3	4	5	6	7	8	9	10	11	12	13	14	15	16	17	18	19	20	21
	1	2	3	4	5	6	7	8	9	10	11	12	13	14	15	16	17	18	19	20	21

TimeOuts

1	2	3
1	2	3
1	2	3

If above wins match,
all scores & initials

______ ______ ______ ______

If above wins match,
all scores & initials

Server Score

	1	2	3	4	5	6	7	8	9	10	11	12	13	14	15	16	17	18	19	20	21
	1	2	3	4	5	6	7	8	9	10	11	12	13	14	15	16	17	18	19	20	21
	1	2	3	4	5	6	7	8	9	10	11	12	13	14	15	16	17	18	19	20	21

TimeOuts

1	2	3
1	2	3
1	2	3

Event: ______________________

Team 1: ______________________

Match: ________

Court: ________

Referee: ________

Format: ________

Team 2: ______________________

Server Score

	1	2	3	4	5	6	7	8	9	10	11	12	13	14	15	16	17	18	19	20	21
	1	2	3	4	5	6	7	8	9	10	11	12	13	14	15	16	17	18	19	20	21
	1	2	3	4	5	6	7	8	9	10	11	12	13	14	15	16	17	18	19	20	21

TimeOuts

1	2	3
1	2	3
1	2	3

If above wins match,
all scores & initials

______ ______ ______ ______

If above wins match,
all scores & initials

Server Score

	1	2	3	4	5	6	7	8	9	10	11	12	13	14	15	16	17	18	19	20	21
	1	2	3	4	5	6	7	8	9	10	11	12	13	14	15	16	17	18	19	20	21
	1	2	3	4	5	6	7	8	9	10	11	12	13	14	15	16	17	18	19	20	21

TimeOuts

1	2	3
1	2	3
1	2	3

Team 1: ______________________

Event: ______________________

Format:

Referee: ______________

Court: ______________

Match: ______________

Team 2: ______________________

Server Score

	1	2	3	4	5	6	7	8	9	10	11	12	13	14	15	16	17	18	19	20	21
	1	2	3	4	5	6	7	8	9	10	11	12	13	14	15	16	17	18	19	20	21
	1	2	3	4	5	6	7	8	9	10	11	12	13	14	15	16	17	18	19	20	21

TimeOuts

1	2	3
1	2	3
1	2	3

If above wins match,
all scores & initials

______ ______ ______ ______

If above wins match,
all scores & initials

Server Score

	1	2	3	4	5	6	7	8	9	10	11	12	13	14	15	16	17	18	19	20	21
	1	2	3	4	5	6	7	8	9	10	11	12	13	14	15	16	17	18	19	20	21
	1	2	3	4	5	6	7	8	9	10	11	12	13	14	15	16	17	18	19	20	21

TimeOuts

1	2	3
1	2	3
1	2	3

Team 1: ______________________

Event: ______________________

Format:

Referee: ______________

Court: ______________

Match: ______________

Team 2: ____________________

Server Score

	1	2	3	4	5	6	7	8	9	10	11	12	13	14	15	16	17	18	19	20	21
	1	2	3	4	5	6	7	8	9	10	11	12	13	14	15	16	17	18	19	20	21
	1	2	3	4	5	6	7	8	9	10	11	12	13	14	15	16	17	18	19	20	21

TimeOuts

1	2	3
1	2	3
1	2	3

If above wins match,
all scores & initials

If above wins match,
all scores & initials
____ ____ ____ ____

Server Score

	1	2	3	4	5	6	7	8	9	10	11	12	13	14	15	16	17	18	19	20	21
	1	2	3	4	5	6	7	8	9	10	11	12	13	14	15	16	17	18	19	20	21
	1	2	3	4	5	6	7	8	9	10	11	12	13	14	15	16	17	18	19	20	21

TimeOuts

1	2	3
1	2	3
1	2	3

Team 1: ____________________

Event: ____________________

Format:

Referee: ____________

Court: ____________

Match: ________

Team 2: ____________________

Server Score

	1	2	3	4	5	6	7	8	9	10	11	12	13	14	15	16	17	18	19	20	21
	1	2	3	4	5	6	7	8	9	10	11	12	13	14	15	16	17	18	19	20	21
	1	2	3	4	5	6	7	8	9	10	11	12	13	14	15	16	17	18	19	20	21

TimeOuts

1	2	3
1	2	3
1	2	3

If above wins match,
all scores & initials

If above wins match,
all scores & initials
____ ____ ____ ____

Server Score

	1	2	3	4	5	6	7	8	9	10	11	12	13	14	15	16	17	18	19	20	21
	1	2	3	4	5	6	7	8	9	10	11	12	13	14	15	16	17	18	19	20	21
	1	2	3	4	5	6	7	8	9	10	11	12	13	14	15	16	17	18	19	20	21

TimeOuts

1	2	3
1	2	3
1	2	3

Team 1: ____________________

Event: ____________________

Format:

Referee: ____________

Court: ____________

Match: ________

Team 2: ______________________

Server Score

	1	2	3	4	5	6	7	8	9	10	11	12	13	14	15	16	17	18	19	20	21
	1	2	3	4	5	6	7	8	9	10	11	12	13	14	15	16	17	18	19	20	21
	1	2	3	4	5	6	7	8	9	10	11	12	13	14	15	16	17	18	19	20	21

TimeOuts

1	2	3
1	2	3
1	2	3

If above wins match,
all scores & initials

Event: ______________________

Team 1: ______________________

Match: ________

Court: ________

Referee: ________

Format:

Server Score

	1	2	3	4	5	6	7	8	9	10	11	12	13	14	15	16	17	18	19	20	21
	1	2	3	4	5	6	7	8	9	10	11	12	13	14	15	16	17	18	19	20	21
	1	2	3	4	5	6	7	8	9	10	11	12	13	14	15	16	17	18	19	20	21

TimeOuts

1	2	3
1	2	3
1	2	3

If above wins match,
all scores & initials

________ ________ ________ ________

Team 2: ______________________

Server Score

	1	2	3	4	5	6	7	8	9	10	11	12	13	14	15	16	17	18	19	20	21
	1	2	3	4	5	6	7	8	9	10	11	12	13	14	15	16	17	18	19	20	21
	1	2	3	4	5	6	7	8	9	10	11	12	13	14	15	16	17	18	19	20	21

TimeOuts

1	2	3
1	2	3
1	2	3

If above wins match,
all scores & initials

Event: ______________________

Team 1: ______________________

Match: ________

Court: ________

Referee: ________

Format:

Server Score

	1	2	3	4	5	6	7	8	9	10	11	12	13	14	15	16	17	18	19	20	21
	1	2	3	4	5	6	7	8	9	10	11	12	13	14	15	16	17	18	19	20	21
	1	2	3	4	5	6	7	8	9	10	11	12	13	14	15	16	17	18	19	20	21

TimeOuts

1	2	3
1	2	3
1	2	3

If above wins match,
all scores & initials

________ ________ ________ ________

Team 2: ______________________________

Server Score

	1	2	3	4	5	6	7	8	9	10	11	12	13	14	15	16	17	18	19	20	21
	1	2	3	4	5	6	7	8	9	10	11	12	13	14	15	16	17	18	19	20	21
	1	2	3	4	5	6	7	8	9	10	11	12	13	14	15	16	17	18	19	20	21

TimeOuts

1	2	3
1	2	3
1	2	3

If above wins match,
all scores & initials

______ ______ ______ ______

If above wins match,
all scores & initials

	1	2	3	4	5	6	7	8	9	10	11	12	13	14	15	16	17	18	19	20	21
	1	2	3	4	5	6	7	8	9	10	11	12	13	14	15	16	17	18	19	20	21
	1	2	3	4	5	6	7	8	9	10	11	12	13	14	15	16	17	18	19	20	21

Server Score

1	2	3
1	2	3
1	2	3

TimeOuts

Match: ________

Court: ________

Referee: ________

Format: ________

Event: ______________________________

Team 1: ______________________________

Team 2: ______________________________

Server Score

	1	2	3	4	5	6	7	8	9	10	11	12	13	14	15	16	17	18	19	20	21
	1	2	3	4	5	6	7	8	9	10	11	12	13	14	15	16	17	18	19	20	21
	1	2	3	4	5	6	7	8	9	10	11	12	13	14	15	16	17	18	19	20	21

TimeOuts

1	2	3
1	2	3
1	2	3

If above wins match,
all scores & initials

______ ______ ______ ______

If above wins match,
all scores & initials

	1	2	3	4	5	6	7	8	9	10	11	12	13	14	15	16	17	18	19	20	21
	1	2	3	4	5	6	7	8	9	10	11	12	13	14	15	16	17	18	19	20	21
	1	2	3	4	5	6	7	8	9	10	11	12	13	14	15	16	17	18	19	20	21

Server Score

1	2	3
1	2	3
1	2	3

TimeOuts

Match: ________

Court: ________

Referee: ________

Format: ________

Event: ______________________________

Team 1: ______________________________

Team 2: ______________________________

Server Score

	1	2	3	4	5	6	7	8	9	10	11	12	13	14	15	16	17	18	19	20	21
	1	2	3	4	5	6	7	8	9	10	11	12	13	14	15	16	17	18	19	20	21
	1	2	3	4	5	6	7	8	9	10	11	12	13	14	15	16	17	18	19	20	21

TimeOuts

1	2	3
1	2	3
1	2	3

If above wins match,
all scores & initials

______ ______ ______ ______

If above wins match,
all scores & initials

Server Score

	1	2	3	4	5	6	7	8	9	10	11	12	13	14	15	16	17	18	19	20	21
	1	2	3	4	5	6	7	8	9	10	11	12	13	14	15	16	17	18	19	20	21
	1	2	3	4	5	6	7	8	9	10	11	12	13	14	15	16	17	18	19	20	21

TimeOuts

1	2	3
1	2	3
1	2	3

Team 1: ______________________________

Event: ______________________________

Format:

Referee: ____________

Court: ____________

Match: ____________

Team 2: ______________________________

Server Score

	1	2	3	4	5	6	7	8	9	10	11	12	13	14	15	16	17	18	19	20	21
	1	2	3	4	5	6	7	8	9	10	11	12	13	14	15	16	17	18	19	20	21
	1	2	3	4	5	6	7	8	9	10	11	12	13	14	15	16	17	18	19	20	21

TimeOuts

1	2	3
1	2	3
1	2	3

If above wins match,
all scores & initials

______ ______ ______ ______

If above wins match,
all scores & initials

Server Score

	1	2	3	4	5	6	7	8	9	10	11	12	13	14	15	16	17	18	19	20	21
	1	2	3	4	5	6	7	8	9	10	11	12	13	14	15	16	17	18	19	20	21
	1	2	3	4	5	6	7	8	9	10	11	12	13	14	15	16	17	18	19	20	21

TimeOuts

1	2	3
1	2	3
1	2	3

Team 1: ______________________________

Event: ______________________________

Format:

Referee: ____________

Court: ____________

Match: ____________

Team 2: ______________________________

Server Score

	1	2	3	4	5	6	7	8	9	10	11	12	13	14	15	16	17	18	19	20	21
	1	2	3	4	5	6	7	8	9	10	11	12	13	14	15	16	17	18	19	20	21
	1	2	3	4	5	6	7	8	9	10	11	12	13	14	15	16	17	18	19	20	21

TimeOuts

1	2	3
1	2	3
1	2	3

If above wins match,
all scores & initials

_______ _______ _______ _______

If above wins match,
all scores & initials

Server Score

	1	2	3	4	5	6	7	8	9	10	11	12	13	14	15	16	17	18	19	20	21
	1	2	3	4	5	6	7	8	9	10	11	12	13	14	15	16	17	18	19	20	21
	1	2	3	4	5	6	7	8	9	10	11	12	13	14	15	16	17	18	19	20	21

TimeOuts

1	2	3
1	2	3
1	2	3

Team 1: ______________________________

Event: ______________________________

Format: ____________

Referee: ____________

Court: ____________

Match: ____________

Team 2: ______________________________

Server Score

	1	2	3	4	5	6	7	8	9	10	11	12	13	14	15	16	17	18	19	20	21
	1	2	3	4	5	6	7	8	9	10	11	12	13	14	15	16	17	18	19	20	21
	1	2	3	4	5	6	7	8	9	10	11	12	13	14	15	16	17	18	19	20	21

TimeOuts

1	2	3
1	2	3
1	2	3

If above wins match,
all scores & initials

_______ _______ _______ _______

If above wins match,
all scores & initials

Server Score

	1	2	3	4	5	6	7	8	9	10	11	12	13	14	15	16	17	18	19	20	21
	1	2	3	4	5	6	7	8	9	10	11	12	13	14	15	16	17	18	19	20	21
	1	2	3	4	5	6	7	8	9	10	11	12	13	14	15	16	17	18	19	20	21

TimeOuts

1	2	3
1	2	3
1	2	3

Team 1: ______________________________

Event: ______________________________

Format: ____________

Referee: ____________

Court: ____________

Match: ____________

Team 2: ______________________________

Server Score

	1	2	3	4	5	6	7	8	9	10	11	12	13	14	15	16	17	18	19	20	21
	1	2	3	4	5	6	7	8	9	10	11	12	13	14	15	16	17	18	19	20	21
	1	2	3	4	5	6	7	8	9	10	11	12	13	14	15	16	17	18	19	20	21

TimeOuts

1	2	3
1	2	3
1	2	3

If above wins match,
all scores & initials

________ ________ ________ ________

If above wins match,
all scores & initials

Server Score

	1	2	3	4	5	6	7	8	9	10	11	12	13	14	15	16	17	18	19	20	21
	1	2	3	4	5	6	7	8	9	10	11	12	13	14	15	16	17	18	19	20	21
	1	2	3	4	5	6	7	8	9	10	11	12	13	14	15	16	17	18	19	20	21

TimeOuts

1	2	3
1	2	3
1	2	3

Event: ______________________________

Team 1: ______________________________

Match: __________

Court: __________

Referee: __________

Format: __________

Team 2: ______________________________

Server Score

	1	2	3	4	5	6	7	8	9	10	11	12	13	14	15	16	17	18	19	20	21
	1	2	3	4	5	6	7	8	9	10	11	12	13	14	15	16	17	18	19	20	21
	1	2	3	4	5	6	7	8	9	10	11	12	13	14	15	16	17	18	19	20	21

TimeOuts

1	2	3
1	2	3
1	2	3

If above wins match,
all scores & initials

________ ________ ________ ________

If above wins match,
all scores & initials

Server Score

	1	2	3	4	5	6	7	8	9	10	11	12	13	14	15	16	17	18	19	20	21
	1	2	3	4	5	6	7	8	9	10	11	12	13	14	15	16	17	18	19	20	21
	1	2	3	4	5	6	7	8	9	10	11	12	13	14	15	16	17	18	19	20	21

TimeOuts

1	2	3
1	2	3
1	2	3

Event: ______________________________

Team 1: ______________________________

Match: __________

Court: __________

Referee: __________

Format: __________

Team 2: ____________________

Server Score

	1	2	3	4	5	6	7	8	9	10	11	12	13	14	15	16	17	18	19	20	21
	1	2	3	4	5	6	7	8	9	10	11	12	13	14	15	16	17	18	19	20	21
	1	2	3	4	5	6	7	8	9	10	11	12	13	14	15	16	17	18	19	20	21

TimeOuts

1	2	3
1	2	3
1	2	3

If above wins match,
all scores & initials

________ ________ ________ ________

If above wins match,
all scores & initials

Server Score

	1	2	3	4	5	6	7	8	9	10	11	12	13	14	15	16	17	18	19	20	21
	1	2	3	4	5	6	7	8	9	10	11	12	13	14	15	16	17	18	19	20	21
	1	2	3	4	5	6	7	8	9	10	11	12	13	14	15	16	17	18	19	20	21

TimeOuts

1	2	3
1	2	3
1	2	3

Team 1: ____________________

Event: ____________________

Format:

Referee: ____________

Court: ____________

Match: ________

Team 2: ____________________

Server Score

	1	2	3	4	5	6	7	8	9	10	11	12	13	14	15	16	17	18	19	20	21
	1	2	3	4	5	6	7	8	9	10	11	12	13	14	15	16	17	18	19	20	21
	1	2	3	4	5	6	7	8	9	10	11	12	13	14	15	16	17	18	19	20	21

TimeOuts

1	2	3
1	2	3
1	2	3

If above wins match,
all scores & initials

________ ________ ________ ________

If above wins match,
all scores & initials

Server Score

	1	2	3	4	5	6	7	8	9	10	11	12	13	14	15	16	17	18	19	20	21
	1	2	3	4	5	6	7	8	9	10	11	12	13	14	15	16	17	18	19	20	21
	1	2	3	4	5	6	7	8	9	10	11	12	13	14	15	16	17	18	19	20	21

TimeOuts

1	2	3
1	2	3
1	2	3

Team 1: ____________________

Event: ____________________

Format:

Referee: ____________

Court: ____________

Match: ________

Team 2: ______________________________

Server Score

	1	2	3	4	5	6	7	8	9	10	11	12	13	14	15	16	17	18	19	20	21
	1	2	3	4	5	6	7	8	9	10	11	12	13	14	15	16	17	18	19	20	21
	1	2	3	4	5	6	7	8	9	10	11	12	13	14	15	16	17	18	19	20	21

TimeOuts

1	2	3
1	2	3
1	2	3

If above wins match,
all scores & initials

______ ______ ______ ______

If above wins match,
all scores & initials

Event: ______________________________

Team 1: ______________________________

Match: __________

Court: __________

Referee: __________

Format:

Server Score

	1	2	3	4	5	6	7	8	9	10	11	12	13	14	15	16	17	18	19	20	21
	1	2	3	4	5	6	7	8	9	10	11	12	13	14	15	16	17	18	19	20	21
	1	2	3	4	5	6	7	8	9	10	11	12	13	14	15	16	17	18	19	20	21

TimeOuts

1	2	3
1	2	3
1	2	3

Team 2: ______________________________

Server Score

	1	2	3	4	5	6	7	8	9	10	11	12	13	14	15	16	17	18	19	20	21
	1	2	3	4	5	6	7	8	9	10	11	12	13	14	15	16	17	18	19	20	21
	1	2	3	4	5	6	7	8	9	10	11	12	13	14	15	16	17	18	19	20	21

TimeOuts

1	2	3
1	2	3
1	2	3

If above wins match,
all scores & initials

______ ______ ______ ______

If above wins match,
all scores & initials

Event: ______________________________

Team 1: ______________________________

Match: __________

Court: __________

Referee: __________

Format:

Server Score

	1	2	3	4	5	6	7	8	9	10	11	12	13	14	15	16	17	18	19	20	21
	1	2	3	4	5	6	7	8	9	10	11	12	13	14	15	16	17	18	19	20	21
	1	2	3	4	5	6	7	8	9	10	11	12	13	14	15	16	17	18	19	20	21

TimeOuts

1	2	3
1	2	3
1	2	3

Team 2: ______________________________

Server Score

	1	2	3	4	5	6	7	8	9	10	11	12	13	14	15	16	17	18	19	20	21
	1	2	3	4	5	6	7	8	9	10	11	12	13	14	15	16	17	18	19	20	21
	1	2	3	4	5	6	7	8	9	10	11	12	13	14	15	16	17	18	19	20	21

TimeOuts

1	2	3
1	2	3
1	2	3

If above wins match,
all scores & initials

________ ________ ________ ________

If above wins match,
all scores & initials

	1	2	3	4	5	6	7	8	9	10	11	12	13	14	15	16	17	18	19	20	21
	1	2	3	4	5	6	7	8	9	10	11	12	13	14	15	16	17	18	19	20	21
	1	2	3	4	5	6	7	8	9	10	11	12	13	14	15	16	17	18	19	20	21

Server Score

1	2	3
1	2	3
1	2	3

TimeOuts

Team 1: ______________________________

Event: ______________________________

Format:

Referee: ______________

Court: ______________

Match: __________

Team 2: ______________________________

Server Score

	1	2	3	4	5	6	7	8	9	10	11	12	13	14	15	16	17	18	19	20	21
	1	2	3	4	5	6	7	8	9	10	11	12	13	14	15	16	17	18	19	20	21
	1	2	3	4	5	6	7	8	9	10	11	12	13	14	15	16	17	18	19	20	21

TimeOuts

1	2	3
1	2	3
1	2	3

If above wins match,
all scores & initials

________ ________ ________ ________

If above wins match,
all scores & initials

	1	2	3	4	5	6	7	8	9	10	11	12	13	14	15	16	17	18	19	20	21
	1	2	3	4	5	6	7	8	9	10	11	12	13	14	15	16	17	18	19	20	21
	1	2	3	4	5	6	7	8	9	10	11	12	13	14	15	16	17	18	19	20	21

Server Score

1	2	3
1	2	3
1	2	3

TimeOuts

Team 1: ______________________________

Event: ______________________________

Format:

Referee: ______________

Court: ______________

Match: __________

Team 2: ______________________________

Server Score

	1	2	3	4	5	6	7	8	9	10	11	12	13	14	15	16	17	18	19	20	21
	1	2	3	4	5	6	7	8	9	10	11	12	13	14	15	16	17	18	19	20	21
	1	2	3	4	5	6	7	8	9	10	11	12	13	14	15	16	17	18	19	20	21

TimeOuts

1	2	3
1	2	3
1	2	3

If above wins match,
all scores & initials

________ ________ ________ ________

If above wins match,
all scores & initials

Server Score

	1	2	3	4	5	6	7	8	9	10	11	12	13	14	15	16	17	18	19	20	21
	1	2	3	4	5	6	7	8	9	10	11	12	13	14	15	16	17	18	19	20	21
	1	2	3	4	5	6	7	8	9	10	11	12	13	14	15	16	17	18	19	20	21

TimeOuts

1	2	3
1	2	3
1	2	3

Team 1: ______________________________

Event: ______________________________

Match: ________

Court: ________

Referee: ________

Format: ________

Team 2: ______________________________

Server Score

	1	2	3	4	5	6	7	8	9	10	11	12	13	14	15	16	17	18	19	20	21
	1	2	3	4	5	6	7	8	9	10	11	12	13	14	15	16	17	18	19	20	21
	1	2	3	4	5	6	7	8	9	10	11	12	13	14	15	16	17	18	19	20	21

TimeOuts

1	2	3
1	2	3
1	2	3

If above wins match,
all scores & initials

________ ________ ________ ________

If above wins match,
all scores & initials

Server Score

	1	2	3	4	5	6	7	8	9	10	11	12	13	14	15	16	17	18	19	20	21
	1	2	3	4	5	6	7	8	9	10	11	12	13	14	15	16	17	18	19	20	21
	1	2	3	4	5	6	7	8	9	10	11	12	13	14	15	16	17	18	19	20	21

TimeOuts

1	2	3
1	2	3
1	2	3

Team 1: ______________________________

Event: ______________________________

Match: ________

Court: ________

Referee: ________

Format: ________

Team 2: ______________________________

Server Score

	1	2	3	4	5	6	7	8	9	10	11	12	13	14	15	16	17	18	19	20	21
	1	2	3	4	5	6	7	8	9	10	11	12	13	14	15	16	17	18	19	20	21
	1	2	3	4	5	6	7	8	9	10	11	12	13	14	15	16	17	18	19	20	21

TimeOuts

1	2	3
1	2	3
1	2	3

If above wins match,
all scores & initials

If above wins match,
all scores & initials

______ ______ ______ ______

Server Score

	1	2	3	4	5	6	7	8	9	10	11	12	13	14	15	16	17	18	19	20	21
	1	2	3	4	5	6	7	8	9	10	11	12	13	14	15	16	17	18	19	20	21
	1	2	3	4	5	6	7	8	9	10	11	12	13	14	15	16	17	18	19	20	21

TimeOuts

1	2	3
1	2	3
1	2	3

Event: ______________________________

Team 1: ______________________________

Match: ________

Court: ________

Referee: ________

Format: ________

Team 2: ______________________________

Server Score

	1	2	3	4	5	6	7	8	9	10	11	12	13	14	15	16	17	18	19	20	21
	1	2	3	4	5	6	7	8	9	10	11	12	13	14	15	16	17	18	19	20	21
	1	2	3	4	5	6	7	8	9	10	11	12	13	14	15	16	17	18	19	20	21

TimeOuts

1	2	3
1	2	3
1	2	3

If above wins match,
all scores & initials

If above wins match,
all scores & initials

______ ______ ______ ______

Server Score

	1	2	3	4	5	6	7	8	9	10	11	12	13	14	15	16	17	18	19	20	21
	1	2	3	4	5	6	7	8	9	10	11	12	13	14	15	16	17	18	19	20	21
	1	2	3	4	5	6	7	8	9	10	11	12	13	14	15	16	17	18	19	20	21

TimeOuts

1	2	3
1	2	3
1	2	3

Event: ______________________________

Team 1: ______________________________

Match: ________

Court: ________

Referee: ________

Format: ________

Team 2: ______________________________

Server Score

	1	2	3	4	5	6	7	8	9	10	11	12	13	14	15	16	17	18	19	20	21
	1	2	3	4	5	6	7	8	9	10	11	12	13	14	15	16	17	18	19	20	21
	1	2	3	4	5	6	7	8	9	10	11	12	13	14	15	16	17	18	19	20	21

TimeOuts

1	2	3
1	2	3
1	2	3

If above wins match,
all scores & initials

________ ________ ________ ________

If above wins match,
all scores & initials

Server Score

	1	2	3	4	5	6	7	8	9	10	11	12	13	14	15	16	17	18	19	20	21
	1	2	3	4	5	6	7	8	9	10	11	12	13	14	15	16	17	18	19	20	21
	1	2	3	4	5	6	7	8	9	10	11	12	13	14	15	16	17	18	19	20	21

TimeOuts

1	2	3
1	2	3
1	2	3

Team 1: ______________________________

Event: ______________________________

Format:

Referee: ______________

Court: ______________

Match: ________

Team 2: ______________________________

Server Score

	1	2	3	4	5	6	7	8	9	10	11	12	13	14	15	16	17	18	19	20	21
	1	2	3	4	5	6	7	8	9	10	11	12	13	14	15	16	17	18	19	20	21
	1	2	3	4	5	6	7	8	9	10	11	12	13	14	15	16	17	18	19	20	21

TimeOuts

1	2	3
1	2	3
1	2	3

If above wins match,
all scores & initials

________ ________ ________ ________

If above wins match,
all scores & initials

Server Score

	1	2	3	4	5	6	7	8	9	10	11	12	13	14	15	16	17	18	19	20	21
	1	2	3	4	5	6	7	8	9	10	11	12	13	14	15	16	17	18	19	20	21
	1	2	3	4	5	6	7	8	9	10	11	12	13	14	15	16	17	18	19	20	21

TimeOuts

1	2	3
1	2	3
1	2	3

Team 1: ______________________________

Event: ______________________________

Format:

Referee: ______________

Court: ______________

Match: ________

Team 2: ______________________________

Server Score

	1	2	3	4	5	6	7	8	9	10	11	12	13	14	15	16	17	18	19	20	21
	1	2	3	4	5	6	7	8	9	10	11	12	13	14	15	16	17	18	19	20	21
	1	2	3	4	5	6	7	8	9	10	11	12	13	14	15	16	17	18	19	20	21

TimeOuts

1	2	3
1	2	3
1	2	3

If above wins match,
all scores & initials

_______ _______ _______ _______

Match: __________

Court: __________

Referee: __________

Format:

Event: ______________________________

Team 1: ______________________________

Server Score

	1	2	3	4	5	6	7	8	9	10	11	12	13	14	15	16	17	18	19	20	21
	1	2	3	4	5	6	7	8	9	10	11	12	13	14	15	16	17	18	19	20	21
	1	2	3	4	5	6	7	8	9	10	11	12	13	14	15	16	17	18	19	20	21

TimeOuts

1	2	3
1	2	3
1	2	3

If above wins match,
all scores & initials

_______ _______ _______ _______

Team 2: ______________________________

Server Score

	1	2	3	4	5	6	7	8	9	10	11	12	13	14	15	16	17	18	19	20	21
	1	2	3	4	5	6	7	8	9	10	11	12	13	14	15	16	17	18	19	20	21
	1	2	3	4	5	6	7	8	9	10	11	12	13	14	15	16	17	18	19	20	21

TimeOuts

1	2	3
1	2	3
1	2	3

If above wins match,
all scores & initials

_______ _______ _______ _______

Match: __________

Court: __________

Referee: __________

Format:

Event: ______________________________

Team 1: ______________________________

Server Score

	1	2	3	4	5	6	7	8	9	10	11	12	13	14	15	16	17	18	19	20	21
	1	2	3	4	5	6	7	8	9	10	11	12	13	14	15	16	17	18	19	20	21
	1	2	3	4	5	6	7	8	9	10	11	12	13	14	15	16	17	18	19	20	21

TimeOuts

1	2	3
1	2	3
1	2	3

If above wins match,
all scores & initials

_______ _______ _______ _______

Team 2: ______________________________

Server Score

	1	2	3	4	5	6	7	8	9	10	11	12	13	14	15	16	17	18	19	20	21
	1	2	3	4	5	6	7	8	9	10	11	12	13	14	15	16	17	18	19	20	21
	1	2	3	4	5	6	7	8	9	10	11	12	13	14	15	16	17	18	19	20	21

TimeOuts

1	2	3
1	2	3
1	2	3

If above wins match,
all scores & initials

_______ _______ _______ _______

If above wins match,
all scores & initials

Server Score

	1	2	3	4	5	6	7	8	9	10	11	12	13	14	15	16	17	18	19	20	21
	1	2	3	4	5	6	7	8	9	10	11	12	13	14	15	16	17	18	19	20	21
	1	2	3	4	5	6	7	8	9	10	11	12	13	14	15	16	17	18	19	20	21

TimeOuts

1	2	3
1	2	3
1	2	3

Event: ______________________________

Team 1: ______________________________

Match: __________

Court: __________

Referee: __________

Format: __________

Team 2: ______________________________

Server Score

	1	2	3	4	5	6	7	8	9	10	11	12	13	14	15	16	17	18	19	20	21
	1	2	3	4	5	6	7	8	9	10	11	12	13	14	15	16	17	18	19	20	21
	1	2	3	4	5	6	7	8	9	10	11	12	13	14	15	16	17	18	19	20	21

TimeOuts

1	2	3
1	2	3
1	2	3

If above wins match,
all scores & initials

_______ _______ _______ _______

If above wins match,
all scores & initials

Server Score

	1	2	3	4	5	6	7	8	9	10	11	12	13	14	15	16	17	18	19	20	21
	1	2	3	4	5	6	7	8	9	10	11	12	13	14	15	16	17	18	19	20	21
	1	2	3	4	5	6	7	8	9	10	11	12	13	14	15	16	17	18	19	20	21

TimeOuts

1	2	3
1	2	3
1	2	3

Event: ______________________________

Team 1: ______________________________

Match: __________

Court: __________

Referee: __________

Format: __________

Team 2: ____________________

Server Score

	1	2	3	4	5	6	7	8	9	10	11	12	13	14	15	16	17	18	19	20	21
	1	2	3	4	5	6	7	8	9	10	11	12	13	14	15	16	17	18	19	20	21
	1	2	3	4	5	6	7	8	9	10	11	12	13	14	15	16	17	18	19	20	21

TimeOuts

1	2	3
1	2	3
1	2	3

If above wins match,
all scores & initials

_______ _______ _______ _______

If above wins match,
all scores & initials

Server Score

	1	2	3	4	5	6	7	8	9	10	11	12	13	14	15	16	17	18	19	20	21
	1	2	3	4	5	6	7	8	9	10	11	12	13	14	15	16	17	18	19	20	21
	1	2	3	4	5	6	7	8	9	10	11	12	13	14	15	16	17	18	19	20	21

TimeOuts

1	2	3
1	2	3
1	2	3

Team 1: ____________________

Event: ____________________

Format:

Referee: ____________________

Court: ____________________

Match: ____________________

Team 2: ____________________

Server Score

	1	2	3	4	5	6	7	8	9	10	11	12	13	14	15	16	17	18	19	20	21
	1	2	3	4	5	6	7	8	9	10	11	12	13	14	15	16	17	18	19	20	21
	1	2	3	4	5	6	7	8	9	10	11	12	13	14	15	16	17	18	19	20	21

TimeOuts

1	2	3
1	2	3
1	2	3

If above wins match,
all scores & initials

_______ _______ _______ _______

If above wins match,
all scores & initials

Server Score

	1	2	3	4	5	6	7	8	9	10	11	12	13	14	15	16	17	18	19	20	21
	1	2	3	4	5	6	7	8	9	10	11	12	13	14	15	16	17	18	19	20	21
	1	2	3	4	5	6	7	8	9	10	11	12	13	14	15	16	17	18	19	20	21

TimeOuts

1	2	3
1	2	3
1	2	3

Team 1: ____________________

Event: ____________________

Format:

Referee: ____________________

Court: ____________________

Match: ____________________

Team 2: ______________________________

Server Score

	1	2	3	4	5	6	7	8	9	10	11	12	13	14	15	16	17	18	19	20	21
	1	2	3	4	5	6	7	8	9	10	11	12	13	14	15	16	17	18	19	20	21
	1	2	3	4	5	6	7	8	9	10	11	12	13	14	15	16	17	18	19	20	21

TimeOuts

1	2	3
1	2	3
1	2	3

If above wins match,
all scores & initials

_______ _______ _______ _______

If above wins match,
all scores & initials

Server Score

	1	2	3	4	5	6	7	8	9	10	11	12	13	14	15	16	17	18	19	20	21
	1	2	3	4	5	6	7	8	9	10	11	12	13	14	15	16	17	18	19	20	21
	1	2	3	4	5	6	7	8	9	10	11	12	13	14	15	16	17	18	19	20	21

TimeOuts

1	2	3
1	2	3
1	2	3

Team 1: ______________________________ Format:

Event: ______________________________ Referee: ______________

Court: ______________

Match: __________

Team 2: ______________________________

Server Score

	1	2	3	4	5	6	7	8	9	10	11	12	13	14	15	16	17	18	19	20	21
	1	2	3	4	5	6	7	8	9	10	11	12	13	14	15	16	17	18	19	20	21
	1	2	3	4	5	6	7	8	9	10	11	12	13	14	15	16	17	18	19	20	21

TimeOuts

1	2	3
1	2	3
1	2	3

If above wins match,
all scores & initials

_______ _______ _______ _______

If above wins match,
all scores & initials

Server Score

	1	2	3	4	5	6	7	8	9	10	11	12	13	14	15	16	17	18	19	20	21
	1	2	3	4	5	6	7	8	9	10	11	12	13	14	15	16	17	18	19	20	21
	1	2	3	4	5	6	7	8	9	10	11	12	13	14	15	16	17	18	19	20	21

TimeOuts

1	2	3
1	2	3
1	2	3

Team 1: ______________________________ Format:

Event: ______________________________ Referee: ______________

Court: ______________

Match: __________

Team 2: ______________________________

Server Score

	1	2	3	4	5	6	7	8	9	10	11	12	13	14	15	16	17	18	19	20	21
	1	2	3	4	5	6	7	8	9	10	11	12	13	14	15	16	17	18	19	20	21
	1	2	3	4	5	6	7	8	9	10	11	12	13	14	15	16	17	18	19	20	21

TimeOuts

1	2	3
1	2	3
1	2	3

If above wins match,
all scores & initials

_______ _______ _______ _______

Match: __________

Court: __________

Referee: __________

Format: __________

Event: ______________________________

Team 1: ______________________________

Server Score

	1	2	3	4	5	6	7	8	9	10	11	12	13	14	15	16	17	18	19	20	21
	1	2	3	4	5	6	7	8	9	10	11	12	13	14	15	16	17	18	19	20	21
	1	2	3	4	5	6	7	8	9	10	11	12	13	14	15	16	17	18	19	20	21

TimeOuts

1	2	3
1	2	3
1	2	3

If above wins match,
all scores & initials

Team 2: ______________________________

Server Score

	1	2	3	4	5	6	7	8	9	10	11	12	13	14	15	16	17	18	19	20	21
	1	2	3	4	5	6	7	8	9	10	11	12	13	14	15	16	17	18	19	20	21
	1	2	3	4	5	6	7	8	9	10	11	12	13	14	15	16	17	18	19	20	21

TimeOuts

1	2	3
1	2	3
1	2	3

If above wins match,
all scores & initials

_______ _______ _______ _______

Match: __________

Court: __________

Referee: __________

Format: __________

Event: ______________________________

Team 1: ______________________________

Server Score

	1	2	3	4	5	6	7	8	9	10	11	12	13	14	15	16	17	18	19	20	21
	1	2	3	4	5	6	7	8	9	10	11	12	13	14	15	16	17	18	19	20	21
	1	2	3	4	5	6	7	8	9	10	11	12	13	14	15	16	17	18	19	20	21

TimeOuts

1	2	3
1	2	3
1	2	3

If above wins match,
all scores & initials

Team 2: ______________________________

Server Score

	1	2	3	4	5	6	7	8	9	10	11	12	13	14	15	16	17	18	19	20	21
	1	2	3	4	5	6	7	8	9	10	11	12	13	14	15	16	17	18	19	20	21
	1	2	3	4	5	6	7	8	9	10	11	12	13	14	15	16	17	18	19	20	21

TimeOuts

1	2	3
1	2	3
1	2	3

If above wins match,
all scores & initials

_______ _______ _______ _______

If above wins match,
all scores & initials

Server Score

	1	2	3	4	5	6	7	8	9	10	11	12	13	14	15	16	17	18	19	20	21
	1	2	3	4	5	6	7	8	9	10	11	12	13	14	15	16	17	18	19	20	21
	1	2	3	4	5	6	7	8	9	10	11	12	13	14	15	16	17	18	19	20	21

TimeOuts

1	2	3
1	2	3
1	2	3

Team 1: ______________________________

Event: ______________________________

Format:

Referee: ______________

Court: ______________

Match: ______________

Team 2: ______________________________

Server Score

	1	2	3	4	5	6	7	8	9	10	11	12	13	14	15	16	17	18	19	20	21
	1	2	3	4	5	6	7	8	9	10	11	12	13	14	15	16	17	18	19	20	21
	1	2	3	4	5	6	7	8	9	10	11	12	13	14	15	16	17	18	19	20	21

TimeOuts

1	2	3
1	2	3
1	2	3

If above wins match,
all scores & initials

_______ _______ _______ _______

If above wins match,
all scores & initials

Server Score

	1	2	3	4	5	6	7	8	9	10	11	12	13	14	15	16	17	18	19	20	21
	1	2	3	4	5	6	7	8	9	10	11	12	13	14	15	16	17	18	19	20	21
	1	2	3	4	5	6	7	8	9	10	11	12	13	14	15	16	17	18	19	20	21

TimeOuts

1	2	3
1	2	3
1	2	3

Team 1: ______________________________

Event: ______________________________

Format:

Referee: ______________

Court: ______________

Match: ______________

Team 2: ______________________

Server Score

	1	2	3	4	5	6	7	8	9	10	11	12	13	14	15	16	17	18	19	20	21
	1	2	3	4	5	6	7	8	9	10	11	12	13	14	15	16	17	18	19	20	21
	1	2	3	4	5	6	7	8	9	10	11	12	13	14	15	16	17	18	19	20	21

TimeOuts

1	2	3
1	2	3
1	2	3

If above wins match,
all scores & initials

______ ______ ______ ______

If above wins match,
all scores & initials

Server Score

	1	2	3	4	5	6	7	8	9	10	11	12	13	14	15	16	17	18	19	20	21
	1	2	3	4	5	6	7	8	9	10	11	12	13	14	15	16	17	18	19	20	21
	1	2	3	4	5	6	7	8	9	10	11	12	13	14	15	16	17	18	19	20	21

TimeOuts

1	2	3
1	2	3
1	2	3

Team 1: ______________________

Event: ______________________

Format:

Referee: ______________

Court: ______________

Match: ______________

Team 2: ______________________

Server Score

	1	2	3	4	5	6	7	8	9	10	11	12	13	14	15	16	17	18	19	20	21
	1	2	3	4	5	6	7	8	9	10	11	12	13	14	15	16	17	18	19	20	21
	1	2	3	4	5	6	7	8	9	10	11	12	13	14	15	16	17	18	19	20	21

TimeOuts

1	2	3
1	2	3
1	2	3

If above wins match,
all scores & initials

______ ______ ______ ______

If above wins match,
all scores & initials

Server Score

	1	2	3	4	5	6	7	8	9	10	11	12	13	14	15	16	17	18	19	20	21
	1	2	3	4	5	6	7	8	9	10	11	12	13	14	15	16	17	18	19	20	21
	1	2	3	4	5	6	7	8	9	10	11	12	13	14	15	16	17	18	19	20	21

TimeOuts

1	2	3
1	2	3
1	2	3

Team 1: ______________________

Event: ______________________

Format:

Referee: ______________

Court: ______________

Match: ______________

Team 2: ______________________________

Server Score

	1	2	3	4	5	6	7	8	9	10	11	12	13	14	15	16	17	18	19	20	21
	1	2	3	4	5	6	7	8	9	10	11	12	13	14	15	16	17	18	19	20	21
	1	2	3	4	5	6	7	8	9	10	11	12	13	14	15	16	17	18	19	20	21

TimeOuts

1	2	3
1	2	3
1	2	3

If above wins match,
all scores & initials

________ ________ ________ ________

Match: ________

Court: ____________

Referee: ______________

Format:

Event: ______________________________

Team 1: ______________________________

Server Score

	1	2	3	4	5	6	7	8	9	10	11	12	13	14	15	16	17	18	19	20	21
	1	2	3	4	5	6	7	8	9	10	11	12	13	14	15	16	17	18	19	20	21
	1	2	3	4	5	6	7	8	9	10	11	12	13	14	15	16	17	18	19	20	21

TimeOuts

1	2	3
1	2	3
1	2	3

If above wins match,
all scores & initials

Team 2: ______________________________

Server Score

	1	2	3	4	5	6	7	8	9	10	11	12	13	14	15	16	17	18	19	20	21
	1	2	3	4	5	6	7	8	9	10	11	12	13	14	15	16	17	18	19	20	21
	1	2	3	4	5	6	7	8	9	10	11	12	13	14	15	16	17	18	19	20	21

TimeOuts

1	2	3
1	2	3
1	2	3

If above wins match,
all scores & initials

________ ________ ________ ________

Match: ________

Court: ____________

Referee: ______________

Format:

Event: ______________________________

Team 1: ______________________________

Server Score

	1	2	3	4	5	6	7	8	9	10	11	12	13	14	15	16	17	18	19	20	21
	1	2	3	4	5	6	7	8	9	10	11	12	13	14	15	16	17	18	19	20	21
	1	2	3	4	5	6	7	8	9	10	11	12	13	14	15	16	17	18	19	20	21

TimeOuts

1	2	3
1	2	3
1	2	3

If above wins match,
all scores & initials

Team 2: ______________________________

Server Score

	1	2	3	4	5	6	7	8	9	10	11	12	13	14	15	16	17	18	19	20	21
	1	2	3	4	5	6	7	8	9	10	11	12	13	14	15	16	17	18	19	20	21
	1	2	3	4	5	6	7	8	9	10	11	12	13	14	15	16	17	18	19	20	21

TimeOuts

1	2	3
1	2	3
1	2	3

If above wins match,
all scores & initials

If above wins match,
all scores & initials

______ ______ ______ ______

Server Score

	1	2	3	4	5	6	7	8	9	10	11	12	13	14	15	16	17	18	19	20	21
	1	2	3	4	5	6	7	8	9	10	11	12	13	14	15	16	17	18	19	20	21
	1	2	3	4	5	6	7	8	9	10	11	12	13	14	15	16	17	18	19	20	21

TimeOuts

1	2	3
1	2	3
1	2	3

Team 1: ______________________________

Event: ______________________________

Format:

Referee: ______________

Court: ______________

Match: ______________

Team 2: ______________________________

Server Score

	1	2	3	4	5	6	7	8	9	10	11	12	13	14	15	16	17	18	19	20	21
	1	2	3	4	5	6	7	8	9	10	11	12	13	14	15	16	17	18	19	20	21
	1	2	3	4	5	6	7	8	9	10	11	12	13	14	15	16	17	18	19	20	21

TimeOuts

1	2	3
1	2	3
1	2	3

If above wins match,
all scores & initials

If above wins match,
all scores & initials

______ ______ ______ ______

Server Score

	1	2	3	4	5	6	7	8	9	10	11	12	13	14	15	16	17	18	19	20	21
	1	2	3	4	5	6	7	8	9	10	11	12	13	14	15	16	17	18	19	20	21
	1	2	3	4	5	6	7	8	9	10	11	12	13	14	15	16	17	18	19	20	21

TimeOuts

1	2	3
1	2	3
1	2	3

Team 1: ______________________________

Event: ______________________________

Format:

Referee: ______________

Court: ______________

Match: ______________

Team 2: ______________________________

Server Score

	1	2	3	4	5	6	7	8	9	10	11	12	13	14	15	16	17	18	19	20	21
	1	2	3	4	5	6	7	8	9	10	11	12	13	14	15	16	17	18	19	20	21
	1	2	3	4	5	6	7	8	9	10	11	12	13	14	15	16	17	18	19	20	21

TimeOuts

1	2	3
1	2	3
1	2	3

If above wins match,
all scores & initials

_______ _______ _______ _______

If above wins match,
all scores & initials

Server Score

	1	2	3	4	5	6	7	8	9	10	11	12	13	14	15	16	17	18	19	20	21
	1	2	3	4	5	6	7	8	9	10	11	12	13	14	15	16	17	18	19	20	21
	1	2	3	4	5	6	7	8	9	10	11	12	13	14	15	16	17	18	19	20	21

TimeOuts

1	2	3
1	2	3
1	2	3

Event: ______________________________ Match: __________

Team 1: ______________________________ Court: __________

Referee: __________

Format: __________

Team 2: ______________________________

Server Score

	1	2	3	4	5	6	7	8	9	10	11	12	13	14	15	16	17	18	19	20	21
	1	2	3	4	5	6	7	8	9	10	11	12	13	14	15	16	17	18	19	20	21
	1	2	3	4	5	6	7	8	9	10	11	12	13	14	15	16	17	18	19	20	21

TimeOuts

1	2	3
1	2	3
1	2	3

If above wins match,
all scores & initials

_______ _______ _______ _______

If above wins match,
all scores & initials

Server Score

	1	2	3	4	5	6	7	8	9	10	11	12	13	14	15	16	17	18	19	20	21
	1	2	3	4	5	6	7	8	9	10	11	12	13	14	15	16	17	18	19	20	21
	1	2	3	4	5	6	7	8	9	10	11	12	13	14	15	16	17	18	19	20	21

TimeOuts

1	2	3
1	2	3
1	2	3

Event: ______________________________ Match: __________

Team 1: ______________________________ Court: __________

Referee: __________

Format: __________

Team 2: ____________________

Server Score

	1	2	3	4	5	6	7	8	9	10	11	12	13	14	15	16	17	18	19	20	21
	1	2	3	4	5	6	7	8	9	10	11	12	13	14	15	16	17	18	19	20	21
	1	2	3	4	5	6	7	8	9	10	11	12	13	14	15	16	17	18	19	20	21

TimeOuts

1	2	3
1	2	3
1	2	3

If above wins match,
all scores & initials

________ ________ ________ ________

If above wins match,
all scores & initials

Server Score

	1	2	3	4	5	6	7	8	9	10	11	12	13	14	15	16	17	18	19	20	21
	1	2	3	4	5	6	7	8	9	10	11	12	13	14	15	16	17	18	19	20	21
	1	2	3	4	5	6	7	8	9	10	11	12	13	14	15	16	17	18	19	20	21

TimeOuts

1	2	3
1	2	3
1	2	3

Event: ____________________

Team 1: ____________________

Match: ________

Court: ________

Referee: ________

Format: ________

Team 2: ____________________

Server Score

	1	2	3	4	5	6	7	8	9	10	11	12	13	14	15	16	17	18	19	20	21
	1	2	3	4	5	6	7	8	9	10	11	12	13	14	15	16	17	18	19	20	21
	1	2	3	4	5	6	7	8	9	10	11	12	13	14	15	16	17	18	19	20	21

TimeOuts

1	2	3
1	2	3
1	2	3

If above wins match,
all scores & initials

________ ________ ________ ________

If above wins match,
all scores & initials

Server Score

	1	2	3	4	5	6	7	8	9	10	11	12	13	14	15	16	17	18	19	20	21
	1	2	3	4	5	6	7	8	9	10	11	12	13	14	15	16	17	18	19	20	21
	1	2	3	4	5	6	7	8	9	10	11	12	13	14	15	16	17	18	19	20	21

TimeOuts

1	2	3
1	2	3
1	2	3

Event: ____________________

Team 1: ____________________

Match: ________

Court: ________

Referee: ________

Format: ________

Team 2: ______________________________

Server Score

	1	2	3	4	5	6	7	8	9	10	11	12	13	14	15	16	17	18	19	20	21
	1	2	3	4	5	6	7	8	9	10	11	12	13	14	15	16	17	18	19	20	21
	1	2	3	4	5	6	7	8	9	10	11	12	13	14	15	16	17	18	19	20	21

TimeOuts

1	2	3
1	2	3
1	2	3

If above wins match,
all scores & initials

________ ________ ________ ________

If above wins match,
all scores & initials

Server Score

	1	2	3	4	5	6	7	8	9	10	11	12	13	14	15	16	17	18	19	20	21
	1	2	3	4	5	6	7	8	9	10	11	12	13	14	15	16	17	18	19	20	21
	1	2	3	4	5	6	7	8	9	10	11	12	13	14	15	16	17	18	19	20	21

TimeOuts

1	2	3
1	2	3
1	2	3

Format:

Team 1: ______________________________ Referee: ______________

Event: ______________________________ Court: ______________

Match: ______________

Team 2: ______________________________

Server Score

	1	2	3	4	5	6	7	8	9	10	11	12	13	14	15	16	17	18	19	20	21
	1	2	3	4	5	6	7	8	9	10	11	12	13	14	15	16	17	18	19	20	21
	1	2	3	4	5	6	7	8	9	10	11	12	13	14	15	16	17	18	19	20	21

TimeOuts

1	2	3
1	2	3
1	2	3

If above wins match,
all scores & initials

________ ________ ________ ________

If above wins match,
all scores & initials

Server Score

	1	2	3	4	5	6	7	8	9	10	11	12	13	14	15	16	17	18	19	20	21
	1	2	3	4	5	6	7	8	9	10	11	12	13	14	15	16	17	18	19	20	21
	1	2	3	4	5	6	7	8	9	10	11	12	13	14	15	16	17	18	19	20	21

TimeOuts

1	2	3
1	2	3
1	2	3

Format:

Team 1: ______________________________ Referee: ______________

Event: ______________________________ Court: ______________

Match: ______________

Team 2: ______________________________

Server Score

	1	2	3	4	5	6	7	8	9	10	11	12	13	14	15	16	17	18	19	20	21
	1	2	3	4	5	6	7	8	9	10	11	12	13	14	15	16	17	18	19	20	21
	1	2	3	4	5	6	7	8	9	10	11	12	13	14	15	16	17	18	19	20	21

TimeOuts

1	2	3
1	2	3
1	2	3

If above wins match,
all scores & initials

______ ______ ______ ______

If above wins match,
all scores & initials

Server Score

	1	2	3	4	5	6	7	8	9	10	11	12	13	14	15	16	17	18	19	20	21
	1	2	3	4	5	6	7	8	9	10	11	12	13	14	15	16	17	18	19	20	21
	1	2	3	4	5	6	7	8	9	10	11	12	13	14	15	16	17	18	19	20	21

TimeOuts

1	2	3
1	2	3
1	2	3

Event: ______________________________

Team 1: ______________________________

Match: __________

Court: __________

Referee: __________

Format: __________

Team 2: ______________________________

Server Score

	1	2	3	4	5	6	7	8	9	10	11	12	13	14	15	16	17	18	19	20	21
	1	2	3	4	5	6	7	8	9	10	11	12	13	14	15	16	17	18	19	20	21
	1	2	3	4	5	6	7	8	9	10	11	12	13	14	15	16	17	18	19	20	21

TimeOuts

1	2	3
1	2	3
1	2	3

If above wins match,
all scores & initials

______ ______ ______ ______

If above wins match,
all scores & initials

Server Score

	1	2	3	4	5	6	7	8	9	10	11	12	13	14	15	16	17	18	19	20	21
	1	2	3	4	5	6	7	8	9	10	11	12	13	14	15	16	17	18	19	20	21
	1	2	3	4	5	6	7	8	9	10	11	12	13	14	15	16	17	18	19	20	21

TimeOuts

1	2	3
1	2	3
1	2	3

Event: ______________________________

Team 1: ______________________________

Match: __________

Court: __________

Referee: __________

Format: __________

Team 2: ______________________________

Server Score

	1	2	3	4	5	6	7	8	9	10	11	12	13	14	15	16	17	18	19	20	21
	1	2	3	4	5	6	7	8	9	10	11	12	13	14	15	16	17	18	19	20	21
	1	2	3	4	5	6	7	8	9	10	11	12	13	14	15	16	17	18	19	20	21

TimeOuts

1	2	3
1	2	3
1	2	3

If above wins match,
all scores & initials

________ ________ ________ ________

If above wins match,
all scores & initials

Server Score

	1	2	3	4	5	6	7	8	9	10	11	12	13	14	15	16	17	18	19	20	21
	1	2	3	4	5	6	7	8	9	10	11	12	13	14	15	16	17	18	19	20	21
	1	2	3	4	5	6	7	8	9	10	11	12	13	14	15	16	17	18	19	20	21

TimeOuts

1	2	3
1	2	3
1	2	3

Team 1: ______________________________

Event: ______________________________

Match: ________

Court: ________

Referee: ________

Format: ________

Team 2: ______________________________

Server Score

	1	2	3	4	5	6	7	8	9	10	11	12	13	14	15	16	17	18	19	20	21
	1	2	3	4	5	6	7	8	9	10	11	12	13	14	15	16	17	18	19	20	21
	1	2	3	4	5	6	7	8	9	10	11	12	13	14	15	16	17	18	19	20	21

TimeOuts

1	2	3
1	2	3
1	2	3

If above wins match,
all scores & initials

________ ________ ________ ________

If above wins match,
all scores & initials

Server Score

	1	2	3	4	5	6	7	8	9	10	11	12	13	14	15	16	17	18	19	20	21
	1	2	3	4	5	6	7	8	9	10	11	12	13	14	15	16	17	18	19	20	21
	1	2	3	4	5	6	7	8	9	10	11	12	13	14	15	16	17	18	19	20	21

TimeOuts

1	2	3
1	2	3
1	2	3

Team 1: ______________________________

Event: ______________________________

Match: ________

Court: ________

Referee: ________

Format: ________

Team 2: ______________________

Server Score

	1	2	3	4	5	6	7	8	9	10	11	12	13	14	15	16	17	18	19	20	21
	1	2	3	4	5	6	7	8	9	10	11	12	13	14	15	16	17	18	19	20	21
	1	2	3	4	5	6	7	8	9	10	11	12	13	14	15	16	17	18	19	20	21

TimeOuts

1	2	3
1	2	3
1	2	3

If above wins match,
all scores & initials

If above wins match,
all scores & initials

_______ _______ _______ _______

Server Score

	1	2	3	4	5	6	7	8	9	10	11	12	13	14	15	16	17	18	19	20	21
	1	2	3	4	5	6	7	8	9	10	11	12	13	14	15	16	17	18	19	20	21
	1	2	3	4	5	6	7	8	9	10	11	12	13	14	15	16	17	18	19	20	21

TimeOuts

1	2	3
1	2	3
1	2	3

Team 1: ______________________

Event: ______________________

Format:

Referee: ______________

Court: ______________

Match: __________

Team 2: ______________________

Server Score

	1	2	3	4	5	6	7	8	9	10	11	12	13	14	15	16	17	18	19	20	21
	1	2	3	4	5	6	7	8	9	10	11	12	13	14	15	16	17	18	19	20	21
	1	2	3	4	5	6	7	8	9	10	11	12	13	14	15	16	17	18	19	20	21

TimeOuts

1	2	3
1	2	3
1	2	3

If above wins match,
all scores & initials

If above wins match,
all scores & initials

_______ _______ _______ _______

Server Score

	1	2	3	4	5	6	7	8	9	10	11	12	13	14	15	16	17	18	19	20	21
	1	2	3	4	5	6	7	8	9	10	11	12	13	14	15	16	17	18	19	20	21
	1	2	3	4	5	6	7	8	9	10	11	12	13	14	15	16	17	18	19	20	21

TimeOuts

1	2	3
1	2	3
1	2	3

Team 1: ______________________

Event: ______________________

Format:

Referee: ______________

Court: ______________

Match: __________

Team 2: ______________________________

Server Score

	1	2	3	4	5	6	7	8	9	10	11	12	13	14	15	16	17	18	19	20	21
	1	2	3	4	5	6	7	8	9	10	11	12	13	14	15	16	17	18	19	20	21
	1	2	3	4	5	6	7	8	9	10	11	12	13	14	15	16	17	18	19	20	21

TimeOuts

1	2	3
1	2	3
1	2	3

If above wins match,
all scores & initials

______ ______ ______ ______

If above wins match,
all scores & initials

	1	2	3	4	5	6	7	8	9	10	11	12	13	14	15	16	17	18	19	20	21
	1	2	3	4	5	6	7	8	9	10	11	12	13	14	15	16	17	18	19	20	21
	1	2	3	4	5	6	7	8	9	10	11	12	13	14	15	16	17	18	19	20	21

Server Score

1	2	3
1	2	3
1	2	3

TimeOuts

Team 1: ______________________________ Format:

Event: ______________________________ Referee: ______________

Court: ______________

Match: ______________

Team 2: ______________________________

Server Score

	1	2	3	4	5	6	7	8	9	10	11	12	13	14	15	16	17	18	19	20	21
	1	2	3	4	5	6	7	8	9	10	11	12	13	14	15	16	17	18	19	20	21
	1	2	3	4	5	6	7	8	9	10	11	12	13	14	15	16	17	18	19	20	21

TimeOuts

1	2	3
1	2	3
1	2	3

If above wins match,
all scores & initials

______ ______ ______ ______

If above wins match,
all scores & initials

	1	2	3	4	5	6	7	8	9	10	11	12	13	14	15	16	17	18	19	20	21
	1	2	3	4	5	6	7	8	9	10	11	12	13	14	15	16	17	18	19	20	21
	1	2	3	4	5	6	7	8	9	10	11	12	13	14	15	16	17	18	19	20	21

Server Score

1	2	3
1	2	3
1	2	3

TimeOuts

Team 1: ______________________________ Format:

Event: ______________________________ Referee: ______________

Court: ______________

Match: ______________

Team 2: ____________________

Server Score

	1	2	3	4	5	6	7	8	9	10	11	12	13	14	15	16	17	18	19	20	21
	1	2	3	4	5	6	7	8	9	10	11	12	13	14	15	16	17	18	19	20	21
	1	2	3	4	5	6	7	8	9	10	11	12	13	14	15	16	17	18	19	20	21

TimeOuts

1	2	3
1	2	3
1	2	3

If above wins match,
all scores & initials

______ ______ ______ ______

If above wins match,
all scores & initials

Server Score

	1	2	3	4	5	6	7	8	9	10	11	12	13	14	15	16	17	18	19	20	21
	1	2	3	4	5	6	7	8	9	10	11	12	13	14	15	16	17	18	19	20	21
	1	2	3	4	5	6	7	8	9	10	11	12	13	14	15	16	17	18	19	20	21

TimeOuts

1	2	3
1	2	3
1	2	3

Team 1: ____________________

Event: ____________________

Format:

Referee: ____________________

Court: ____________________

Match: ____________________

Team 2: ____________________

Server Score

	1	2	3	4	5	6	7	8	9	10	11	12	13	14	15	16	17	18	19	20	21
	1	2	3	4	5	6	7	8	9	10	11	12	13	14	15	16	17	18	19	20	21
	1	2	3	4	5	6	7	8	9	10	11	12	13	14	15	16	17	18	19	20	21

TimeOuts

1	2	3
1	2	3
1	2	3

If above wins match,
all scores & initials

______ ______ ______ ______

If above wins match,
all scores & initials

Server Score

	1	2	3	4	5	6	7	8	9	10	11	12	13	14	15	16	17	18	19	20	21
	1	2	3	4	5	6	7	8	9	10	11	12	13	14	15	16	17	18	19	20	21
	1	2	3	4	5	6	7	8	9	10	11	12	13	14	15	16	17	18	19	20	21

TimeOuts

1	2	3
1	2	3
1	2	3

Team 1: ____________________

Event: ____________________

Format:

Referee: ____________________

Court: ____________________

Match: ____________________

Team 2: ______________________________

Server Score

	1	2	3	4	5	6	7	8	9	10	11	12	13	14	15	16	17	18	19	20	21
	1	2	3	4	5	6	7	8	9	10	11	12	13	14	15	16	17	18	19	20	21
	1	2	3	4	5	6	7	8	9	10	11	12	13	14	15	16	17	18	19	20	21

TimeOuts

1	2	3
1	2	3
1	2	3

If above wins match,
all scores & initials

Event: ______________________________

Team 1: ______________________________

Match: ________

Court: ________

Referee: ________

Format:

Server Score

	1	2	3	4	5	6	7	8	9	10	11	12	13	14	15	16	17	18	19	20	21
	1	2	3	4	5	6	7	8	9	10	11	12	13	14	15	16	17	18	19	20	21
	1	2	3	4	5	6	7	8	9	10	11	12	13	14	15	16	17	18	19	20	21

TimeOuts

1	2	3
1	2	3
1	2	3

If above wins match,
all scores & initials ________ ________ ________ ________

Team 2: ______________________________

Server Score

	1	2	3	4	5	6	7	8	9	10	11	12	13	14	15	16	17	18	19	20	21
	1	2	3	4	5	6	7	8	9	10	11	12	13	14	15	16	17	18	19	20	21
	1	2	3	4	5	6	7	8	9	10	11	12	13	14	15	16	17	18	19	20	21

TimeOuts

1	2	3
1	2	3
1	2	3

If above wins match,
all scores & initials

Event: ______________________________

Team 1: ______________________________

Match: ________

Court: ________

Referee: ________

Format:

Server Score

	1	2	3	4	5	6	7	8	9	10	11	12	13	14	15	16	17	18	19	20	21
	1	2	3	4	5	6	7	8	9	10	11	12	13	14	15	16	17	18	19	20	21
	1	2	3	4	5	6	7	8	9	10	11	12	13	14	15	16	17	18	19	20	21

TimeOuts

1	2	3
1	2	3
1	2	3

If above wins match,
all scores & initials ________ ________ ________ ________

Team 2: ______________________

Server Score

	1	2	3	4	5	6	7	8	9	10	11	12	13	14	15	16	17	18	19	20	21
	1	2	3	4	5	6	7	8	9	10	11	12	13	14	15	16	17	18	19	20	21
	1	2	3	4	5	6	7	8	9	10	11	12	13	14	15	16	17	18	19	20	21

TimeOuts

1	2	3
1	2	3
1	2	3

If above wins match,
all scores & initials

_______ _______ _______ _______

If above wins match,
all scores & initials

_______ _______ _______ _______

Server Score

	1	2	3	4	5	6	7	8	9	10	11	12	13	14	15	16	17	18	19	20	21
	1	2	3	4	5	6	7	8	9	10	11	12	13	14	15	16	17	18	19	20	21
	1	2	3	4	5	6	7	8	9	10	11	12	13	14	15	16	17	18	19	20	21

TimeOuts

1	2	3
1	2	3
1	2	3

Event: ______________________

Team 1: ______________________

Match: __________

Court: __________

Referee: __________

Format: __________

Team 2: ______________________

Server Score

	1	2	3	4	5	6	7	8	9	10	11	12	13	14	15	16	17	18	19	20	21
	1	2	3	4	5	6	7	8	9	10	11	12	13	14	15	16	17	18	19	20	21
	1	2	3	4	5	6	7	8	9	10	11	12	13	14	15	16	17	18	19	20	21

TimeOuts

1	2	3
1	2	3
1	2	3

If above wins match,
all scores & initials

_______ _______ _______ _______

If above wins match,
all scores & initials

_______ _______ _______ _______

Server Score

	1	2	3	4	5	6	7	8	9	10	11	12	13	14	15	16	17	18	19	20	21
	1	2	3	4	5	6	7	8	9	10	11	12	13	14	15	16	17	18	19	20	21
	1	2	3	4	5	6	7	8	9	10	11	12	13	14	15	16	17	18	19	20	21

TimeOuts

1	2	3
1	2	3
1	2	3

Event: ______________________

Team 1: ______________________

Match: __________

Court: __________

Referee: __________

Format: __________

Team 2: ______________________________

Server Score

	1	2	3	4	5	6	7	8	9	10	11	12	13	14	15	16	17	18	19	20	21
	1	2	3	4	5	6	7	8	9	10	11	12	13	14	15	16	17	18	19	20	21
	1	2	3	4	5	6	7	8	9	10	11	12	13	14	15	16	17	18	19	20	21

TimeOuts

1	2	3
1	2	3
1	2	3

If above wins match,
all scores & initials

_______ _______ _______ _______

If above wins match,
all scores & initials

Server Score

	1	2	3	4	5	6	7	8	9	10	11	12	13	14	15	16	17	18	19	20	21
	1	2	3	4	5	6	7	8	9	10	11	12	13	14	15	16	17	18	19	20	21
	1	2	3	4	5	6	7	8	9	10	11	12	13	14	15	16	17	18	19	20	21

TimeOuts

1	2	3
1	2	3
1	2	3

Team 1: ______________________________

Event: ______________________________

Match: __________

Court: ______________

Referee: ________________

Format:

Team 2: ______________________________

Server Score

	1	2	3	4	5	6	7	8	9	10	11	12	13	14	15	16	17	18	19	20	21
	1	2	3	4	5	6	7	8	9	10	11	12	13	14	15	16	17	18	19	20	21
	1	2	3	4	5	6	7	8	9	10	11	12	13	14	15	16	17	18	19	20	21

TimeOuts

1	2	3
1	2	3
1	2	3

If above wins match,
all scores & initials

_______ _______ _______ _______

If above wins match,
all scores & initials

Server Score

	1	2	3	4	5	6	7	8	9	10	11	12	13	14	15	16	17	18	19	20	21
	1	2	3	4	5	6	7	8	9	10	11	12	13	14	15	16	17	18	19	20	21
	1	2	3	4	5	6	7	8	9	10	11	12	13	14	15	16	17	18	19	20	21

TimeOuts

1	2	3
1	2	3
1	2	3

Team 1: ______________________________

Event: ______________________________

Match: __________

Court: ______________

Referee: ________________

Format:

Team 2: ____________________

Server Score

	1	2	3	4	5	6	7	8	9	10	11	12	13	14	15	16	17	18	19	20	21
	1	2	3	4	5	6	7	8	9	10	11	12	13	14	15	16	17	18	19	20	21
	1	2	3	4	5	6	7	8	9	10	11	12	13	14	15	16	17	18	19	20	21

TimeOuts

1	2	3
1	2	3
1	2	3

If above wins match,
all scores & initials

If above wins match,
all scores & initials

________ ________ ________ ________

Server Score

	1	2	3	4	5	6	7	8	9	10	11	12	13	14	15	16	17	18	19	20	21
	1	2	3	4	5	6	7	8	9	10	11	12	13	14	15	16	17	18	19	20	21
	1	2	3	4	5	6	7	8	9	10	11	12	13	14	15	16	17	18	19	20	21

TimeOuts

1	2	3
1	2	3
1	2	3

Event: ____________________

Team 1: ____________________

Match: ________

Court: ________

Referee: ________

Format: ________

Team 2: ____________________

Server Score

	1	2	3	4	5	6	7	8	9	10	11	12	13	14	15	16	17	18	19	20	21
	1	2	3	4	5	6	7	8	9	10	11	12	13	14	15	16	17	18	19	20	21
	1	2	3	4	5	6	7	8	9	10	11	12	13	14	15	16	17	18	19	20	21

TimeOuts

1	2	3
1	2	3
1	2	3

If above wins match,
all scores & initials

If above wins match,
all scores & initials

________ ________ ________ ________

Server Score

	1	2	3	4	5	6	7	8	9	10	11	12	13	14	15	16	17	18	19	20	21
	1	2	3	4	5	6	7	8	9	10	11	12	13	14	15	16	17	18	19	20	21
	1	2	3	4	5	6	7	8	9	10	11	12	13	14	15	16	17	18	19	20	21

TimeOuts

1	2	3
1	2	3
1	2	3

Event: ____________________

Team 1: ____________________

Match: ________

Court: ________

Referee: ________

Format: ________

Team 2: ______________________________

Server Score

	1	2	3	4	5	6	7	8	9	10	11	12	13	14	15	16	17	18	19	20	21
	1	2	3	4	5	6	7	8	9	10	11	12	13	14	15	16	17	18	19	20	21
	1	2	3	4	5	6	7	8	9	10	11	12	13	14	15	16	17	18	19	20	21

TimeOuts

1	2	3
1	2	3
1	2	3

If above wins match,
all scores & initials

If above wins match,
all scores & initials

________ ________ ________ ________

Server Score

	1	2	3	4	5	6	7	8	9	10	11	12	13	14	15	16	17	18	19	20	21
	1	2	3	4	5	6	7	8	9	10	11	12	13	14	15	16	17	18	19	20	21
	1	2	3	4	5	6	7	8	9	10	11	12	13	14	15	16	17	18	19	20	21

TimeOuts

1	2	3
1	2	3
1	2	3

Team 1: ______________________________

Event: ______________________________

Format:

Referee: ______________

Court: ______________

Match: ______________

Team 2: ______________________________

Server Score

	1	2	3	4	5	6	7	8	9	10	11	12	13	14	15	16	17	18	19	20	21
	1	2	3	4	5	6	7	8	9	10	11	12	13	14	15	16	17	18	19	20	21
	1	2	3	4	5	6	7	8	9	10	11	12	13	14	15	16	17	18	19	20	21

TimeOuts

1	2	3
1	2	3
1	2	3

If above wins match,
all scores & initials

If above wins match,
all scores & initials

________ ________ ________ ________

Server Score

	1	2	3	4	5	6	7	8	9	10	11	12	13	14	15	16	17	18	19	20	21
	1	2	3	4	5	6	7	8	9	10	11	12	13	14	15	16	17	18	19	20	21
	1	2	3	4	5	6	7	8	9	10	11	12	13	14	15	16	17	18	19	20	21

TimeOuts

1	2	3
1	2	3
1	2	3

Team 1: ______________________________

Event: ______________________________

Format:

Referee: ______________

Court: ______________

Match: ______________

Team 2: ____________________

Server Score

	1	2	3	4	5	6	7	8	9	10	11	12	13	14	15	16	17	18	19	20	21
	1	2	3	4	5	6	7	8	9	10	11	12	13	14	15	16	17	18	19	20	21
	1	2	3	4	5	6	7	8	9	10	11	12	13	14	15	16	17	18	19	20	21

TimeOuts

1	2	3
1	2	3
1	2	3

If above wins match,
all scores & initials

____ ____ ____ ____

If above wins match,
all scores & initials

Server Score

	1	2	3	4	5	6	7	8	9	10	11	12	13	14	15	16	17	18	19	20	21
	1	2	3	4	5	6	7	8	9	10	11	12	13	14	15	16	17	18	19	20	21
	1	2	3	4	5	6	7	8	9	10	11	12	13	14	15	16	17	18	19	20	21

TimeOuts

1	2	3
1	2	3
1	2	3

Team 1: ____________________ Format: ____________

Event: ____________________ Referee: ____________

Court: ____________

Match: ____________

Team 2: ____________________

Server Score

	1	2	3	4	5	6	7	8	9	10	11	12	13	14	15	16	17	18	19	20	21
	1	2	3	4	5	6	7	8	9	10	11	12	13	14	15	16	17	18	19	20	21
	1	2	3	4	5	6	7	8	9	10	11	12	13	14	15	16	17	18	19	20	21

TimeOuts

1	2	3
1	2	3
1	2	3

If above wins match,
all scores & initials

____ ____ ____ ____

If above wins match,
all scores & initials

Server Score

	1	2	3	4	5	6	7	8	9	10	11	12	13	14	15	16	17	18	19	20	21
	1	2	3	4	5	6	7	8	9	10	11	12	13	14	15	16	17	18	19	20	21
	1	2	3	4	5	6	7	8	9	10	11	12	13	14	15	16	17	18	19	20	21

TimeOuts

1	2	3
1	2	3
1	2	3

Team 1: ____________________ Format: ____________

Event: ____________________ Referee: ____________

Court: ____________

Match: ____________

Team 2: ______________________________

Server Score

	1	2	3	4	5	6	7	8	9	10	11	12	13	14	15	16	17	18	19	20	21
	1	2	3	4	5	6	7	8	9	10	11	12	13	14	15	16	17	18	19	20	21
	1	2	3	4	5	6	7	8	9	10	11	12	13	14	15	16	17	18	19	20	21

TimeOuts

1	2	3
1	2	3
1	2	3

If above wins match,
all scores & initials

______ ______ ______ ______

If above wins match,
all scores & initials

Server Score

	1	2	3	4	5	6	7	8	9	10	11	12	13	14	15	16	17	18	19	20	21
	1	2	3	4	5	6	7	8	9	10	11	12	13	14	15	16	17	18	19	20	21
	1	2	3	4	5	6	7	8	9	10	11	12	13	14	15	16	17	18	19	20	21

TimeOuts

1	2	3
1	2	3
1	2	3

Team 1: ______________________________

Event: ______________________________

Format:

Referee: ______________

Court: ______________

Match: ______________

Team 2: ______________________________

Server Score

	1	2	3	4	5	6	7	8	9	10	11	12	13	14	15	16	17	18	19	20	21
	1	2	3	4	5	6	7	8	9	10	11	12	13	14	15	16	17	18	19	20	21
	1	2	3	4	5	6	7	8	9	10	11	12	13	14	15	16	17	18	19	20	21

TimeOuts

1	2	3
1	2	3
1	2	3

If above wins match,
all scores & initials

______ ______ ______ ______

If above wins match,
all scores & initials

Server Score

	1	2	3	4	5	6	7	8	9	10	11	12	13	14	15	16	17	18	19	20	21
	1	2	3	4	5	6	7	8	9	10	11	12	13	14	15	16	17	18	19	20	21
	1	2	3	4	5	6	7	8	9	10	11	12	13	14	15	16	17	18	19	20	21

TimeOuts

1	2	3
1	2	3
1	2	3

Team 1: ______________________________

Event: ______________________________

Format:

Referee: ______________

Court: ______________

Match: ______________

Team 2: ______________________

Server Score

	1	2	3	4	5	6	7	8	9	10	11	12	13	14	15	16	17	18	19	20	21
	1	2	3	4	5	6	7	8	9	10	11	12	13	14	15	16	17	18	19	20	21
	1	2	3	4	5	6	7	8	9	10	11	12	13	14	15	16	17	18	19	20	21

TimeOuts

1	2	3
1	2	3
1	2	3

If above wins match,
all scores & initials

______ ______ ______ ______

If above wins match,
all scores & initials

Server Score

	1	2	3	4	5	6	7	8	9	10	11	12	13	14	15	16	17	18	19	20	21
	1	2	3	4	5	6	7	8	9	10	11	12	13	14	15	16	17	18	19	20	21
	1	2	3	4	5	6	7	8	9	10	11	12	13	14	15	16	17	18	19	20	21

TimeOuts

1	2	3
1	2	3
1	2	3

Event: ______________________

Team 1: ______________________

Match: ________

Court: ________

Referee: ________

Format: ________

Team 2: ______________________

Server Score

	1	2	3	4	5	6	7	8	9	10	11	12	13	14	15	16	17	18	19	20	21
	1	2	3	4	5	6	7	8	9	10	11	12	13	14	15	16	17	18	19	20	21
	1	2	3	4	5	6	7	8	9	10	11	12	13	14	15	16	17	18	19	20	21

TimeOuts

1	2	3
1	2	3
1	2	3

If above wins match,
all scores & initials

______ ______ ______ ______

If above wins match,
all scores & initials

Server Score

	1	2	3	4	5	6	7	8	9	10	11	12	13	14	15	16	17	18	19	20	21
	1	2	3	4	5	6	7	8	9	10	11	12	13	14	15	16	17	18	19	20	21
	1	2	3	4	5	6	7	8	9	10	11	12	13	14	15	16	17	18	19	20	21

TimeOuts

1	2	3
1	2	3
1	2	3

Event: ______________________

Team 1: ______________________

Match: ________

Court: ________

Referee: ________

Format: ________

Team 2: ______________________________

Server Score

	1	2	3	4	5	6	7	8	9	10	11	12	13	14	15	16	17	18	19	20	21
	1	2	3	4	5	6	7	8	9	10	11	12	13	14	15	16	17	18	19	20	21
	1	2	3	4	5	6	7	8	9	10	11	12	13	14	15	16	17	18	19	20	21

TimeOuts

1	2	3
1	2	3
1	2	3

If above wins match,
all scores & initials

If above wins match,
all scores & initials ___ ___ ___ ___

Server Score

	1	2	3	4	5	6	7	8	9	10	11	12	13	14	15	16	17	18	19	20	21
	1	2	3	4	5	6	7	8	9	10	11	12	13	14	15	16	17	18	19	20	21
	1	2	3	4	5	6	7	8	9	10	11	12	13	14	15	16	17	18	19	20	21

TimeOuts

1	2	3
1	2	3
1	2	3

Team 1: ______________________________

Event: ______________________________

Format:

Referee: ______________

Court: ______________

Match: ______________

Team 2: ______________________________

Server Score

	1	2	3	4	5	6	7	8	9	10	11	12	13	14	15	16	17	18	19	20	21
	1	2	3	4	5	6	7	8	9	10	11	12	13	14	15	16	17	18	19	20	21
	1	2	3	4	5	6	7	8	9	10	11	12	13	14	15	16	17	18	19	20	21

TimeOuts

1	2	3
1	2	3
1	2	3

If above wins match,
all scores & initials

If above wins match,
all scores & initials ___ ___ ___ ___

Server Score

	1	2	3	4	5	6	7	8	9	10	11	12	13	14	15	16	17	18	19	20	21
	1	2	3	4	5	6	7	8	9	10	11	12	13	14	15	16	17	18	19	20	21
	1	2	3	4	5	6	7	8	9	10	11	12	13	14	15	16	17	18	19	20	21

TimeOuts

1	2	3
1	2	3
1	2	3

Team 1: ______________________________

Event: ______________________________

Format:

Referee: ______________

Court: ______________

Match: ______________

Team 2: ____________________

Server Score

	1	2	3	4	5	6	7	8	9	10	11	12	13	14	15	16	17	18	19	20	21
	1	2	3	4	5	6	7	8	9	10	11	12	13	14	15	16	17	18	19	20	21
	1	2	3	4	5	6	7	8	9	10	11	12	13	14	15	16	17	18	19	20	21

TimeOuts

1	2	3
1	2	3
1	2	3

If above wins match,
all scores & initials

If above wins match,
all scores & initials
________ ________ ________ ________

Server Score

	1	2	3	4	5	6	7	8	9	10	11	12	13	14	15	16	17	18	19	20	21
	1	2	3	4	5	6	7	8	9	10	11	12	13	14	15	16	17	18	19	20	21
	1	2	3	4	5	6	7	8	9	10	11	12	13	14	15	16	17	18	19	20	21

TimeOuts

1	2	3
1	2	3
1	2	3

Event: ____________________

Team 1: ____________________

Match: ________

Court: ________

Referee: ________

Format: ________

Team 2: ____________________

Server Score

	1	2	3	4	5	6	7	8	9	10	11	12	13	14	15	16	17	18	19	20	21
	1	2	3	4	5	6	7	8	9	10	11	12	13	14	15	16	17	18	19	20	21
	1	2	3	4	5	6	7	8	9	10	11	12	13	14	15	16	17	18	19	20	21

TimeOuts

1	2	3
1	2	3
1	2	3

If above wins match,
all scores & initials

If above wins match,
all scores & initials
________ ________ ________ ________

Server Score

	1	2	3	4	5	6	7	8	9	10	11	12	13	14	15	16	17	18	19	20	21
	1	2	3	4	5	6	7	8	9	10	11	12	13	14	15	16	17	18	19	20	21
	1	2	3	4	5	6	7	8	9	10	11	12	13	14	15	16	17	18	19	20	21

TimeOuts

1	2	3
1	2	3
1	2	3

Event: ____________________

Team 1: ____________________

Match: ________

Court: ________

Referee: ________

Format: ________

Team 2: ______________________

Server Score

	1	2	3	4	5	6	7	8	9	10	11	12	13	14	15	16	17	18	19	20	21
	1	2	3	4	5	6	7	8	9	10	11	12	13	14	15	16	17	18	19	20	21
	1	2	3	4	5	6	7	8	9	10	11	12	13	14	15	16	17	18	19	20	21

TimeOuts

1	2	3
1	2	3
1	2	3

If above wins match,
all scores & initials

If above wins match,
all scores & initials

________ ________ ________ ________

Server Score

	1	2	3	4	5	6	7	8	9	10	11	12	13	14	15	16	17	18	19	20	21
	1	2	3	4	5	6	7	8	9	10	11	12	13	14	15	16	17	18	19	20	21
	1	2	3	4	5	6	7	8	9	10	11	12	13	14	15	16	17	18	19	20	21

TimeOuts

1	2	3
1	2	3
1	2	3

Team 1: ______________________

Event: ______________________

Match: __________

Court: __________

Referee: __________

Format: __________

Team 2: ______________________

Server Score

	1	2	3	4	5	6	7	8	9	10	11	12	13	14	15	16	17	18	19	20	21
	1	2	3	4	5	6	7	8	9	10	11	12	13	14	15	16	17	18	19	20	21
	1	2	3	4	5	6	7	8	9	10	11	12	13	14	15	16	17	18	19	20	21

TimeOuts

1	2	3
1	2	3
1	2	3

If above wins match,
all scores & initials

If above wins match,
all scores & initials

________ ________ ________ ________

Server Score

	1	2	3	4	5	6	7	8	9	10	11	12	13	14	15	16	17	18	19	20	21
	1	2	3	4	5	6	7	8	9	10	11	12	13	14	15	16	17	18	19	20	21
	1	2	3	4	5	6	7	8	9	10	11	12	13	14	15	16	17	18	19	20	21

TimeOuts

1	2	3
1	2	3
1	2	3

Team 1: ______________________

Event: ______________________

Match: __________

Court: __________

Referee: __________

Format: __________

Team 2: ______________________________

Server Score

	1	2	3	4	5	6	7	8	9	10	11	12	13	14	15	16	17	18	19	20	21
	1	2	3	4	5	6	7	8	9	10	11	12	13	14	15	16	17	18	19	20	21
	1	2	3	4	5	6	7	8	9	10	11	12	13	14	15	16	17	18	19	20	21

TimeOuts

1	2	3
1	2	3
1	2	3

If above wins match,
all scores & initials

_______ _______ _______ _______

If above wins match,
all scores & initials

	1	2	3	4	5	6	7	8	9	10	11	12	13	14	15	16	17	18	19	20	21
	1	2	3	4	5	6	7	8	9	10	11	12	13	14	15	16	17	18	19	20	21
	1	2	3	4	5	6	7	8	9	10	11	12	13	14	15	16	17	18	19	20	21

Server Score

1	2	3
1	2	3
1	2	3

TimeOuts

Event: ______________________________

Team 1: ______________________________

Match: __________

Court: __________

Referee: __________

Format: __________

Team 2: ______________________________

Server Score

	1	2	3	4	5	6	7	8	9	10	11	12	13	14	15	16	17	18	19	20	21
	1	2	3	4	5	6	7	8	9	10	11	12	13	14	15	16	17	18	19	20	21
	1	2	3	4	5	6	7	8	9	10	11	12	13	14	15	16	17	18	19	20	21

TimeOuts

1	2	3
1	2	3
1	2	3

If above wins match,
all scores & initials

_______ _______ _______ _______

If above wins match,
all scores & initials

	1	2	3	4	5	6	7	8	9	10	11	12	13	14	15	16	17	18	19	20	21
	1	2	3	4	5	6	7	8	9	10	11	12	13	14	15	16	17	18	19	20	21
	1	2	3	4	5	6	7	8	9	10	11	12	13	14	15	16	17	18	19	20	21

Server Score

1	2	3
1	2	3
1	2	3

TimeOuts

Event: ______________________________

Team 1: ______________________________

Match: __________

Court: __________

Referee: __________

Format: __________

Team 2: ______________________________

Server Score

	1	2	3	4	5	6	7	8	9	10	11	12	13	14	15	16	17	18	19	20	21
	1	2	3	4	5	6	7	8	9	10	11	12	13	14	15	16	17	18	19	20	21
	1	2	3	4	5	6	7	8	9	10	11	12	13	14	15	16	17	18	19	20	21

TimeOuts

1	2	3
1	2	3
1	2	3

If above wins match,
all scores & initials

Event: ______________________________ Match: __________

Team 1: ______________________________ Court: __________

Referee: __________

Format: __________

Server Score

	1	2	3	4	5	6	7	8	9	10	11	12	13	14	15	16	17	18	19	20	21
	1	2	3	4	5	6	7	8	9	10	11	12	13	14	15	16	17	18	19	20	21
	1	2	3	4	5	6	7	8	9	10	11	12	13	14	15	16	17	18	19	20	21

TimeOuts

1	2	3
1	2	3
1	2	3

If above wins match,
all scores & initials ________ ________ ________ ________

Team 2: ______________________________

Server Score

	1	2	3	4	5	6	7	8	9	10	11	12	13	14	15	16	17	18	19	20	21
	1	2	3	4	5	6	7	8	9	10	11	12	13	14	15	16	17	18	19	20	21
	1	2	3	4	5	6	7	8	9	10	11	12	13	14	15	16	17	18	19	20	21

TimeOuts

1	2	3
1	2	3
1	2	3

If above wins match,
all scores & initials

Event: ______________________________ Match: __________

Team 1: ______________________________ Court: __________

Referee: __________

Format: __________

Server Score

	1	2	3	4	5	6	7	8	9	10	11	12	13	14	15	16	17	18	19	20	21
	1	2	3	4	5	6	7	8	9	10	11	12	13	14	15	16	17	18	19	20	21
	1	2	3	4	5	6	7	8	9	10	11	12	13	14	15	16	17	18	19	20	21

TimeOuts

1	2	3
1	2	3
1	2	3

If above wins match,
all scores & initials ________ ________ ________ ________

Team 2: ____________________

Server Score

	1	2	3	4	5	6	7	8	9	10	11	12	13	14	15	16	17	18	19	20	21
	1	2	3	4	5	6	7	8	9	10	11	12	13	14	15	16	17	18	19	20	21
	1	2	3	4	5	6	7	8	9	10	11	12	13	14	15	16	17	18	19	20	21

TimeOuts

1	2	3
1	2	3
1	2	3

If above wins match,
all scores & initials

____ ____ ____ ____

If above wins match,
all scores & initials

Event: ____________________

Team 1: ____________________

Match: ________

Court: ________

Referee: ________

Format: ________

Server Score

	1	2	3	4	5	6	7	8	9	10	11	12	13	14	15	16	17	18	19	20	21
	1	2	3	4	5	6	7	8	9	10	11	12	13	14	15	16	17	18	19	20	21
	1	2	3	4	5	6	7	8	9	10	11	12	13	14	15	16	17	18	19	20	21

TimeOuts

1	2	3
1	2	3
1	2	3

Team 2: ____________________

Server Score

	1	2	3	4	5	6	7	8	9	10	11	12	13	14	15	16	17	18	19	20	21
	1	2	3	4	5	6	7	8	9	10	11	12	13	14	15	16	17	18	19	20	21
	1	2	3	4	5	6	7	8	9	10	11	12	13	14	15	16	17	18	19	20	21

TimeOuts

1	2	3
1	2	3
1	2	3

If above wins match,
all scores & initials

____ ____ ____ ____

If above wins match,
all scores & initials

Event: ____________________

Team 1: ____________________

Match: ________

Court: ________

Referee: ________

Format: ________

Server Score

	1	2	3	4	5	6	7	8	9	10	11	12	13	14	15	16	17	18	19	20	21
	1	2	3	4	5	6	7	8	9	10	11	12	13	14	15	16	17	18	19	20	21
	1	2	3	4	5	6	7	8	9	10	11	12	13	14	15	16	17	18	19	20	21

TimeOuts

1	2	3
1	2	3
1	2	3

Team 2: ______________________________

Server Score

	1	2	3	4	5	6	7	8	9	10	11	12	13	14	15	16	17	18	19	20	21
	1	2	3	4	5	6	7	8	9	10	11	12	13	14	15	16	17	18	19	20	21
	1	2	3	4	5	6	7	8	9	10	11	12	13	14	15	16	17	18	19	20	21

TimeOuts

1	2	3
1	2	3
1	2	3

If above wins match,
all scores & initials

If above wins match,
all scores & initials

_______ _______ _______ _______

Server Score

	1	2	3	4	5	6	7	8	9	10	11	12	13	14	15	16	17	18	19	20	21
	1	2	3	4	5	6	7	8	9	10	11	12	13	14	15	16	17	18	19	20	21
	1	2	3	4	5	6	7	8	9	10	11	12	13	14	15	16	17	18	19	20	21

TimeOuts

1	2	3
1	2	3
1	2	3

Team 1: ______________________________

Event: ______________________________

Match: __________

Court: __________

Referee: __________

Format: __________

Team 2: ______________________________

Server Score

	1	2	3	4	5	6	7	8	9	10	11	12	13	14	15	16	17	18	19	20	21
	1	2	3	4	5	6	7	8	9	10	11	12	13	14	15	16	17	18	19	20	21
	1	2	3	4	5	6	7	8	9	10	11	12	13	14	15	16	17	18	19	20	21

TimeOuts

1	2	3
1	2	3
1	2	3

If above wins match,
all scores & initials

If above wins match,
all scores & initials

_______ _______ _______ _______

Server Score

	1	2	3	4	5	6	7	8	9	10	11	12	13	14	15	16	17	18	19	20	21
	1	2	3	4	5	6	7	8	9	10	11	12	13	14	15	16	17	18	19	20	21
	1	2	3	4	5	6	7	8	9	10	11	12	13	14	15	16	17	18	19	20	21

TimeOuts

1	2	3
1	2	3
1	2	3

Team 1: ______________________________

Event: ______________________________

Match: __________

Court: __________

Referee: __________

Format: __________

Team 2: ____________________

Server Score

	1	2	3	4	5	6	7	8	9	10	11	12	13	14	15	16	17	18	19	20	21
	1	2	3	4	5	6	7	8	9	10	11	12	13	14	15	16	17	18	19	20	21
	1	2	3	4	5	6	7	8	9	10	11	12	13	14	15	16	17	18	19	20	21

TimeOuts

1	2	3
1	2	3
1	2	3

If above wins match,
all scores & initials

______ ______ ______ ______

If above wins match,
all scores & initials

Server Score

	1	2	3	4	5	6	7	8	9	10	11	12	13	14	15	16	17	18	19	20	21
	1	2	3	4	5	6	7	8	9	10	11	12	13	14	15	16	17	18	19	20	21
	1	2	3	4	5	6	7	8	9	10	11	12	13	14	15	16	17	18	19	20	21

TimeOuts

1	2	3
1	2	3
1	2	3

Team 1: ____________________

Event: ____________________

Format: ____________

Referee: ____________

Court: ____________

Match: ____________

Team 2: ____________________

Server Score

	1	2	3	4	5	6	7	8	9	10	11	12	13	14	15	16	17	18	19	20	21
	1	2	3	4	5	6	7	8	9	10	11	12	13	14	15	16	17	18	19	20	21
	1	2	3	4	5	6	7	8	9	10	11	12	13	14	15	16	17	18	19	20	21

TimeOuts

1	2	3
1	2	3
1	2	3

If above wins match,
all scores & initials

______ ______ ______ ______

If above wins match,
all scores & initials

Server Score

	1	2	3	4	5	6	7	8	9	10	11	12	13	14	15	16	17	18	19	20	21
	1	2	3	4	5	6	7	8	9	10	11	12	13	14	15	16	17	18	19	20	21
	1	2	3	4	5	6	7	8	9	10	11	12	13	14	15	16	17	18	19	20	21

TimeOuts

1	2	3
1	2	3
1	2	3

Team 1: ____________________

Event: ____________________

Format: ____________

Referee: ____________

Court: ____________

Match: ____________

Team 2: ______________________________

Server Score

	1	2	3	4	5	6	7	8	9	10	11	12	13	14	15	16	17	18	19	20	21
	1	2	3	4	5	6	7	8	9	10	11	12	13	14	15	16	17	18	19	20	21
	1	2	3	4	5	6	7	8	9	10	11	12	13	14	15	16	17	18	19	20	21

TimeOuts

1	2	3
1	2	3
1	2	3

If above wins match,
all scores & initials

______ ______ ______ ______

If above wins match,
all scores & initials

Server Score

	1	2	3	4	5	6	7	8	9	10	11	12	13	14	15	16	17	18	19	20	21
	1	2	3	4	5	6	7	8	9	10	11	12	13	14	15	16	17	18	19	20	21
	1	2	3	4	5	6	7	8	9	10	11	12	13	14	15	16	17	18	19	20	21

TimeOuts

1	2	3
1	2	3
1	2	3

Event: ______________________________

Team 1: ______________________________

Match: __________

Court: __________

Referee: __________

Format: __________

Team 2: ______________________________

Server Score

	1	2	3	4	5	6	7	8	9	10	11	12	13	14	15	16	17	18	19	20	21
	1	2	3	4	5	6	7	8	9	10	11	12	13	14	15	16	17	18	19	20	21
	1	2	3	4	5	6	7	8	9	10	11	12	13	14	15	16	17	18	19	20	21

TimeOuts

1	2	3
1	2	3
1	2	3

If above wins match,
all scores & initials

______ ______ ______ ______

If above wins match,
all scores & initials

Server Score

	1	2	3	4	5	6	7	8	9	10	11	12	13	14	15	16	17	18	19	20	21
	1	2	3	4	5	6	7	8	9	10	11	12	13	14	15	16	17	18	19	20	21
	1	2	3	4	5	6	7	8	9	10	11	12	13	14	15	16	17	18	19	20	21

TimeOuts

1	2	3
1	2	3
1	2	3

Event: ______________________________

Team 1: ______________________________

Match: __________

Court: __________

Referee: __________

Format: __________

Team 2: ______________________________

Server Score

	1	2	3	4	5	6	7	8	9	10	11	12	13	14	15	16	17	18	19	20	21
	1	2	3	4	5	6	7	8	9	10	11	12	13	14	15	16	17	18	19	20	21
	1	2	3	4	5	6	7	8	9	10	11	12	13	14	15	16	17	18	19	20	21

TimeOuts

1	2	3
1	2	3
1	2	3

If above wins match,
all scores & initials

_______ _______ _______ _______

If above wins match,
all scores & initials

	1	2	3	4	5	6	7	8	9	10	11	12	13	14	15	16	17	18	19	20	21
	1	2	3	4	5	6	7	8	9	10	11	12	13	14	15	16	17	18	19	20	21
	1	2	3	4	5	6	7	8	9	10	11	12	13	14	15	16	17	18	19	20	21

Server Score

1	2	3
1	2	3
1	2	3

TimeOuts

Format:

Referee: ______________

Team 1: ______________________________

Court: ______________

Event: ______________________________

Match: __________

Team 2: ______________________________

Server Score

	1	2	3	4	5	6	7	8	9	10	11	12	13	14	15	16	17	18	19	20	21
	1	2	3	4	5	6	7	8	9	10	11	12	13	14	15	16	17	18	19	20	21
	1	2	3	4	5	6	7	8	9	10	11	12	13	14	15	16	17	18	19	20	21

TimeOuts

1	2	3
1	2	3
1	2	3

If above wins match,
all scores & initials

_______ _______ _______ _______

If above wins match,
all scores & initials

	1	2	3	4	5	6	7	8	9	10	11	12	13	14	15	16	17	18	19	20	21
	1	2	3	4	5	6	7	8	9	10	11	12	13	14	15	16	17	18	19	20	21
	1	2	3	4	5	6	7	8	9	10	11	12	13	14	15	16	17	18	19	20	21

Server Score

1	2	3
1	2	3
1	2	3

TimeOuts

Format:

Referee: ______________

Team 1: ______________________________

Court: ______________

Event: ______________________________

Match: __________

Team 2: ______________________________

Server Score

	1	2	3	4	5	6	7	8	9	10	11	12	13	14	15	16	17	18	19	20	21
	1	2	3	4	5	6	7	8	9	10	11	12	13	14	15	16	17	18	19	20	21
	1	2	3	4	5	6	7	8	9	10	11	12	13	14	15	16	17	18	19	20	21

TimeOuts

1	2	3
1	2	3
1	2	3

If above wins match,
all scores & initials

______ ______ ______ ______

If above wins match,
all scores & initials

Server Score

	1	2	3	4	5	6	7	8	9	10	11	12	13	14	15	16	17	18	19	20	21
	1	2	3	4	5	6	7	8	9	10	11	12	13	14	15	16	17	18	19	20	21
	1	2	3	4	5	6	7	8	9	10	11	12	13	14	15	16	17	18	19	20	21

TimeOuts

1	2	3
1	2	3
1	2	3

Team 1: ______________________________ Referee: ______________

Event: ______________________________ Court: ______________

Match: __________

Format:

Team 2: ______________________________

Server Score

	1	2	3	4	5	6	7	8	9	10	11	12	13	14	15	16	17	18	19	20	21
	1	2	3	4	5	6	7	8	9	10	11	12	13	14	15	16	17	18	19	20	21
	1	2	3	4	5	6	7	8	9	10	11	12	13	14	15	16	17	18	19	20	21

TimeOuts

1	2	3
1	2	3
1	2	3

If above wins match,
all scores & initials

______ ______ ______ ______

If above wins match,
all scores & initials

Server Score

	1	2	3	4	5	6	7	8	9	10	11	12	13	14	15	16	17	18	19	20	21
	1	2	3	4	5	6	7	8	9	10	11	12	13	14	15	16	17	18	19	20	21
	1	2	3	4	5	6	7	8	9	10	11	12	13	14	15	16	17	18	19	20	21

TimeOuts

1	2	3
1	2	3
1	2	3

Team 1: ______________________________ Referee: ______________

Event: ______________________________ Court: ______________

Match: __________

Format:

Team 2: ____________________________

Server Score

	1	2	3	4	5	6	7	8	9	10	11	12	13	14	15	16	17	18	19	20	21
	1	2	3	4	5	6	7	8	9	10	11	12	13	14	15	16	17	18	19	20	21
	1	2	3	4	5	6	7	8	9	10	11	12	13	14	15	16	17	18	19	20	21

TimeOuts

1	2	3
1	2	3
1	2	3

If above wins match,
all scores & initials

______ ______ ______ ______

If above wins match,
all scores & initials

Server Score

	1	2	3	4	5	6	7	8	9	10	11	12	13	14	15	16	17	18	19	20	21
	1	2	3	4	5	6	7	8	9	10	11	12	13	14	15	16	17	18	19	20	21
	1	2	3	4	5	6	7	8	9	10	11	12	13	14	15	16	17	18	19	20	21

TimeOuts

1	2	3
1	2	3
1	2	3

Team 1: ____________________________

Event: ____________________________

Format:

Referee: ____________

Court: ____________

Match: ____________

Team 2: ____________________________

Server Score

	1	2	3	4	5	6	7	8	9	10	11	12	13	14	15	16	17	18	19	20	21
	1	2	3	4	5	6	7	8	9	10	11	12	13	14	15	16	17	18	19	20	21
	1	2	3	4	5	6	7	8	9	10	11	12	13	14	15	16	17	18	19	20	21

TimeOuts

1	2	3
1	2	3
1	2	3

If above wins match,
all scores & initials

______ ______ ______ ______

If above wins match,
all scores & initials

Server Score

	1	2	3	4	5	6	7	8	9	10	11	12	13	14	15	16	17	18	19	20	21
	1	2	3	4	5	6	7	8	9	10	11	12	13	14	15	16	17	18	19	20	21
	1	2	3	4	5	6	7	8	9	10	11	12	13	14	15	16	17	18	19	20	21

TimeOuts

1	2	3
1	2	3
1	2	3

Team 1: ____________________________

Event: ____________________________

Format:

Referee: ____________

Court: ____________

Match: ____________

Team 2: ____________________

Server Score

	1	2	3	4	5	6	7	8	9	10	11	12	13	14	15	16	17	18	19	20	21
	1	2	3	4	5	6	7	8	9	10	11	12	13	14	15	16	17	18	19	20	21
	1	2	3	4	5	6	7	8	9	10	11	12	13	14	15	16	17	18	19	20	21

TimeOuts

1	2	3
1	2	3
1	2	3

If above wins match,
all scores & initials

________ ________ ________ ________

If above wins match,
all scores & initials

Server Score

	1	2	3	4	5	6	7	8	9	10	11	12	13	14	15	16	17	18	19	20	21
	1	2	3	4	5	6	7	8	9	10	11	12	13	14	15	16	17	18	19	20	21
	1	2	3	4	5	6	7	8	9	10	11	12	13	14	15	16	17	18	19	20	21

TimeOuts

1	2	3
1	2	3
1	2	3

Team 1: ____________________

Event: ____________________

Format:

Referee: ____________

Court: ____________

Match: ________

Team 2: ____________________

Server Score

	1	2	3	4	5	6	7	8	9	10	11	12	13	14	15	16	17	18	19	20	21
	1	2	3	4	5	6	7	8	9	10	11	12	13	14	15	16	17	18	19	20	21
	1	2	3	4	5	6	7	8	9	10	11	12	13	14	15	16	17	18	19	20	21

TimeOuts

1	2	3
1	2	3
1	2	3

If above wins match,
all scores & initials

________ ________ ________ ________

If above wins match,
all scores & initials

Server Score

	1	2	3	4	5	6	7	8	9	10	11	12	13	14	15	16	17	18	19	20	21
	1	2	3	4	5	6	7	8	9	10	11	12	13	14	15	16	17	18	19	20	21
	1	2	3	4	5	6	7	8	9	10	11	12	13	14	15	16	17	18	19	20	21

TimeOuts

1	2	3
1	2	3
1	2	3

Team 1: ____________________

Event: ____________________

Format:

Referee: ____________

Court: ____________

Match: ________

Team 2: ______________________

Server Score

	1	2	3	4	5	6	7	8	9	10	11	12	13	14	15	16	17	18	19	20	21
	1	2	3	4	5	6	7	8	9	10	11	12	13	14	15	16	17	18	19	20	21
	1	2	3	4	5	6	7	8	9	10	11	12	13	14	15	16	17	18	19	20	21

TimeOuts

1	2	3
1	2	3
1	2	3

If above wins match,
all scores & initials

____ ____ ____ ____

If above wins match,
all scores & initials

Server Score

	1	2	3	4	5	6	7	8	9	10	11	12	13	14	15	16	17	18	19	20	21
	1	2	3	4	5	6	7	8	9	10	11	12	13	14	15	16	17	18	19	20	21
	1	2	3	4	5	6	7	8	9	10	11	12	13	14	15	16	17	18	19	20	21

TimeOuts

1	2	3
1	2	3
1	2	3

Team 1: ______________________

Event: ______________________

Format: ______________________

Referee: ______________________

Court: ______________________

Match: ______________________

Team 2: ______________________

Server Score

	1	2	3	4	5	6	7	8	9	10	11	12	13	14	15	16	17	18	19	20	21
	1	2	3	4	5	6	7	8	9	10	11	12	13	14	15	16	17	18	19	20	21
	1	2	3	4	5	6	7	8	9	10	11	12	13	14	15	16	17	18	19	20	21

TimeOuts

1	2	3
1	2	3
1	2	3

If above wins match,
all scores & initials

____ ____ ____ ____

If above wins match,
all scores & initials

Server Score

	1	2	3	4	5	6	7	8	9	10	11	12	13	14	15	16	17	18	19	20	21
	1	2	3	4	5	6	7	8	9	10	11	12	13	14	15	16	17	18	19	20	21
	1	2	3	4	5	6	7	8	9	10	11	12	13	14	15	16	17	18	19	20	21

TimeOuts

1	2	3
1	2	3
1	2	3

Team 1: ______________________

Event: ______________________

Format: ______________________

Referee: ______________________

Court: ______________________

Match: ______________________

Team 2: ______________________________

Server Score

	1	2	3	4	5	6	7	8	9	10	11	12	13	14	15	16	17	18	19	20	21
	1	2	3	4	5	6	7	8	9	10	11	12	13	14	15	16	17	18	19	20	21
	1	2	3	4	5	6	7	8	9	10	11	12	13	14	15	16	17	18	19	20	21

TimeOuts

1	2	3
1	2	3
1	2	3

If above wins match,
all scores & initials

_______ _______ _______ _______

If above wins match,
all scores & initials

Server Score

	1	2	3	4	5	6	7	8	9	10	11	12	13	14	15	16	17	18	19	20	21
	1	2	3	4	5	6	7	8	9	10	11	12	13	14	15	16	17	18	19	20	21
	1	2	3	4	5	6	7	8	9	10	11	12	13	14	15	16	17	18	19	20	21

TimeOuts

1	2	3
1	2	3
1	2	3

Event: ______________________________

Team 1: ______________________________

Match: __________

Court: __________

Referee: __________

Format: __________

Team 2: ______________________________

Server Score

	1	2	3	4	5	6	7	8	9	10	11	12	13	14	15	16	17	18	19	20	21
	1	2	3	4	5	6	7	8	9	10	11	12	13	14	15	16	17	18	19	20	21
	1	2	3	4	5	6	7	8	9	10	11	12	13	14	15	16	17	18	19	20	21

TimeOuts

1	2	3
1	2	3
1	2	3

If above wins match,
all scores & initials

_______ _______ _______ _______

If above wins match,
all scores & initials

Server Score

	1	2	3	4	5	6	7	8	9	10	11	12	13	14	15	16	17	18	19	20	21
	1	2	3	4	5	6	7	8	9	10	11	12	13	14	15	16	17	18	19	20	21
	1	2	3	4	5	6	7	8	9	10	11	12	13	14	15	16	17	18	19	20	21

TimeOuts

1	2	3
1	2	3
1	2	3

Event: ______________________________

Team 1: ______________________________

Match: __________

Court: __________

Referee: __________

Format: __________

Team 2: ____________________

Server Score

	1	2	3	4	5	6	7	8	9	10	11	12	13	14	15	16	17	18	19	20	21
	1	2	3	4	5	6	7	8	9	10	11	12	13	14	15	16	17	18	19	20	21
	1	2	3	4	5	6	7	8	9	10	11	12	13	14	15	16	17	18	19	20	21

TimeOuts

1	2	3
1	2	3
1	2	3

If above wins match,
all scores & initials

________ ________ ________ ________

Event: ____________________ Match: ________

Team 1: ____________________ Court: ________

Referee: ________

Format:

Server Score

	1	2	3	4	5	6	7	8	9	10	11	12	13	14	15	16	17	18	19	20	21
	1	2	3	4	5	6	7	8	9	10	11	12	13	14	15	16	17	18	19	20	21
	1	2	3	4	5	6	7	8	9	10	11	12	13	14	15	16	17	18	19	20	21

TimeOuts

1	2	3
1	2	3
1	2	3

If above wins match,
all scores & initials

Team 2: ____________________

Server Score

	1	2	3	4	5	6	7	8	9	10	11	12	13	14	15	16	17	18	19	20	21
	1	2	3	4	5	6	7	8	9	10	11	12	13	14	15	16	17	18	19	20	21
	1	2	3	4	5	6	7	8	9	10	11	12	13	14	15	16	17	18	19	20	21

TimeOuts

1	2	3
1	2	3
1	2	3

If above wins match,
all scores & initials

________ ________ ________ ________

Event: ____________________ Match: ________

Team 1: ____________________ Court: ________

Referee: ________

Format:

Server Score

	1	2	3	4	5	6	7	8	9	10	11	12	13	14	15	16	17	18	19	20	21
	1	2	3	4	5	6	7	8	9	10	11	12	13	14	15	16	17	18	19	20	21
	1	2	3	4	5	6	7	8	9	10	11	12	13	14	15	16	17	18	19	20	21

TimeOuts

1	2	3
1	2	3
1	2	3

If above wins match,
all scores & initials

Team 2: ______________________

Server Score

	1	2	3	4	5	6	7	8	9	10	11	12	13	14	15	16	17	18	19	20	21
	1	2	3	4	5	6	7	8	9	10	11	12	13	14	15	16	17	18	19	20	21
	1	2	3	4	5	6	7	8	9	10	11	12	13	14	15	16	17	18	19	20	21

TimeOuts

1	2	3
1	2	3
1	2	3

If above wins match,
all scores & initials

_______ _______ _______ _______

If above wins match,
all scores & initials

1	2	3
1	2	3
1	2	3

TimeOuts

	1	2	3	4	5	6	7	8	9	10	11	12	13	14	15	16	17	18	19	20	21
	1	2	3	4	5	6	7	8	9	10	11	12	13	14	15	16	17	18	19	20	21
	1	2	3	4	5	6	7	8	9	10	11	12	13	14	15	16	17	18	19	20	21

Server Score

Format:

Team 1: ______________________

Referee: ______________

Event: ______________________

Court: ______________

Match: ______________

Team 2: ______________________

Server Score

	1	2	3	4	5	6	7	8	9	10	11	12	13	14	15	16	17	18	19	20	21
	1	2	3	4	5	6	7	8	9	10	11	12	13	14	15	16	17	18	19	20	21
	1	2	3	4	5	6	7	8	9	10	11	12	13	14	15	16	17	18	19	20	21

TimeOuts

1	2	3
1	2	3
1	2	3

If above wins match,
all scores & initials

_______ _______ _______ _______

If above wins match,
all scores & initials

1	2	3
1	2	3
1	2	3

TimeOuts

	1	2	3	4	5	6	7	8	9	10	11	12	13	14	15	16	17	18	19	20	21
	1	2	3	4	5	6	7	8	9	10	11	12	13	14	15	16	17	18	19	20	21
	1	2	3	4	5	6	7	8	9	10	11	12	13	14	15	16	17	18	19	20	21

Server Score

Format:

Team 1: ______________________

Referee: ______________

Event: ______________________

Court: ______________

Match: ______________

Team 2: ______________________________

Server Score

	1	2	3	4	5	6	7	8	9	10	11	12	13	14	15	16	17	18	19	20	21
	1	2	3	4	5	6	7	8	9	10	11	12	13	14	15	16	17	18	19	20	21
	1	2	3	4	5	6	7	8	9	10	11	12	13	14	15	16	17	18	19	20	21

TimeOuts

1	2	3
1	2	3
1	2	3

If above wins match,
all scores & initials

If above wins match,
all scores & initials ________ ________ ________ ________

Server Score

	1	2	3	4	5	6	7	8	9	10	11	12	13	14	15	16	17	18	19	20	21
	1	2	3	4	5	6	7	8	9	10	11	12	13	14	15	16	17	18	19	20	21
	1	2	3	4	5	6	7	8	9	10	11	12	13	14	15	16	17	18	19	20	21

TimeOuts

1	2	3
1	2	3
1	2	3

Team 1: ______________________________

Event: ______________________________

Match: __________

Court: __________

Referee: __________

Format: __________

Team 2: ______________________________

Server Score

	1	2	3	4	5	6	7	8	9	10	11	12	13	14	15	16	17	18	19	20	21
	1	2	3	4	5	6	7	8	9	10	11	12	13	14	15	16	17	18	19	20	21
	1	2	3	4	5	6	7	8	9	10	11	12	13	14	15	16	17	18	19	20	21

TimeOuts

1	2	3
1	2	3
1	2	3

If above wins match,
all scores & initials

If above wins match,
all scores & initials ________ ________ ________ ________

Server Score

	1	2	3	4	5	6	7	8	9	10	11	12	13	14	15	16	17	18	19	20	21
	1	2	3	4	5	6	7	8	9	10	11	12	13	14	15	16	17	18	19	20	21
	1	2	3	4	5	6	7	8	9	10	11	12	13	14	15	16	17	18	19	20	21

TimeOuts

1	2	3
1	2	3
1	2	3

Team 1: ______________________________

Event: ______________________________

Match: __________

Court: __________

Referee: __________

Format: __________

Team 2: ______________________________

Server Score

	1	2	3	4	5	6	7	8	9	10	11	12	13	14	15	16	17	18	19	20	21
	1	2	3	4	5	6	7	8	9	10	11	12	13	14	15	16	17	18	19	20	21
	1	2	3	4	5	6	7	8	9	10	11	12	13	14	15	16	17	18	19	20	21

TimeOuts

1	2	3
1	2	3
1	2	3

If above wins match,
all scores & initials

________ ________ ________ ________

If above wins match,
all scores & initials

Server Score

	1	2	3	4	5	6	7	8	9	10	11	12	13	14	15	16	17	18	19	20	21
	1	2	3	4	5	6	7	8	9	10	11	12	13	14	15	16	17	18	19	20	21
	1	2	3	4	5	6	7	8	9	10	11	12	13	14	15	16	17	18	19	20	21

TimeOuts

1	2	3
1	2	3
1	2	3

Team 1: ______________________________

Event: ______________________________

Format:

Referee: ______________

Court: ______________

Match: ______________

Team 2: ______________________________

Server Score

	1	2	3	4	5	6	7	8	9	10	11	12	13	14	15	16	17	18	19	20	21
	1	2	3	4	5	6	7	8	9	10	11	12	13	14	15	16	17	18	19	20	21
	1	2	3	4	5	6	7	8	9	10	11	12	13	14	15	16	17	18	19	20	21

TimeOuts

1	2	3
1	2	3
1	2	3

If above wins match,
all scores & initials

________ ________ ________ ________

If above wins match,
all scores & initials

Server Score

	1	2	3	4	5	6	7	8	9	10	11	12	13	14	15	16	17	18	19	20	21
	1	2	3	4	5	6	7	8	9	10	11	12	13	14	15	16	17	18	19	20	21
	1	2	3	4	5	6	7	8	9	10	11	12	13	14	15	16	17	18	19	20	21

TimeOuts

1	2	3
1	2	3
1	2	3

Team 1: ______________________________

Event: ______________________________

Format:

Referee: ______________

Court: ______________

Match: ______________

Team 2: ______________________________

Server Score

	1	2	3	4	5	6	7	8	9	10	11	12	13	14	15	16	17	18	19	20	21
	1	2	3	4	5	6	7	8	9	10	11	12	13	14	15	16	17	18	19	20	21
	1	2	3	4	5	6	7	8	9	10	11	12	13	14	15	16	17	18	19	20	21

TimeOuts

1	2	3
1	2	3
1	2	3

If above wins match,
all scores & initials

________ ________ ________ ________

If above wins match,
all scores & initials

Server Score

	1	2	3	4	5	6	7	8	9	10	11	12	13	14	15	16	17	18	19	20	21
	1	2	3	4	5	6	7	8	9	10	11	12	13	14	15	16	17	18	19	20	21
	1	2	3	4	5	6	7	8	9	10	11	12	13	14	15	16	17	18	19	20	21

TimeOuts

1	2	3
1	2	3
1	2	3

Team 1: ______________________________

Event: ______________________________

Format: ______________

Referee: ______________

Court: ______________

Match: ________

Team 2: ______________________________

Server Score

	1	2	3	4	5	6	7	8	9	10	11	12	13	14	15	16	17	18	19	20	21
	1	2	3	4	5	6	7	8	9	10	11	12	13	14	15	16	17	18	19	20	21
	1	2	3	4	5	6	7	8	9	10	11	12	13	14	15	16	17	18	19	20	21

TimeOuts

1	2	3
1	2	3
1	2	3

If above wins match,
all scores & initials

________ ________ ________ ________

If above wins match,
all scores & initials

Server Score

	1	2	3	4	5	6	7	8	9	10	11	12	13	14	15	16	17	18	19	20	21
	1	2	3	4	5	6	7	8	9	10	11	12	13	14	15	16	17	18	19	20	21
	1	2	3	4	5	6	7	8	9	10	11	12	13	14	15	16	17	18	19	20	21

TimeOuts

1	2	3
1	2	3
1	2	3

Team 1: ______________________________

Event: ______________________________

Format: ______________

Referee: ______________

Court: ______________

Match: ________

Team 2: ______________________________

Server Score

	1	2	3	4	5	6	7	8	9	10	11	12	13	14	15	16	17	18	19	20	21
	1	2	3	4	5	6	7	8	9	10	11	12	13	14	15	16	17	18	19	20	21
	1	2	3	4	5	6	7	8	9	10	11	12	13	14	15	16	17	18	19	20	21

TimeOuts

1	2	3
1	2	3
1	2	3

If above wins match,
all scores & initials

________ ________ ________ ________

If above wins match,
all scores & initials

Server Score

	1	2	3	4	5	6	7	8	9	10	11	12	13	14	15	16	17	18	19	20	21
	1	2	3	4	5	6	7	8	9	10	11	12	13	14	15	16	17	18	19	20	21
	1	2	3	4	5	6	7	8	9	10	11	12	13	14	15	16	17	18	19	20	21

TimeOuts

1	2	3
1	2	3
1	2	3

Event: ______________________________

Team 1: ______________________________

Match: ________

Court: ________

Referee: ________

Format: ________

Team 2: ______________________________

Server Score

	1	2	3	4	5	6	7	8	9	10	11	12	13	14	15	16	17	18	19	20	21
	1	2	3	4	5	6	7	8	9	10	11	12	13	14	15	16	17	18	19	20	21
	1	2	3	4	5	6	7	8	9	10	11	12	13	14	15	16	17	18	19	20	21

TimeOuts

1	2	3
1	2	3
1	2	3

If above wins match,
all scores & initials

________ ________ ________ ________

If above wins match,
all scores & initials

Server Score

	1	2	3	4	5	6	7	8	9	10	11	12	13	14	15	16	17	18	19	20	21
	1	2	3	4	5	6	7	8	9	10	11	12	13	14	15	16	17	18	19	20	21
	1	2	3	4	5	6	7	8	9	10	11	12	13	14	15	16	17	18	19	20	21

TimeOuts

1	2	3
1	2	3
1	2	3

Event: ______________________________

Team 1: ______________________________

Match: ________

Court: ________

Referee: ________

Format: ________

Team 2: ______________________________

Server Score

	1	2	3	4	5	6	7	8	9	10	11	12	13	14	15	16	17	18	19	20	21
	1	2	3	4	5	6	7	8	9	10	11	12	13	14	15	16	17	18	19	20	21
	1	2	3	4	5	6	7	8	9	10	11	12	13	14	15	16	17	18	19	20	21

TimeOuts

1	2	3
1	2	3
1	2	3

If above wins match,
all scores & initials

If above wins match,
all scores & initials
______ ______ ______ ______

Server Score

	1	2	3	4	5	6	7	8	9	10	11	12	13	14	15	16	17	18	19	20	21
	1	2	3	4	5	6	7	8	9	10	11	12	13	14	15	16	17	18	19	20	21
	1	2	3	4	5	6	7	8	9	10	11	12	13	14	15	16	17	18	19	20	21

TimeOuts

1	2	3
1	2	3
1	2	3

Team 1: ______________________________

Event: ______________________________

Match: ________

Court: ________

Referee: ________

Format: ________

Team 2: ______________________________

Server Score

	1	2	3	4	5	6	7	8	9	10	11	12	13	14	15	16	17	18	19	20	21
	1	2	3	4	5	6	7	8	9	10	11	12	13	14	15	16	17	18	19	20	21
	1	2	3	4	5	6	7	8	9	10	11	12	13	14	15	16	17	18	19	20	21

TimeOuts

1	2	3
1	2	3
1	2	3

If above wins match,
all scores & initials

If above wins match,
all scores & initials
______ ______ ______ ______

Server Score

	1	2	3	4	5	6	7	8	9	10	11	12	13	14	15	16	17	18	19	20	21
	1	2	3	4	5	6	7	8	9	10	11	12	13	14	15	16	17	18	19	20	21
	1	2	3	4	5	6	7	8	9	10	11	12	13	14	15	16	17	18	19	20	21

TimeOuts

1	2	3
1	2	3
1	2	3

Team 1: ______________________________

Event: ______________________________

Match: ________

Court: ________

Referee: ________

Format: ________

Team 2: ______________________

Server Score

	1	2	3	4	5	6	7	8	9	10	11	12	13	14	15	16	17	18	19	20	21
	1	2	3	4	5	6	7	8	9	10	11	12	13	14	15	16	17	18	19	20	21
	1	2	3	4	5	6	7	8	9	10	11	12	13	14	15	16	17	18	19	20	21

TimeOuts

1	2	3
1	2	3
1	2	3

If above wins match,
all scores & initials

_____ _____ _____ _____

If above wins match,
all scores & initials

Event: ______________________

Team 1: ______________________

Match: ________

Court: ________

Referee: ________

Format:

Server Score

	1	2	3	4	5	6	7	8	9	10	11	12	13	14	15	16	17	18	19	20	21
	1	2	3	4	5	6	7	8	9	10	11	12	13	14	15	16	17	18	19	20	21
	1	2	3	4	5	6	7	8	9	10	11	12	13	14	15	16	17	18	19	20	21

TimeOuts

1	2	3
1	2	3
1	2	3

Team 2: ______________________

Server Score

	1	2	3	4	5	6	7	8	9	10	11	12	13	14	15	16	17	18	19	20	21
	1	2	3	4	5	6	7	8	9	10	11	12	13	14	15	16	17	18	19	20	21
	1	2	3	4	5	6	7	8	9	10	11	12	13	14	15	16	17	18	19	20	21

TimeOuts

1	2	3
1	2	3
1	2	3

If above wins match,
all scores & initials

_____ _____ _____ _____

If above wins match,
all scores & initials

Event: ______________________

Team 1: ______________________

Match: ________

Court: ________

Referee: ________

Format:

Server Score

	1	2	3	4	5	6	7	8	9	10	11	12	13	14	15	16	17	18	19	20	21
	1	2	3	4	5	6	7	8	9	10	11	12	13	14	15	16	17	18	19	20	21
	1	2	3	4	5	6	7	8	9	10	11	12	13	14	15	16	17	18	19	20	21

TimeOuts

1	2	3
1	2	3
1	2	3

Team 2: ____

Server Score																					
	1	2	3	4	5	6	7	8	9	10	11	12	13	14	15	16	17	18	19	20	21
	1	2	3	4	5	6	7	8	9	10	11	12	13	14	15	16	17	18	19	20	21
	1	2	3	4	5	6	7	8	9	10	11	12	13	14	15	16	17	18	19	20	21

TimeOuts		
1	2	3
1	2	3
1	2	3

If above wins match,
all scores & initials

If above wins match,
all scores & initials
________ ________ ________ ________

Server Score																					
	1	2	3	4	5	6	7	8	9	10	11	12	13	14	15	16	17	18	19	20	21
	1	2	3	4	5	6	7	8	9	10	11	12	13	14	15	16	17	18	19	20	21
	1	2	3	4	5	6	7	8	9	10	11	12	13	14	15	16	17	18	19	20	21

TimeOuts		
1	2	3
1	2	3
1	2	3

Team 1: ____

Event: ____

Format:

Referee: ____________________

Court: ________________

Match: __________

Team 2: ____

Server Score																					
	1	2	3	4	5	6	7	8	9	10	11	12	13	14	15	16	17	18	19	20	21
	1	2	3	4	5	6	7	8	9	10	11	12	13	14	15	16	17	18	19	20	21
	1	2	3	4	5	6	7	8	9	10	11	12	13	14	15	16	17	18	19	20	21

TimeOuts		
1	2	3
1	2	3
1	2	3

If above wins match,
all scores & initials

If above wins match,
all scores & initials
________ ________ ________ ________

Server Score																					
	1	2	3	4	5	6	7	8	9	10	11	12	13	14	15	16	17	18	19	20	21
	1	2	3	4	5	6	7	8	9	10	11	12	13	14	15	16	17	18	19	20	21
	1	2	3	4	5	6	7	8	9	10	11	12	13	14	15	16	17	18	19	20	21

TimeOuts		
1	2	3
1	2	3
1	2	3

Team 1: ____

Event: ____

Format:

Referee: ____________________

Court: ________________

Match: __________

Team 2: ____________________

Server Score

	1	2	3	4	5	6	7	8	9	10	11	12	13	14	15	16	17	18	19	20	21
	1	2	3	4	5	6	7	8	9	10	11	12	13	14	15	16	17	18	19	20	21
	1	2	3	4	5	6	7	8	9	10	11	12	13	14	15	16	17	18	19	20	21

TimeOuts

1	2	3
1	2	3
1	2	3

If above wins match,
all scores & initials

_______ _______ _______ _______

If above wins match,
all scores & initials

Server Score

	1	2	3	4	5	6	7	8	9	10	11	12	13	14	15	16	17	18	19	20	21
	1	2	3	4	5	6	7	8	9	10	11	12	13	14	15	16	17	18	19	20	21
	1	2	3	4	5	6	7	8	9	10	11	12	13	14	15	16	17	18	19	20	21

TimeOuts

1	2	3
1	2	3
1	2	3

Event: ____________________

Team 1: ____________________

Match: __________

Court: __________

Referee: __________

Format: __________

Team 2: ____________________

Server Score

	1	2	3	4	5	6	7	8	9	10	11	12	13	14	15	16	17	18	19	20	21
	1	2	3	4	5	6	7	8	9	10	11	12	13	14	15	16	17	18	19	20	21
	1	2	3	4	5	6	7	8	9	10	11	12	13	14	15	16	17	18	19	20	21

TimeOuts

1	2	3
1	2	3
1	2	3

If above wins match,
all scores & initials

_______ _______ _______ _______

If above wins match,
all scores & initials

Server Score

	1	2	3	4	5	6	7	8	9	10	11	12	13	14	15	16	17	18	19	20	21
	1	2	3	4	5	6	7	8	9	10	11	12	13	14	15	16	17	18	19	20	21
	1	2	3	4	5	6	7	8	9	10	11	12	13	14	15	16	17	18	19	20	21

TimeOuts

1	2	3
1	2	3
1	2	3

Event: ____________________

Team 1: ____________________

Match: __________

Court: __________

Referee: __________

Format: __________

Team 2: ____________________

Server Score

	1	2	3	4	5	6	7	8	9	10	11	12	13	14	15	16	17	18	19	20	21
	1	2	3	4	5	6	7	8	9	10	11	12	13	14	15	16	17	18	19	20	21
	1	2	3	4	5	6	7	8	9	10	11	12	13	14	15	16	17	18	19	20	21

TimeOuts

1	2	3
1	2	3
1	2	3

If above wins match,
all scores & initials

____ ____ ____ ____

If above wins match,
all scores & initials

	1	2	3	4	5	6	7	8	9	10	11	12	13	14	15	16	17	18	19	20	21
	1	2	3	4	5	6	7	8	9	10	11	12	13	14	15	16	17	18	19	20	21
	1	2	3	4	5	6	7	8	9	10	11	12	13	14	15	16	17	18	19	20	21

Server Score

1	2	3
1	2	3
1	2	3

TimeOuts

Team 1: ____________________

Event: ____________________

Format:

Referee: ____________

Court: ____________

Match: ____________

Team 2: ____________________

Server Score

	1	2	3	4	5	6	7	8	9	10	11	12	13	14	15	16	17	18	19	20	21
	1	2	3	4	5	6	7	8	9	10	11	12	13	14	15	16	17	18	19	20	21
	1	2	3	4	5	6	7	8	9	10	11	12	13	14	15	16	17	18	19	20	21

TimeOuts

1	2	3
1	2	3
1	2	3

If above wins match,
all scores & initials

____ ____ ____ ____

If above wins match,
all scores & initials

	1	2	3	4	5	6	7	8	9	10	11	12	13	14	15	16	17	18	19	20	21
	1	2	3	4	5	6	7	8	9	10	11	12	13	14	15	16	17	18	19	20	21
	1	2	3	4	5	6	7	8	9	10	11	12	13	14	15	16	17	18	19	20	21

Server Score

1	2	3
1	2	3
1	2	3

TimeOuts

Team 1: ____________________

Event: ____________________

Format:

Referee: ____________

Court: ____________

Match: ____________

Team 2: ______________________________

Server Score

	1	2	3	4	5	6	7	8	9	10	11	12	13	14	15	16	17	18	19	20	21
	1	2	3	4	5	6	7	8	9	10	11	12	13	14	15	16	17	18	19	20	21
	1	2	3	4	5	6	7	8	9	10	11	12	13	14	15	16	17	18	19	20	21

TimeOuts

1	2	3
1	2	3
1	2	3

If above wins match,
all scores & initials

_______ _______ _______ _______

If above wins match,
all scores & initials

Server Score

	1	2	3	4	5	6	7	8	9	10	11	12	13	14	15	16	17	18	19	20	21
	1	2	3	4	5	6	7	8	9	10	11	12	13	14	15	16	17	18	19	20	21
	1	2	3	4	5	6	7	8	9	10	11	12	13	14	15	16	17	18	19	20	21

TimeOuts

1	2	3
1	2	3
1	2	3

Team 1: ______________________________

Event: ______________________________

Format:

Referee: ______________

Court: ____________

Match: ________

Team 2: ______________________________

Server Score

	1	2	3	4	5	6	7	8	9	10	11	12	13	14	15	16	17	18	19	20	21
	1	2	3	4	5	6	7	8	9	10	11	12	13	14	15	16	17	18	19	20	21
	1	2	3	4	5	6	7	8	9	10	11	12	13	14	15	16	17	18	19	20	21

TimeOuts

1	2	3
1	2	3
1	2	3

If above wins match,
all scores & initials

_______ _______ _______ _______

If above wins match,
all scores & initials

Server Score

	1	2	3	4	5	6	7	8	9	10	11	12	13	14	15	16	17	18	19	20	21
	1	2	3	4	5	6	7	8	9	10	11	12	13	14	15	16	17	18	19	20	21
	1	2	3	4	5	6	7	8	9	10	11	12	13	14	15	16	17	18	19	20	21

TimeOuts

1	2	3
1	2	3
1	2	3

Team 1: ______________________________

Event: ______________________________

Format:

Referee: ______________

Court: ____________

Match: ________

Team 2: ______________________________

Server Score

	1	2	3	4	5	6	7	8	9	10	11	12	13	14	15	16	17	18	19	20	21
	1	2	3	4	5	6	7	8	9	10	11	12	13	14	15	16	17	18	19	20	21
	1	2	3	4	5	6	7	8	9	10	11	12	13	14	15	16	17	18	19	20	21

TimeOuts

1	2	3
1	2	3
1	2	3

If above wins match,
all scores & initials

_______ _______ _______ _______

If above wins match,
all scores & initials

Server Score

	1	2	3	4	5	6	7	8	9	10	11	12	13	14	15	16	17	18	19	20	21
	1	2	3	4	5	6	7	8	9	10	11	12	13	14	15	16	17	18	19	20	21
	1	2	3	4	5	6	7	8	9	10	11	12	13	14	15	16	17	18	19	20	21

TimeOuts

1	2	3
1	2	3
1	2	3

Team 1: ______________________________

Event: ______________________________

Match: __________

Court: __________

Referee: __________

Format: __________

Team 2: ______________________________

Server Score

	1	2	3	4	5	6	7	8	9	10	11	12	13	14	15	16	17	18	19	20	21
	1	2	3	4	5	6	7	8	9	10	11	12	13	14	15	16	17	18	19	20	21
	1	2	3	4	5	6	7	8	9	10	11	12	13	14	15	16	17	18	19	20	21

TimeOuts

1	2	3
1	2	3
1	2	3

If above wins match,
all scores & initials

_______ _______ _______ _______

If above wins match,
all scores & initials

Server Score

	1	2	3	4	5	6	7	8	9	10	11	12	13	14	15	16	17	18	19	20	21
	1	2	3	4	5	6	7	8	9	10	11	12	13	14	15	16	17	18	19	20	21
	1	2	3	4	5	6	7	8	9	10	11	12	13	14	15	16	17	18	19	20	21

TimeOuts

1	2	3
1	2	3
1	2	3

Team 1: ______________________________

Event: ______________________________

Match: __________

Court: __________

Referee: __________

Format: __________

Team 2: ______________________________

Server Score

	1	2	3	4	5	6	7	8	9	10	11	12	13	14	15	16	17	18	19	20	21
	1	2	3	4	5	6	7	8	9	10	11	12	13	14	15	16	17	18	19	20	21
	1	2	3	4	5	6	7	8	9	10	11	12	13	14	15	16	17	18	19	20	21

TimeOuts

1	2	3
1	2	3
1	2	3

If above wins match,
all scores & initials

Event: ______________________________

Team 1: ______________________________

Match: __________

Court: __________

Referee: __________

Format:

Server Score

	1	2	3	4	5	6	7	8	9	10	11	12	13	14	15	16	17	18	19	20	21
	1	2	3	4	5	6	7	8	9	10	11	12	13	14	15	16	17	18	19	20	21
	1	2	3	4	5	6	7	8	9	10	11	12	13	14	15	16	17	18	19	20	21

TimeOuts

1	2	3
1	2	3
1	2	3

If above wins match,
all scores & initials

________ ________ ________ ________

Team 2: ______________________________

Server Score

	1	2	3	4	5	6	7	8	9	10	11	12	13	14	15	16	17	18	19	20	21
	1	2	3	4	5	6	7	8	9	10	11	12	13	14	15	16	17	18	19	20	21
	1	2	3	4	5	6	7	8	9	10	11	12	13	14	15	16	17	18	19	20	21

TimeOuts

1	2	3
1	2	3
1	2	3

If above wins match,
all scores & initials

Event: ______________________________

Team 1: ______________________________

Match: __________

Court: __________

Referee: __________

Format:

Server Score

	1	2	3	4	5	6	7	8	9	10	11	12	13	14	15	16	17	18	19	20	21
	1	2	3	4	5	6	7	8	9	10	11	12	13	14	15	16	17	18	19	20	21
	1	2	3	4	5	6	7	8	9	10	11	12	13	14	15	16	17	18	19	20	21

TimeOuts

1	2	3
1	2	3
1	2	3

If above wins match,
all scores & initials

________ ________ ________ ________

Team 2: ______________________________

Server Score

	1	2	3	4	5	6	7	8	9	10	11	12	13	14	15	16	17	18	19	20	21
	1	2	3	4	5	6	7	8	9	10	11	12	13	14	15	16	17	18	19	20	21
	1	2	3	4	5	6	7	8	9	10	11	12	13	14	15	16	17	18	19	20	21

TimeOuts

1	2	3
1	2	3
1	2	3

If above wins match,
all scores & initials

______ ______ ______ ______

If above wins match,
all scores & initials

Event: ______________________________

Team 1: ______________________________

Match: ________

Court: ________

Referee: ________

Format:

Server Score

	1	2	3	4	5	6	7	8	9	10	11	12	13	14	15	16	17	18	19	20	21
	1	2	3	4	5	6	7	8	9	10	11	12	13	14	15	16	17	18	19	20	21
	1	2	3	4	5	6	7	8	9	10	11	12	13	14	15	16	17	18	19	20	21

TimeOuts

1	2	3
1	2	3
1	2	3

Team 2: ______________________________

Server Score

	1	2	3	4	5	6	7	8	9	10	11	12	13	14	15	16	17	18	19	20	21
	1	2	3	4	5	6	7	8	9	10	11	12	13	14	15	16	17	18	19	20	21
	1	2	3	4	5	6	7	8	9	10	11	12	13	14	15	16	17	18	19	20	21

TimeOuts

1	2	3
1	2	3
1	2	3

If above wins match,
all scores & initials

______ ______ ______ ______

If above wins match,
all scores & initials

Event: ______________________________

Team 1: ______________________________

Match: ________

Court: ________

Referee: ________

Format:

Server Score

	1	2	3	4	5	6	7	8	9	10	11	12	13	14	15	16	17	18	19	20	21
	1	2	3	4	5	6	7	8	9	10	11	12	13	14	15	16	17	18	19	20	21
	1	2	3	4	5	6	7	8	9	10	11	12	13	14	15	16	17	18	19	20	21

TimeOuts

1	2	3
1	2	3
1	2	3

Team 2: ____________________

Server Score

	1	2	3	4	5	6	7	8	9	10	11	12	13	14	15	16	17	18	19	20	21
	1	2	3	4	5	6	7	8	9	10	11	12	13	14	15	16	17	18	19	20	21
	1	2	3	4	5	6	7	8	9	10	11	12	13	14	15	16	17	18	19	20	21

TimeOuts

1	2	3
1	2	3
1	2	3

If above wins match,
all scores & initials

______ ______ ______ ______

If above wins match,
all scores & initials

Server Score

	1	2	3	4	5	6	7	8	9	10	11	12	13	14	15	16	17	18	19	20	21
	1	2	3	4	5	6	7	8	9	10	11	12	13	14	15	16	17	18	19	20	21
	1	2	3	4	5	6	7	8	9	10	11	12	13	14	15	16	17	18	19	20	21

TimeOuts

1	2	3
1	2	3
1	2	3

Event: ____________________

Team 1: ____________________

Match: ______

Court: ______

Referee: ______

Format:

Team 2: ____________________

Server Score

	1	2	3	4	5	6	7	8	9	10	11	12	13	14	15	16	17	18	19	20	21
	1	2	3	4	5	6	7	8	9	10	11	12	13	14	15	16	17	18	19	20	21
	1	2	3	4	5	6	7	8	9	10	11	12	13	14	15	16	17	18	19	20	21

TimeOuts

1	2	3
1	2	3
1	2	3

If above wins match,
all scores & initials

______ ______ ______ ______

If above wins match,
all scores & initials

Server Score

	1	2	3	4	5	6	7	8	9	10	11	12	13	14	15	16	17	18	19	20	21
	1	2	3	4	5	6	7	8	9	10	11	12	13	14	15	16	17	18	19	20	21
	1	2	3	4	5	6	7	8	9	10	11	12	13	14	15	16	17	18	19	20	21

TimeOuts

1	2	3
1	2	3
1	2	3

Event: ____________________

Team 1: ____________________

Match: ______

Court: ______

Referee: ______

Format:

Team 2: ________________________

Server Score

	1	2	3	4	5	6	7	8	9	10	11	12	13	14	15	16	17	18	19	20	21
	1	2	3	4	5	6	7	8	9	10	11	12	13	14	15	16	17	18	19	20	21
	1	2	3	4	5	6	7	8	9	10	11	12	13	14	15	16	17	18	19	20	21

TimeOuts

1	2	3
1	2	3
1	2	3

If above wins match,
all scores & initials

_______ _______ _______ _______

If above wins match,
all scores & initials

Server Score

	1	2	3	4	5	6	7	8	9	10	11	12	13	14	15	16	17	18	19	20	21
	1	2	3	4	5	6	7	8	9	10	11	12	13	14	15	16	17	18	19	20	21
	1	2	3	4	5	6	7	8	9	10	11	12	13	14	15	16	17	18	19	20	21

TimeOuts

1	2	3
1	2	3
1	2	3

Team 1: ________________________

Event: ________________________

Format:

Referee: ____________

Court: ____________

Match: ____________

Team 2: ________________________

Server Score

	1	2	3	4	5	6	7	8	9	10	11	12	13	14	15	16	17	18	19	20	21
	1	2	3	4	5	6	7	8	9	10	11	12	13	14	15	16	17	18	19	20	21
	1	2	3	4	5	6	7	8	9	10	11	12	13	14	15	16	17	18	19	20	21

TimeOuts

1	2	3
1	2	3
1	2	3

If above wins match,
all scores & initials

_______ _______ _______ _______

If above wins match,
all scores & initials

Server Score

	1	2	3	4	5	6	7	8	9	10	11	12	13	14	15	16	17	18	19	20	21
	1	2	3	4	5	6	7	8	9	10	11	12	13	14	15	16	17	18	19	20	21
	1	2	3	4	5	6	7	8	9	10	11	12	13	14	15	16	17	18	19	20	21

TimeOuts

1	2	3
1	2	3
1	2	3

Team 1: ________________________

Event: ________________________

Format:

Referee: ____________

Court: ____________

Match: ____________

Team 2: ______________________________

Server Score

	1	2	3	4	5	6	7	8	9	10	11	12	13	14	15	16	17	18	19	20	21
	1	2	3	4	5	6	7	8	9	10	11	12	13	14	15	16	17	18	19	20	21
	1	2	3	4	5	6	7	8	9	10	11	12	13	14	15	16	17	18	19	20	21

TimeOuts

1	2	3
1	2	3
1	2	3

If above wins match,
all scores & initials
________ ________ ________ ________

If above wins match,
all scores & initials

Event: ______________________________ Match: __________
Team 1: ______________________________ Court: __________
Referee: __________
Format: __________

Server Score

	1	2	3	4	5	6	7	8	9	10	11	12	13	14	15	16	17	18	19	20	21
	1	2	3	4	5	6	7	8	9	10	11	12	13	14	15	16	17	18	19	20	21
	1	2	3	4	5	6	7	8	9	10	11	12	13	14	15	16	17	18	19	20	21

TimeOuts

1	2	3
1	2	3
1	2	3

Team 2: ______________________________

Server Score

	1	2	3	4	5	6	7	8	9	10	11	12	13	14	15	16	17	18	19	20	21
	1	2	3	4	5	6	7	8	9	10	11	12	13	14	15	16	17	18	19	20	21
	1	2	3	4	5	6	7	8	9	10	11	12	13	14	15	16	17	18	19	20	21

TimeOuts

1	2	3
1	2	3
1	2	3

If above wins match,
all scores & initials
________ ________ ________ ________

If above wins match,
all scores & initials

Event: ______________________________ Match: __________
Team 1: ______________________________ Court: __________
Referee: __________
Format: __________

Server Score

	1	2	3	4	5	6	7	8	9	10	11	12	13	14	15	16	17	18	19	20	21
	1	2	3	4	5	6	7	8	9	10	11	12	13	14	15	16	17	18	19	20	21
	1	2	3	4	5	6	7	8	9	10	11	12	13	14	15	16	17	18	19	20	21

TimeOuts

1	2	3
1	2	3
1	2	3

Team 2: ______________________________

Server Score

	1	2	3	4	5	6	7	8	9	10	11	12	13	14	15	16	17	18	19	20	21
	1	2	3	4	5	6	7	8	9	10	11	12	13	14	15	16	17	18	19	20	21
	1	2	3	4	5	6	7	8	9	10	11	12	13	14	15	16	17	18	19	20	21

TimeOuts

1	2	3
1	2	3
1	2	3

If above wins match,
all scores & initials

_______ _______ _______ _______

If above wins match,
all scores & initials

Server Score

	1	2	3	4	5	6	7	8	9	10	11	12	13	14	15	16	17	18	19	20	21
	1	2	3	4	5	6	7	8	9	10	11	12	13	14	15	16	17	18	19	20	21
	1	2	3	4	5	6	7	8	9	10	11	12	13	14	15	16	17	18	19	20	21

TimeOuts

1	2	3
1	2	3
1	2	3

Format:

Team 1: ______________________________ Referee: ____________

Event: ______________________________ Court: ____________

Match: ________

Team 2: ______________________________

Server Score

	1	2	3	4	5	6	7	8	9	10	11	12	13	14	15	16	17	18	19	20	21
	1	2	3	4	5	6	7	8	9	10	11	12	13	14	15	16	17	18	19	20	21
	1	2	3	4	5	6	7	8	9	10	11	12	13	14	15	16	17	18	19	20	21

TimeOuts

1	2	3
1	2	3
1	2	3

If above wins match,
all scores & initials

_______ _______ _______ _______

If above wins match,
all scores & initials

Server Score

	1	2	3	4	5	6	7	8	9	10	11	12	13	14	15	16	17	18	19	20	21
	1	2	3	4	5	6	7	8	9	10	11	12	13	14	15	16	17	18	19	20	21
	1	2	3	4	5	6	7	8	9	10	11	12	13	14	15	16	17	18	19	20	21

TimeOuts

1	2	3
1	2	3
1	2	3

Format:

Team 1: ______________________________ Referee: ____________

Event: ______________________________ Court: ____________

Match: ________

Team 2: ______________________________

Server Score

	1	2	3	4	5	6	7	8	9	10	11	12	13	14	15	16	17	18	19	20	21
	1	2	3	4	5	6	7	8	9	10	11	12	13	14	15	16	17	18	19	20	21
	1	2	3	4	5	6	7	8	9	10	11	12	13	14	15	16	17	18	19	20	21

TimeOuts

1	2	3
1	2	3
1	2	3

If above wins match,
all scores & initials

______ ______ ______ ______

If above wins match,
all scores & initials

Event: ______________________________

Team 1: ______________________________

Match: ________

Court: ____________

Referee: ______________

Format:

Server Score

	1	2	3	4	5	6	7	8	9	10	11	12	13	14	15	16	17	18	19	20	21
	1	2	3	4	5	6	7	8	9	10	11	12	13	14	15	16	17	18	19	20	21
	1	2	3	4	5	6	7	8	9	10	11	12	13	14	15	16	17	18	19	20	21

TimeOuts

1	2	3
1	2	3
1	2	3

Team 2: ______________________________

Server Score

	1	2	3	4	5	6	7	8	9	10	11	12	13	14	15	16	17	18	19	20	21
	1	2	3	4	5	6	7	8	9	10	11	12	13	14	15	16	17	18	19	20	21
	1	2	3	4	5	6	7	8	9	10	11	12	13	14	15	16	17	18	19	20	21

TimeOuts

1	2	3
1	2	3
1	2	3

If above wins match,
all scores & initials

______ ______ ______ ______

If above wins match,
all scores & initials

Event: ______________________________

Team 1: ______________________________

Match: ________

Court: ____________

Referee: ______________

Format:

Server Score

	1	2	3	4	5	6	7	8	9	10	11	12	13	14	15	16	17	18	19	20	21
	1	2	3	4	5	6	7	8	9	10	11	12	13	14	15	16	17	18	19	20	21
	1	2	3	4	5	6	7	8	9	10	11	12	13	14	15	16	17	18	19	20	21

TimeOuts

1	2	3
1	2	3
1	2	3

Team 2: ______________________________

Server Score

	1	2	3	4	5	6	7	8	9	10	11	12	13	14	15	16	17	18	19	20	21
	1	2	3	4	5	6	7	8	9	10	11	12	13	14	15	16	17	18	19	20	21
	1	2	3	4	5	6	7	8	9	10	11	12	13	14	15	16	17	18	19	20	21

TimeOuts

1	2	3
1	2	3
1	2	3

If above wins match,
all scores & initials

_______ _______ _______ _______

If above wins match,
all scores & initials

Server Score

	1	2	3	4	5	6	7	8	9	10	11	12	13	14	15	16	17	18	19	20	21
	1	2	3	4	5	6	7	8	9	10	11	12	13	14	15	16	17	18	19	20	21
	1	2	3	4	5	6	7	8	9	10	11	12	13	14	15	16	17	18	19	20	21

TimeOuts

1	2	3
1	2	3
1	2	3

Team 1: ______________________________

Event: ______________________________

Format:

Referee: ______________

Court: ______________

Match: ________

Team 2: ______________________________

Server Score

	1	2	3	4	5	6	7	8	9	10	11	12	13	14	15	16	17	18	19	20	21
	1	2	3	4	5	6	7	8	9	10	11	12	13	14	15	16	17	18	19	20	21
	1	2	3	4	5	6	7	8	9	10	11	12	13	14	15	16	17	18	19	20	21

TimeOuts

1	2	3
1	2	3
1	2	3

If above wins match,
all scores & initials

_______ _______ _______ _______

If above wins match,
all scores & initials

Server Score

	1	2	3	4	5	6	7	8	9	10	11	12	13	14	15	16	17	18	19	20	21
	1	2	3	4	5	6	7	8	9	10	11	12	13	14	15	16	17	18	19	20	21
	1	2	3	4	5	6	7	8	9	10	11	12	13	14	15	16	17	18	19	20	21

TimeOuts

1	2	3
1	2	3
1	2	3

Team 1: ______________________________

Event: ______________________________

Format:

Referee: ______________

Court: ______________

Match: ________

Team 2: ______________________________

Server Score

	1	2	3	4	5	6	7	8	9	10	11	12	13	14	15	16	17	18	19	20	21
	1	2	3	4	5	6	7	8	9	10	11	12	13	14	15	16	17	18	19	20	21
	1	2	3	4	5	6	7	8	9	10	11	12	13	14	15	16	17	18	19	20	21

TimeOuts

1	2	3
1	2	3
1	2	3

If above wins match,
all scores & initials

_______ _______ _______ _______

If above wins match,
all scores & initials

	1	2	3	4	5	6	7	8	9	10	11	12	13	14	15	16	17	18	19	20	21
	1	2	3	4	5	6	7	8	9	10	11	12	13	14	15	16	17	18	19	20	21
	1	2	3	4	5	6	7	8	9	10	11	12	13	14	15	16	17	18	19	20	21

Server Score

1	2	3
1	2	3
1	2	3

TimeOuts

Team 1: ______________________________

Event: ______________________________

Format:

Referee: ______________

Court: ______________

Match: ______________

Team 2: ______________________________

Server Score

	1	2	3	4	5	6	7	8	9	10	11	12	13	14	15	16	17	18	19	20	21
	1	2	3	4	5	6	7	8	9	10	11	12	13	14	15	16	17	18	19	20	21
	1	2	3	4	5	6	7	8	9	10	11	12	13	14	15	16	17	18	19	20	21

TimeOuts

1	2	3
1	2	3
1	2	3

If above wins match,
all scores & initials

_______ _______ _______ _______

If above wins match,
all scores & initials

	1	2	3	4	5	6	7	8	9	10	11	12	13	14	15	16	17	18	19	20	21
	1	2	3	4	5	6	7	8	9	10	11	12	13	14	15	16	17	18	19	20	21
	1	2	3	4	5	6	7	8	9	10	11	12	13	14	15	16	17	18	19	20	21

Server Score

1	2	3
1	2	3
1	2	3

TimeOuts

Team 1: ______________________________

Event: ______________________________

Format:

Referee: ______________

Court: ______________

Match: ______________

Team 2: ______________________________

Server Score

	1	2	3	4	5	6	7	8	9	10	11	12	13	14	15	16	17	18	19	20	21
	1	2	3	4	5	6	7	8	9	10	11	12	13	14	15	16	17	18	19	20	21
	1	2	3	4	5	6	7	8	9	10	11	12	13	14	15	16	17	18	19	20	21

TimeOuts

1	2	3
1	2	3
1	2	3

If above wins match,
all scores & initials

_______ _______ _______ _______

If above wins match,
all scores & initials

Server Score

	1	2	3	4	5	6	7	8	9	10	11	12	13	14	15	16	17	18	19	20	21
	1	2	3	4	5	6	7	8	9	10	11	12	13	14	15	16	17	18	19	20	21
	1	2	3	4	5	6	7	8	9	10	11	12	13	14	15	16	17	18	19	20	21

TimeOuts

1	2	3
1	2	3
1	2	3

Team 1: ______________________________ Format: ______________

Event: ______________________________ Referee: ______________

Court: ______________

Match: ______________

Team 2: ______________________________

Server Score

	1	2	3	4	5	6	7	8	9	10	11	12	13	14	15	16	17	18	19	20	21
	1	2	3	4	5	6	7	8	9	10	11	12	13	14	15	16	17	18	19	20	21
	1	2	3	4	5	6	7	8	9	10	11	12	13	14	15	16	17	18	19	20	21

TimeOuts

1	2	3
1	2	3
1	2	3

If above wins match,
all scores & initials

_______ _______ _______ _______

If above wins match,
all scores & initials

Server Score

	1	2	3	4	5	6	7	8	9	10	11	12	13	14	15	16	17	18	19	20	21
	1	2	3	4	5	6	7	8	9	10	11	12	13	14	15	16	17	18	19	20	21
	1	2	3	4	5	6	7	8	9	10	11	12	13	14	15	16	17	18	19	20	21

TimeOuts

1	2	3
1	2	3
1	2	3

Team 1: ______________________________ Format: ______________

Event: ______________________________ Referee: ______________

Court: ______________

Match: ______________

Team 2: ______________________________

Server Score

	1	2	3	4	5	6	7	8	9	10	11	12	13	14	15	16	17	18	19	20	21
	1	2	3	4	5	6	7	8	9	10	11	12	13	14	15	16	17	18	19	20	21
	1	2	3	4	5	6	7	8	9	10	11	12	13	14	15	16	17	18	19	20	21

TimeOuts

1	2	3
1	2	3
1	2	3

If above wins match,
all scores & initials

_______ _______ _______ _______

If above wins match,
all scores & initials

Server Score

	1	2	3	4	5	6	7	8	9	10	11	12	13	14	15	16	17	18	19	20	21
	1	2	3	4	5	6	7	8	9	10	11	12	13	14	15	16	17	18	19	20	21
	1	2	3	4	5	6	7	8	9	10	11	12	13	14	15	16	17	18	19	20	21

TimeOuts

1	2	3
1	2	3
1	2	3

Team 1: ______________________________

Event: ______________________________

Format:

Referee: ______________

Court: ______________

Match: ________

Team 2: ______________________________

Server Score

	1	2	3	4	5	6	7	8	9	10	11	12	13	14	15	16	17	18	19	20	21
	1	2	3	4	5	6	7	8	9	10	11	12	13	14	15	16	17	18	19	20	21
	1	2	3	4	5	6	7	8	9	10	11	12	13	14	15	16	17	18	19	20	21

TimeOuts

1	2	3
1	2	3
1	2	3

If above wins match,
all scores & initials

_______ _______ _______ _______

If above wins match,
all scores & initials

Server Score

	1	2	3	4	5	6	7	8	9	10	11	12	13	14	15	16	17	18	19	20	21
	1	2	3	4	5	6	7	8	9	10	11	12	13	14	15	16	17	18	19	20	21
	1	2	3	4	5	6	7	8	9	10	11	12	13	14	15	16	17	18	19	20	21

TimeOuts

1	2	3
1	2	3
1	2	3

Team 1: ______________________________

Event: ______________________________

Format:

Referee: ______________

Court: ______________

Match: ________

Team 2: ______________________

Server Score

	1	2	3	4	5	6	7	8	9	10	11	12	13	14	15	16	17	18	19	20	21
	1	2	3	4	5	6	7	8	9	10	11	12	13	14	15	16	17	18	19	20	21
	1	2	3	4	5	6	7	8	9	10	11	12	13	14	15	16	17	18	19	20	21

TimeOuts

1	2	3
1	2	3
1	2	3

If above wins match,
all scores & initials

_______ _______ _______ _______

If above wins match,
all scores & initials

Match: __________

Court: __________

Referee: __________

Format: __________

Event: ______________________

Team 1: ______________________

Server Score

	1	2	3	4	5	6	7	8	9	10	11	12	13	14	15	16	17	18	19	20	21
	1	2	3	4	5	6	7	8	9	10	11	12	13	14	15	16	17	18	19	20	21
	1	2	3	4	5	6	7	8	9	10	11	12	13	14	15	16	17	18	19	20	21

TimeOuts

1	2	3
1	2	3
1	2	3

Team 2: ______________________

Server Score

	1	2	3	4	5	6	7	8	9	10	11	12	13	14	15	16	17	18	19	20	21
	1	2	3	4	5	6	7	8	9	10	11	12	13	14	15	16	17	18	19	20	21
	1	2	3	4	5	6	7	8	9	10	11	12	13	14	15	16	17	18	19	20	21

TimeOuts

1	2	3
1	2	3
1	2	3

If above wins match,
all scores & initials

_______ _______ _______ _______

If above wins match,
all scores & initials

Match: __________

Court: __________

Referee: __________

Format: __________

Event: ______________________

Team 1: ______________________

Server Score

	1	2	3	4	5	6	7	8	9	10	11	12	13	14	15	16	17	18	19	20	21
	1	2	3	4	5	6	7	8	9	10	11	12	13	14	15	16	17	18	19	20	21
	1	2	3	4	5	6	7	8	9	10	11	12	13	14	15	16	17	18	19	20	21

TimeOuts

1	2	3
1	2	3
1	2	3

Team 2: ____________________

Server Score

	1	2	3	4	5	6	7	8	9	10	11	12	13	14	15	16	17	18	19	20	21
	1	2	3	4	5	6	7	8	9	10	11	12	13	14	15	16	17	18	19	20	21
	1	2	3	4	5	6	7	8	9	10	11	12	13	14	15	16	17	18	19	20	21

TimeOuts

1	2	3
1	2	3
1	2	3

If above wins match,
all scores & initials

_______ _______ _______ _______

If above wins match,
all scores & initials

	1	2	3	4	5	6	7	8	9	10	11	12	13	14	15	16	17	18	19	20	21
	1	2	3	4	5	6	7	8	9	10	11	12	13	14	15	16	17	18	19	20	21
	1	2	3	4	5	6	7	8	9	10	11	12	13	14	15	16	17	18	19	20	21

Server Score

1	2	3
1	2	3
1	2	3

TimeOuts

Team 1: ____________________

Event: ____________________

Format:

Referee: ____________________

Court: ____________________

Match: ____________________

Team 2: ____________________

Server Score

	1	2	3	4	5	6	7	8	9	10	11	12	13	14	15	16	17	18	19	20	21
	1	2	3	4	5	6	7	8	9	10	11	12	13	14	15	16	17	18	19	20	21
	1	2	3	4	5	6	7	8	9	10	11	12	13	14	15	16	17	18	19	20	21

TimeOuts

1	2	3
1	2	3
1	2	3

If above wins match,
all scores & initials

_______ _______ _______ _______

If above wins match,
all scores & initials

	1	2	3	4	5	6	7	8	9	10	11	12	13	14	15	16	17	18	19	20	21
	1	2	3	4	5	6	7	8	9	10	11	12	13	14	15	16	17	18	19	20	21
	1	2	3	4	5	6	7	8	9	10	11	12	13	14	15	16	17	18	19	20	21

Server Score

1	2	3
1	2	3
1	2	3

TimeOuts

Team 1: ____________________

Event: ____________________

Format:

Referee: ____________________

Court: ____________________

Match: ____________________

Team 2: ______________________________

Server Score

	1	2	3	4	5	6	7	8	9	10	11	12	13	14	15	16	17	18	19	20	21
	1	2	3	4	5	6	7	8	9	10	11	12	13	14	15	16	17	18	19	20	21
	1	2	3	4	5	6	7	8	9	10	11	12	13	14	15	16	17	18	19	20	21

TimeOuts

1	2	3
1	2	3
1	2	3

If above wins match,
all scores & initials

______ ______ ______ ______

If above wins match,
all scores & initials

Event: ______________________________ Match: ______________

Team 1: ______________________________ Court: ______________

Referee: ______________

Format:

Server Score

	1	2	3	4	5	6	7	8	9	10	11	12	13	14	15	16	17	18	19	20	21
	1	2	3	4	5	6	7	8	9	10	11	12	13	14	15	16	17	18	19	20	21
	1	2	3	4	5	6	7	8	9	10	11	12	13	14	15	16	17	18	19	20	21

TimeOuts

1	2	3
1	2	3
1	2	3

Team 2: ______________________________

Server Score

	1	2	3	4	5	6	7	8	9	10	11	12	13	14	15	16	17	18	19	20	21
	1	2	3	4	5	6	7	8	9	10	11	12	13	14	15	16	17	18	19	20	21
	1	2	3	4	5	6	7	8	9	10	11	12	13	14	15	16	17	18	19	20	21

TimeOuts

1	2	3
1	2	3
1	2	3

If above wins match,
all scores & initials

______ ______ ______ ______

If above wins match,
all scores & initials

Event: ______________________________ Match: ______________

Team 1: ______________________________ Court: ______________

Referee: ______________

Format:

Server Score

	1	2	3	4	5	6	7	8	9	10	11	12	13	14	15	16	17	18	19	20	21
	1	2	3	4	5	6	7	8	9	10	11	12	13	14	15	16	17	18	19	20	21
	1	2	3	4	5	6	7	8	9	10	11	12	13	14	15	16	17	18	19	20	21

TimeOuts

1	2	3
1	2	3
1	2	3

Team 2: ____________________

Server Score

	1	2	3	4	5	6	7	8	9	10	11	12	13	14	15	16	17	18	19	20	21
	1	2	3	4	5	6	7	8	9	10	11	12	13	14	15	16	17	18	19	20	21
	1	2	3	4	5	6	7	8	9	10	11	12	13	14	15	16	17	18	19	20	21

TimeOuts

1	2	3
1	2	3
1	2	3

If above wins match,
all scores & initials

____ ____ ____ ____

If above wins match,
all scores & initials

Server Score

	1	2	3	4	5	6	7	8	9	10	11	12	13	14	15	16	17	18	19	20	21
	1	2	3	4	5	6	7	8	9	10	11	12	13	14	15	16	17	18	19	20	21
	1	2	3	4	5	6	7	8	9	10	11	12	13	14	15	16	17	18	19	20	21

TimeOuts

1	2	3
1	2	3
1	2	3

Event: ____________________

Team 1: ____________________

Match: ________

Court: ________

Referee: ________

Format:

Team 2: ____________________

Server Score

	1	2	3	4	5	6	7	8	9	10	11	12	13	14	15	16	17	18	19	20	21
	1	2	3	4	5	6	7	8	9	10	11	12	13	14	15	16	17	18	19	20	21
	1	2	3	4	5	6	7	8	9	10	11	12	13	14	15	16	17	18	19	20	21

TimeOuts

1	2	3
1	2	3
1	2	3

If above wins match,
all scores & initials

____ ____ ____ ____

If above wins match,
all scores & initials

Server Score

	1	2	3	4	5	6	7	8	9	10	11	12	13	14	15	16	17	18	19	20	21
	1	2	3	4	5	6	7	8	9	10	11	12	13	14	15	16	17	18	19	20	21
	1	2	3	4	5	6	7	8	9	10	11	12	13	14	15	16	17	18	19	20	21

TimeOuts

1	2	3
1	2	3
1	2	3

Event: ____________________

Team 1: ____________________

Match: ________

Court: ________

Referee: ________

Format:

Team 2: ______________________________

Server Score

	1	2	3	4	5	6	7	8	9	10	11	12	13	14	15	16	17	18	19	20	21
	1	2	3	4	5	6	7	8	9	10	11	12	13	14	15	16	17	18	19	20	21
	1	2	3	4	5	6	7	8	9	10	11	12	13	14	15	16	17	18	19	20	21

TimeOuts

1	2	3
1	2	3
1	2	3

If above wins match,
all scores & initials

______ ______ ______ ______

If above wins match,
all scores & initials

Server Score

	1	2	3	4	5	6	7	8	9	10	11	12	13	14	15	16	17	18	19	20	21
	1	2	3	4	5	6	7	8	9	10	11	12	13	14	15	16	17	18	19	20	21
	1	2	3	4	5	6	7	8	9	10	11	12	13	14	15	16	17	18	19	20	21

TimeOuts

1	2	3
1	2	3
1	2	3

Event: ______________________________

Team 1: ______________________________

Match: __________

Court: __________

Referee: __________

Format: __________

Team 2: ______________________________

Server Score

	1	2	3	4	5	6	7	8	9	10	11	12	13	14	15	16	17	18	19	20	21
	1	2	3	4	5	6	7	8	9	10	11	12	13	14	15	16	17	18	19	20	21
	1	2	3	4	5	6	7	8	9	10	11	12	13	14	15	16	17	18	19	20	21

TimeOuts

1	2	3
1	2	3
1	2	3

If above wins match,
all scores & initials

______ ______ ______ ______

If above wins match,
all scores & initials

Server Score

	1	2	3	4	5	6	7	8	9	10	11	12	13	14	15	16	17	18	19	20	21
	1	2	3	4	5	6	7	8	9	10	11	12	13	14	15	16	17	18	19	20	21
	1	2	3	4	5	6	7	8	9	10	11	12	13	14	15	16	17	18	19	20	21

TimeOuts

1	2	3
1	2	3
1	2	3

Event: ______________________________

Team 1: ______________________________

Match: __________

Court: __________

Referee: __________

Format: __________

Team 2: ______________________

Server Score

	1	2	3	4	5	6	7	8	9	10	11	12	13	14	15	16	17	18	19	20	21
	1	2	3	4	5	6	7	8	9	10	11	12	13	14	15	16	17	18	19	20	21
	1	2	3	4	5	6	7	8	9	10	11	12	13	14	15	16	17	18	19	20	21

TimeOuts

1	2	3
1	2	3
1	2	3

If above wins match,
all scores & initials
______ ______ ______ ______

If above wins match,
all scores & initials

Server Score

	1	2	3	4	5	6	7	8	9	10	11	12	13	14	15	16	17	18	19	20	21
	1	2	3	4	5	6	7	8	9	10	11	12	13	14	15	16	17	18	19	20	21
	1	2	3	4	5	6	7	8	9	10	11	12	13	14	15	16	17	18	19	20	21

TimeOuts

1	2	3
1	2	3
1	2	3

Team 1: ______________________ Format:
Event: ______________________ Referee: __________
Court: __________
Match: __________

Team 2: ______________________

Server Score

	1	2	3	4	5	6	7	8	9	10	11	12	13	14	15	16	17	18	19	20	21
	1	2	3	4	5	6	7	8	9	10	11	12	13	14	15	16	17	18	19	20	21
	1	2	3	4	5	6	7	8	9	10	11	12	13	14	15	16	17	18	19	20	21

TimeOuts

1	2	3
1	2	3
1	2	3

If above wins match,
all scores & initials
______ ______ ______ ______

If above wins match,
all scores & initials

Server Score

	1	2	3	4	5	6	7	8	9	10	11	12	13	14	15	16	17	18	19	20	21
	1	2	3	4	5	6	7	8	9	10	11	12	13	14	15	16	17	18	19	20	21
	1	2	3	4	5	6	7	8	9	10	11	12	13	14	15	16	17	18	19	20	21

TimeOuts

1	2	3
1	2	3
1	2	3

Team 1: ______________________ Format:
Event: ______________________ Referee: __________
Court: __________
Match: __________

Team 2: ______________________________

Server Score

	1	2	3	4	5	6	7	8	9	10	11	12	13	14	15	16	17	18	19	20	21
	1	2	3	4	5	6	7	8	9	10	11	12	13	14	15	16	17	18	19	20	21
	1	2	3	4	5	6	7	8	9	10	11	12	13	14	15	16	17	18	19	20	21

TimeOuts

1	2	3
1	2	3
1	2	3

If above wins match,
all scores & initials

______ ______ ______ ______

If above wins match,
all scores & initials

Server Score

	1	2	3	4	5	6	7	8	9	10	11	12	13	14	15	16	17	18	19	20	21
	1	2	3	4	5	6	7	8	9	10	11	12	13	14	15	16	17	18	19	20	21
	1	2	3	4	5	6	7	8	9	10	11	12	13	14	15	16	17	18	19	20	21

TimeOuts

1	2	3
1	2	3
1	2	3

Event: ______________________________ Match: __________

Team 1: ______________________________ Court: __________

Referee: __________

Format: __________

Team 2: ______________________________

Server Score

	1	2	3	4	5	6	7	8	9	10	11	12	13	14	15	16	17	18	19	20	21
	1	2	3	4	5	6	7	8	9	10	11	12	13	14	15	16	17	18	19	20	21
	1	2	3	4	5	6	7	8	9	10	11	12	13	14	15	16	17	18	19	20	21

TimeOuts

1	2	3
1	2	3
1	2	3

If above wins match,
all scores & initials

______ ______ ______ ______

If above wins match,
all scores & initials

Server Score

	1	2	3	4	5	6	7	8	9	10	11	12	13	14	15	16	17	18	19	20	21
	1	2	3	4	5	6	7	8	9	10	11	12	13	14	15	16	17	18	19	20	21
	1	2	3	4	5	6	7	8	9	10	11	12	13	14	15	16	17	18	19	20	21

TimeOuts

1	2	3
1	2	3
1	2	3

Event: ______________________________ Match: __________

Team 1: ______________________________ Court: __________

Referee: __________

Format: __________

Team 2: ______________________________

Server Score

	1	2	3	4	5	6	7	8	9	10	11	12	13	14	15	16	17	18	19	20	21
	1	2	3	4	5	6	7	8	9	10	11	12	13	14	15	16	17	18	19	20	21
	1	2	3	4	5	6	7	8	9	10	11	12	13	14	15	16	17	18	19	20	21

TimeOuts

1	2	3
1	2	3
1	2	3

If above wins match,
all scores & initials

_______ _______ _______ _______

If above wins match,
all scores & initials

Server Score

	1	2	3	4	5	6	7	8	9	10	11	12	13	14	15	16	17	18	19	20	21
	1	2	3	4	5	6	7	8	9	10	11	12	13	14	15	16	17	18	19	20	21
	1	2	3	4	5	6	7	8	9	10	11	12	13	14	15	16	17	18	19	20	21

TimeOuts

1	2	3
1	2	3
1	2	3

Team 1: ______________________________

Event: ______________________________

Format:

Referee: ______________

Court: ______________

Match: ______________

Team 2: ______________________________

Server Score

	1	2	3	4	5	6	7	8	9	10	11	12	13	14	15	16	17	18	19	20	21
	1	2	3	4	5	6	7	8	9	10	11	12	13	14	15	16	17	18	19	20	21
	1	2	3	4	5	6	7	8	9	10	11	12	13	14	15	16	17	18	19	20	21

TimeOuts

1	2	3
1	2	3
1	2	3

If above wins match,
all scores & initials

_______ _______ _______ _______

If above wins match,
all scores & initials

Server Score

	1	2	3	4	5	6	7	8	9	10	11	12	13	14	15	16	17	18	19	20	21
	1	2	3	4	5	6	7	8	9	10	11	12	13	14	15	16	17	18	19	20	21
	1	2	3	4	5	6	7	8	9	10	11	12	13	14	15	16	17	18	19	20	21

TimeOuts

1	2	3
1	2	3
1	2	3

Team 1: ______________________________

Event: ______________________________

Format:

Referee: ______________

Court: ______________

Match: ______________

Team 2: ______________________________

Server Score

	1	2	3	4	5	6	7	8	9	10	11	12	13	14	15	16	17	18	19	20	21
	1	2	3	4	5	6	7	8	9	10	11	12	13	14	15	16	17	18	19	20	21
	1	2	3	4	5	6	7	8	9	10	11	12	13	14	15	16	17	18	19	20	21

TimeOuts

1	2	3
1	2	3
1	2	3

If above wins match,
all scores & initials

_______ _______ _______ _______

If above wins match,
all scores & initials

Server Score

	1	2	3	4	5	6	7	8	9	10	11	12	13	14	15	16	17	18	19	20	21
	1	2	3	4	5	6	7	8	9	10	11	12	13	14	15	16	17	18	19	20	21
	1	2	3	4	5	6	7	8	9	10	11	12	13	14	15	16	17	18	19	20	21

TimeOuts

1	2	3
1	2	3
1	2	3

Team 1: ______________________________

Event: ______________________________

Format:

Referee: ______________

Court: ____________

Match: ________

Team 2: ______________________________

Server Score

	1	2	3	4	5	6	7	8	9	10	11	12	13	14	15	16	17	18	19	20	21
	1	2	3	4	5	6	7	8	9	10	11	12	13	14	15	16	17	18	19	20	21
	1	2	3	4	5	6	7	8	9	10	11	12	13	14	15	16	17	18	19	20	21

TimeOuts

1	2	3
1	2	3
1	2	3

If above wins match,
all scores & initials

_______ _______ _______ _______

If above wins match,
all scores & initials

Server Score

	1	2	3	4	5	6	7	8	9	10	11	12	13	14	15	16	17	18	19	20	21
	1	2	3	4	5	6	7	8	9	10	11	12	13	14	15	16	17	18	19	20	21
	1	2	3	4	5	6	7	8	9	10	11	12	13	14	15	16	17	18	19	20	21

TimeOuts

1	2	3
1	2	3
1	2	3

Team 1: ______________________________

Event: ______________________________

Format:

Referee: ______________

Court: ____________

Match: ________

Team 2: ______________________________

Server Score

	1	2	3	4	5	6	7	8	9	10	11	12	13	14	15	16	17	18	19	20	21
	1	2	3	4	5	6	7	8	9	10	11	12	13	14	15	16	17	18	19	20	21
	1	2	3	4	5	6	7	8	9	10	11	12	13	14	15	16	17	18	19	20	21

TimeOuts

1	2	3
1	2	3
1	2	3

If above wins match,
all scores & initials

Event: ______________________________ Match: __________

Team 1: ______________________________ Court: __________

Referee: ______________

Format:

Server Score

	1	2	3	4	5	6	7	8	9	10	11	12	13	14	15	16	17	18	19	20	21
	1	2	3	4	5	6	7	8	9	10	11	12	13	14	15	16	17	18	19	20	21
	1	2	3	4	5	6	7	8	9	10	11	12	13	14	15	16	17	18	19	20	21

TimeOuts

1	2	3
1	2	3
1	2	3

If above wins match,
all scores & initials ________ ________ ________ ________

Team 2: ______________________________

Server Score

	1	2	3	4	5	6	7	8	9	10	11	12	13	14	15	16	17	18	19	20	21
	1	2	3	4	5	6	7	8	9	10	11	12	13	14	15	16	17	18	19	20	21
	1	2	3	4	5	6	7	8	9	10	11	12	13	14	15	16	17	18	19	20	21

TimeOuts

1	2	3
1	2	3
1	2	3

If above wins match,
all scores & initials

Event: ______________________________ Match: __________

Team 1: ______________________________ Court: __________

Referee: ______________

Format:

Server Score

	1	2	3	4	5	6	7	8	9	10	11	12	13	14	15	16	17	18	19	20	21
	1	2	3	4	5	6	7	8	9	10	11	12	13	14	15	16	17	18	19	20	21
	1	2	3	4	5	6	7	8	9	10	11	12	13	14	15	16	17	18	19	20	21

TimeOuts

1	2	3
1	2	3
1	2	3

If above wins match,
all scores & initials ________ ________ ________ ________

Team 2: ____________________

Server Score																					
	1	2	3	4	5	6	7	8	9	10	11	12	13	14	15	16	17	18	19	20	21
	1	2	3	4	5	6	7	8	9	10	11	12	13	14	15	16	17	18	19	20	21
	1	2	3	4	5	6	7	8	9	10	11	12	13	14	15	16	17	18	19	20	21

TimeOuts		
1	2	3
1	2	3
1	2	3

If above wins match,
all scores & initials

____ ____ ____ ____

If above wins match,
all scores & initials

Server Score																					
	1	2	3	4	5	6	7	8	9	10	11	12	13	14	15	16	17	18	19	20	21
	1	2	3	4	5	6	7	8	9	10	11	12	13	14	15	16	17	18	19	20	21
	1	2	3	4	5	6	7	8	9	10	11	12	13	14	15	16	17	18	19	20	21

TimeOuts		
1	2	3
1	2	3
1	2	3

Team 1: ____________________
Event: ____________________

Format:
Referee: ____________
Court: ____________
Match: ____________

Team 2: ____________________

Server Score																					
	1	2	3	4	5	6	7	8	9	10	11	12	13	14	15	16	17	18	19	20	21
	1	2	3	4	5	6	7	8	9	10	11	12	13	14	15	16	17	18	19	20	21
	1	2	3	4	5	6	7	8	9	10	11	12	13	14	15	16	17	18	19	20	21

TimeOuts		
1	2	3
1	2	3
1	2	3

If above wins match,
all scores & initials

____ ____ ____ ____

If above wins match,
all scores & initials

Server Score																					
	1	2	3	4	5	6	7	8	9	10	11	12	13	14	15	16	17	18	19	20	21
	1	2	3	4	5	6	7	8	9	10	11	12	13	14	15	16	17	18	19	20	21
	1	2	3	4	5	6	7	8	9	10	11	12	13	14	15	16	17	18	19	20	21

TimeOuts		
1	2	3
1	2	3
1	2	3

Team 1: ____________________
Event: ____________________

Format:
Referee: ____________
Court: ____________
Match: ____________

Team 2: ____________________

Server Score

	1	2	3	4	5	6	7	8	9	10	11	12	13	14	15	16	17	18	19	20	21
	1	2	3	4	5	6	7	8	9	10	11	12	13	14	15	16	17	18	19	20	21
	1	2	3	4	5	6	7	8	9	10	11	12	13	14	15	16	17	18	19	20	21

TimeOuts

1	2	3
1	2	3
1	2	3

If above wins match,
all scores & initials

____ ____ ____ ____

If above wins match,
all scores & initials

Server Score

	1	2	3	4	5	6	7	8	9	10	11	12	13	14	15	16	17	18	19	20	21
	1	2	3	4	5	6	7	8	9	10	11	12	13	14	15	16	17	18	19	20	21
	1	2	3	4	5	6	7	8	9	10	11	12	13	14	15	16	17	18	19	20	21

TimeOuts

1	2	3
1	2	3
1	2	3

Event: ____________________

Team 1: ____________________

Match: ________

Court: ________

Referee: ________

Format:

Team 2: ____________________

Server Score

	1	2	3	4	5	6	7	8	9	10	11	12	13	14	15	16	17	18	19	20	21
	1	2	3	4	5	6	7	8	9	10	11	12	13	14	15	16	17	18	19	20	21
	1	2	3	4	5	6	7	8	9	10	11	12	13	14	15	16	17	18	19	20	21

TimeOuts

1	2	3
1	2	3
1	2	3

If above wins match,
all scores & initials

____ ____ ____ ____

If above wins match,
all scores & initials

Server Score

	1	2	3	4	5	6	7	8	9	10	11	12	13	14	15	16	17	18	19	20	21
	1	2	3	4	5	6	7	8	9	10	11	12	13	14	15	16	17	18	19	20	21
	1	2	3	4	5	6	7	8	9	10	11	12	13	14	15	16	17	18	19	20	21

TimeOuts

1	2	3
1	2	3
1	2	3

Event: ____________________

Team 1: ____________________

Match: ________

Court: ________

Referee: ________

Format:

Team 2: ______________________________

Server Score

	1	2	3	4	5	6	7	8	9	10	11	12	13	14	15	16	17	18	19	20	21
	1	2	3	4	5	6	7	8	9	10	11	12	13	14	15	16	17	18	19	20	21
	1	2	3	4	5	6	7	8	9	10	11	12	13	14	15	16	17	18	19	20	21

TimeOuts

1	2	3
1	2	3
1	2	3

If above wins match,
all scores & initials

If above wins match,
all scores & initials ________ ________ ________ ________

Server Score

	1	2	3	4	5	6	7	8	9	10	11	12	13	14	15	16	17	18	19	20	21
	1	2	3	4	5	6	7	8	9	10	11	12	13	14	15	16	17	18	19	20	21
	1	2	3	4	5	6	7	8	9	10	11	12	13	14	15	16	17	18	19	20	21

TimeOuts

1	2	3
1	2	3
1	2	3

Team 1: ______________________________

Event: ______________________________

Format:

Referee: ______________

Court: ____________

Match: ________

Team 2: ______________________________

Server Score

	1	2	3	4	5	6	7	8	9	10	11	12	13	14	15	16	17	18	19	20	21
	1	2	3	4	5	6	7	8	9	10	11	12	13	14	15	16	17	18	19	20	21
	1	2	3	4	5	6	7	8	9	10	11	12	13	14	15	16	17	18	19	20	21

TimeOuts

1	2	3
1	2	3
1	2	3

If above wins match,
all scores & initials

If above wins match,
all scores & initials ________ ________ ________ ________

Server Score

	1	2	3	4	5	6	7	8	9	10	11	12	13	14	15	16	17	18	19	20	21
	1	2	3	4	5	6	7	8	9	10	11	12	13	14	15	16	17	18	19	20	21
	1	2	3	4	5	6	7	8	9	10	11	12	13	14	15	16	17	18	19	20	21

TimeOuts

1	2	3
1	2	3
1	2	3

Team 1: ______________________________

Event: ______________________________

Format:

Referee: ______________

Court: ____________

Match: ________

Team 2: ______________________

Server Score

	1	2	3	4	5	6	7	8	9	10	11	12	13	14	15	16	17	18	19	20	21
	1	2	3	4	5	6	7	8	9	10	11	12	13	14	15	16	17	18	19	20	21
	1	2	3	4	5	6	7	8	9	10	11	12	13	14	15	16	17	18	19	20	21

TimeOuts

1	2	3
1	2	3
1	2	3

If above wins match,
all scores & initials

______ ______ ______ ______

If above wins match,
all scores & initials

Server Score

	1	2	3	4	5	6	7	8	9	10	11	12	13	14	15	16	17	18	19	20	21
	1	2	3	4	5	6	7	8	9	10	11	12	13	14	15	16	17	18	19	20	21
	1	2	3	4	5	6	7	8	9	10	11	12	13	14	15	16	17	18	19	20	21

TimeOuts

1	2	3
1	2	3
1	2	3

Team 1: ______________________

Event: ______________________

Format:

Referee: ______________

Court: ______________

Match: ______________

Team 2: ______________________

Server Score

	1	2	3	4	5	6	7	8	9	10	11	12	13	14	15	16	17	18	19	20	21
	1	2	3	4	5	6	7	8	9	10	11	12	13	14	15	16	17	18	19	20	21
	1	2	3	4	5	6	7	8	9	10	11	12	13	14	15	16	17	18	19	20	21

TimeOuts

1	2	3
1	2	3
1	2	3

If above wins match,
all scores & initials

______ ______ ______ ______

If above wins match,
all scores & initials

Server Score

	1	2	3	4	5	6	7	8	9	10	11	12	13	14	15	16	17	18	19	20	21
	1	2	3	4	5	6	7	8	9	10	11	12	13	14	15	16	17	18	19	20	21
	1	2	3	4	5	6	7	8	9	10	11	12	13	14	15	16	17	18	19	20	21

TimeOuts

1	2	3
1	2	3
1	2	3

Team 1: ______________________

Event: ______________________

Format:

Referee: ______________

Court: ______________

Match: ______________

Team 2: ______________________________

Server Score

	1	2	3	4	5	6	7	8	9	10	11	12	13	14	15	16	17	18	19	20	21
	1	2	3	4	5	6	7	8	9	10	11	12	13	14	15	16	17	18	19	20	21
	1	2	3	4	5	6	7	8	9	10	11	12	13	14	15	16	17	18	19	20	21

TimeOuts

1	2	3
1	2	3
1	2	3

If above wins match,
all scores & initials

_______ _______ _______ _______

If above wins match,
all scores & initials

Server Score

	1	2	3	4	5	6	7	8	9	10	11	12	13	14	15	16	17	18	19	20	21
	1	2	3	4	5	6	7	8	9	10	11	12	13	14	15	16	17	18	19	20	21
	1	2	3	4	5	6	7	8	9	10	11	12	13	14	15	16	17	18	19	20	21

TimeOuts

1	2	3
1	2	3
1	2	3

Event: ______________________________ Match: __________

Team 1: ______________________________ Court: __________

Referee: __________

Format: __________

Team 2: ______________________________

Server Score

	1	2	3	4	5	6	7	8	9	10	11	12	13	14	15	16	17	18	19	20	21
	1	2	3	4	5	6	7	8	9	10	11	12	13	14	15	16	17	18	19	20	21
	1	2	3	4	5	6	7	8	9	10	11	12	13	14	15	16	17	18	19	20	21

TimeOuts

1	2	3
1	2	3
1	2	3

If above wins match,
all scores & initials

_______ _______ _______ _______

If above wins match,
all scores & initials

Server Score

	1	2	3	4	5	6	7	8	9	10	11	12	13	14	15	16	17	18	19	20	21
	1	2	3	4	5	6	7	8	9	10	11	12	13	14	15	16	17	18	19	20	21
	1	2	3	4	5	6	7	8	9	10	11	12	13	14	15	16	17	18	19	20	21

TimeOuts

1	2	3
1	2	3
1	2	3

Event: ______________________________ Match: __________

Team 1: ______________________________ Court: __________

Referee: __________

Format: __________

Team 2: ______________________________

Server Score

	1	2	3	4	5	6	7	8	9	10	11	12	13	14	15	16	17	18	19	20	21
	1	2	3	4	5	6	7	8	9	10	11	12	13	14	15	16	17	18	19	20	21
	1	2	3	4	5	6	7	8	9	10	11	12	13	14	15	16	17	18	19	20	21

TimeOuts

1	2	3
1	2	3
1	2	3

If above wins match,
all scores & initials

_______ _______ _______ _______

If above wins match,
all scores & initials

Event: ______________________________ Match: __________

Team 1: ______________________________ Court: __________

Referee: __________

Format: __________

Server Score

	1	2	3	4	5	6	7	8	9	10	11	12	13	14	15	16	17	18	19	20	21
	1	2	3	4	5	6	7	8	9	10	11	12	13	14	15	16	17	18	19	20	21
	1	2	3	4	5	6	7	8	9	10	11	12	13	14	15	16	17	18	19	20	21

TimeOuts

1	2	3
1	2	3
1	2	3

Team 2: ______________________________

Server Score

	1	2	3	4	5	6	7	8	9	10	11	12	13	14	15	16	17	18	19	20	21
	1	2	3	4	5	6	7	8	9	10	11	12	13	14	15	16	17	18	19	20	21
	1	2	3	4	5	6	7	8	9	10	11	12	13	14	15	16	17	18	19	20	21

TimeOuts

1	2	3
1	2	3
1	2	3

If above wins match,
all scores & initials

_______ _______ _______ _______

If above wins match,
all scores & initials

Event: ______________________________ Match: __________

Team 1: ______________________________ Court: __________

Referee: __________

Format: __________

Server Score

	1	2	3	4	5	6	7	8	9	10	11	12	13	14	15	16	17	18	19	20	21
	1	2	3	4	5	6	7	8	9	10	11	12	13	14	15	16	17	18	19	20	21
	1	2	3	4	5	6	7	8	9	10	11	12	13	14	15	16	17	18	19	20	21

TimeOuts

1	2	3
1	2	3
1	2	3

Team 2: ______________________________

Server Score

	1	2	3	4	5	6	7	8	9	10	11	12	13	14	15	16	17	18	19	20	21
	1	2	3	4	5	6	7	8	9	10	11	12	13	14	15	16	17	18	19	20	21
	1	2	3	4	5	6	7	8	9	10	11	12	13	14	15	16	17	18	19	20	21

TimeOuts

1	2	3
1	2	3
1	2	3

If above wins match,
all scores & initials

______ ______ ______ ______

If above wins match,
all scores & initials

Server Score

	1	2	3	4	5	6	7	8	9	10	11	12	13	14	15	16	17	18	19	20	21
	1	2	3	4	5	6	7	8	9	10	11	12	13	14	15	16	17	18	19	20	21
	1	2	3	4	5	6	7	8	9	10	11	12	13	14	15	16	17	18	19	20	21

TimeOuts

1	2	3
1	2	3
1	2	3

Team 1: ______________________________ Referee: ______________ Format:

Event: ______________________________ Court: ____________

Match: ________

Team 2: ______________________________

Server Score

	1	2	3	4	5	6	7	8	9	10	11	12	13	14	15	16	17	18	19	20	21
	1	2	3	4	5	6	7	8	9	10	11	12	13	14	15	16	17	18	19	20	21
	1	2	3	4	5	6	7	8	9	10	11	12	13	14	15	16	17	18	19	20	21

TimeOuts

1	2	3
1	2	3
1	2	3

If above wins match,
all scores & initials

______ ______ ______ ______

If above wins match,
all scores & initials

Server Score

	1	2	3	4	5	6	7	8	9	10	11	12	13	14	15	16	17	18	19	20	21
	1	2	3	4	5	6	7	8	9	10	11	12	13	14	15	16	17	18	19	20	21
	1	2	3	4	5	6	7	8	9	10	11	12	13	14	15	16	17	18	19	20	21

TimeOuts

1	2	3
1	2	3
1	2	3

Team 1: ______________________________ Referee: ______________ Format:

Event: ______________________________ Court: ____________

Match: ________

Team 2: ______________________________

Server Score

	1	2	3	4	5	6	7	8	9	10	11	12	13	14	15	16	17	18	19	20	21
	1	2	3	4	5	6	7	8	9	10	11	12	13	14	15	16	17	18	19	20	21
	1	2	3	4	5	6	7	8	9	10	11	12	13	14	15	16	17	18	19	20	21

TimeOuts

1	2	3
1	2	3
1	2	3

If above wins match,
all scores & initials

_______ _______ _______ _______

Event: ______________________________ Match: __________

Team 1: ______________________________ Court: __________

Referee: __________

Format: __________

Server Score

	1	2	3	4	5	6	7	8	9	10	11	12	13	14	15	16	17	18	19	20	21
	1	2	3	4	5	6	7	8	9	10	11	12	13	14	15	16	17	18	19	20	21
	1	2	3	4	5	6	7	8	9	10	11	12	13	14	15	16	17	18	19	20	21

TimeOuts

1	2	3
1	2	3
1	2	3

If above wins match,
all scores & initials

Team 2: ______________________________

Server Score

	1	2	3	4	5	6	7	8	9	10	11	12	13	14	15	16	17	18	19	20	21
	1	2	3	4	5	6	7	8	9	10	11	12	13	14	15	16	17	18	19	20	21
	1	2	3	4	5	6	7	8	9	10	11	12	13	14	15	16	17	18	19	20	21

TimeOuts

1	2	3
1	2	3
1	2	3

If above wins match,
all scores & initials

_______ _______ _______ _______

Event: ______________________________ Match: __________

Team 1: ______________________________ Court: __________

Referee: __________

Format: __________

Server Score

	1	2	3	4	5	6	7	8	9	10	11	12	13	14	15	16	17	18	19	20	21
	1	2	3	4	5	6	7	8	9	10	11	12	13	14	15	16	17	18	19	20	21
	1	2	3	4	5	6	7	8	9	10	11	12	13	14	15	16	17	18	19	20	21

TimeOuts

1	2	3
1	2	3
1	2	3

If above wins match,
all scores & initials

Team 2: ______________________________

Server Score

	1	2	3	4	5	6	7	8	9	10	11	12	13	14	15	16	17	18	19	20	21
	1	2	3	4	5	6	7	8	9	10	11	12	13	14	15	16	17	18	19	20	21
	1	2	3	4	5	6	7	8	9	10	11	12	13	14	15	16	17	18	19	20	21

TimeOuts

1	2	3
1	2	3
1	2	3

If above wins match,
all scores & initials

_______ _______ _______ _______

If above wins match,
all scores & initials

Server Score

	1	2	3	4	5	6	7	8	9	10	11	12	13	14	15	16	17	18	19	20	21
	1	2	3	4	5	6	7	8	9	10	11	12	13	14	15	16	17	18	19	20	21
	1	2	3	4	5	6	7	8	9	10	11	12	13	14	15	16	17	18	19	20	21

TimeOuts

1	2	3
1	2	3
1	2	3

Event: ______________________________

Team 1: ______________________________

Match: __________

Court: __________

Referee: __________

Format: __________

Team 2: ______________________________

Server Score

	1	2	3	4	5	6	7	8	9	10	11	12	13	14	15	16	17	18	19	20	21
	1	2	3	4	5	6	7	8	9	10	11	12	13	14	15	16	17	18	19	20	21
	1	2	3	4	5	6	7	8	9	10	11	12	13	14	15	16	17	18	19	20	21

TimeOuts

1	2	3
1	2	3
1	2	3

If above wins match,
all scores & initials

_______ _______ _______ _______

If above wins match,
all scores & initials

Server Score

	1	2	3	4	5	6	7	8	9	10	11	12	13	14	15	16	17	18	19	20	21
	1	2	3	4	5	6	7	8	9	10	11	12	13	14	15	16	17	18	19	20	21
	1	2	3	4	5	6	7	8	9	10	11	12	13	14	15	16	17	18	19	20	21

TimeOuts

1	2	3
1	2	3
1	2	3

Event: ______________________________

Team 1: ______________________________

Match: __________

Court: __________

Referee: __________

Format: __________

Team 2: ____________________

Server Score

	1	2	3	4	5	6	7	8	9	10	11	12	13	14	15	16	17	18	19	20	21
	1	2	3	4	5	6	7	8	9	10	11	12	13	14	15	16	17	18	19	20	21
	1	2	3	4	5	6	7	8	9	10	11	12	13	14	15	16	17	18	19	20	21

TimeOuts

1	2	3
1	2	3
1	2	3

If above wins match,
all scores & initials

________ ________ ________ ________

If above wins match,
all scores & initials

Server Score

	1	2	3	4	5	6	7	8	9	10	11	12	13	14	15	16	17	18	19	20	21
	1	2	3	4	5	6	7	8	9	10	11	12	13	14	15	16	17	18	19	20	21
	1	2	3	4	5	6	7	8	9	10	11	12	13	14	15	16	17	18	19	20	21

TimeOuts

1	2	3
1	2	3
1	2	3

Team 1: ____________________

Event: ____________________

Format:

Referee: ____________________

Court: ____________________

Match: ____________________

Team 2: ____________________

Server Score

	1	2	3	4	5	6	7	8	9	10	11	12	13	14	15	16	17	18	19	20	21
	1	2	3	4	5	6	7	8	9	10	11	12	13	14	15	16	17	18	19	20	21
	1	2	3	4	5	6	7	8	9	10	11	12	13	14	15	16	17	18	19	20	21

TimeOuts

1	2	3
1	2	3
1	2	3

If above wins match,
all scores & initials

________ ________ ________ ________

If above wins match,
all scores & initials

Server Score

	1	2	3	4	5	6	7	8	9	10	11	12	13	14	15	16	17	18	19	20	21
	1	2	3	4	5	6	7	8	9	10	11	12	13	14	15	16	17	18	19	20	21
	1	2	3	4	5	6	7	8	9	10	11	12	13	14	15	16	17	18	19	20	21

TimeOuts

1	2	3
1	2	3
1	2	3

Team 1: ____________________

Event: ____________________

Format:

Referee: ____________________

Court: ____________________

Match: ____________________

Team 2: ______________________________

Server Score

	1	2	3	4	5	6	7	8	9	10	11	12	13	14	15	16	17	18	19	20	21
	1	2	3	4	5	6	7	8	9	10	11	12	13	14	15	16	17	18	19	20	21
	1	2	3	4	5	6	7	8	9	10	11	12	13	14	15	16	17	18	19	20	21

TimeOuts

1	2	3
1	2	3
1	2	3

If above wins match,
all scores & initials

If above wins match,
all scores & initials

______ ______ ______ ______

Server Score

	1	2	3	4	5	6	7	8	9	10	11	12	13	14	15	16	17	18	19	20	21
	1	2	3	4	5	6	7	8	9	10	11	12	13	14	15	16	17	18	19	20	21
	1	2	3	4	5	6	7	8	9	10	11	12	13	14	15	16	17	18	19	20	21

TimeOuts

1	2	3
1	2	3
1	2	3

Team 1: ______________________________

Event: ______________________________

Format:

Referee: ______________

Court: ______________

Match: ______________

Team 2: ______________________________

Server Score

	1	2	3	4	5	6	7	8	9	10	11	12	13	14	15	16	17	18	19	20	21
	1	2	3	4	5	6	7	8	9	10	11	12	13	14	15	16	17	18	19	20	21
	1	2	3	4	5	6	7	8	9	10	11	12	13	14	15	16	17	18	19	20	21

TimeOuts

1	2	3
1	2	3
1	2	3

If above wins match,
all scores & initials

If above wins match,
all scores & initials

______ ______ ______ ______

Server Score

	1	2	3	4	5	6	7	8	9	10	11	12	13	14	15	16	17	18	19	20	21
	1	2	3	4	5	6	7	8	9	10	11	12	13	14	15	16	17	18	19	20	21
	1	2	3	4	5	6	7	8	9	10	11	12	13	14	15	16	17	18	19	20	21

TimeOuts

1	2	3
1	2	3
1	2	3

Team 1: ______________________________

Event: ______________________________

Format:

Referee: ______________

Court: ______________

Match: ______________

Team 2: ____

Server Score

	1	2	3	4	5	6	7	8	9	10	11	12	13	14	15	16	17	18	19	20	21
	1	2	3	4	5	6	7	8	9	10	11	12	13	14	15	16	17	18	19	20	21
	1	2	3	4	5	6	7	8	9	10	11	12	13	14	15	16	17	18	19	20	21

TimeOuts

1	2	3
1	2	3
1	2	3

If above wins match,
all scores & initials

________ ________ ________ ________

If above wins match,
all scores & initials

	1	2	3	4	5	6	7	8	9	10	11	12	13	14	15	16	17	18	19	20	21
	1	2	3	4	5	6	7	8	9	10	11	12	13	14	15	16	17	18	19	20	21
	1	2	3	4	5	6	7	8	9	10	11	12	13	14	15	16	17	18	19	20	21

Server Score

1	2	3
1	2	3
1	2	3

TimeOuts

Team 1: ____

Event: ____

Format:

Referee: ____________________

Court: ____________________

Match: ____________________

Team 2: ____

Server Score

	1	2	3	4	5	6	7	8	9	10	11	12	13	14	15	16	17	18	19	20	21
	1	2	3	4	5	6	7	8	9	10	11	12	13	14	15	16	17	18	19	20	21
	1	2	3	4	5	6	7	8	9	10	11	12	13	14	15	16	17	18	19	20	21

TimeOuts

1	2	3
1	2	3
1	2	3

If above wins match,
all scores & initials

________ ________ ________ ________

If above wins match,
all scores & initials

	1	2	3	4	5	6	7	8	9	10	11	12	13	14	15	16	17	18	19	20	21
	1	2	3	4	5	6	7	8	9	10	11	12	13	14	15	16	17	18	19	20	21
	1	2	3	4	5	6	7	8	9	10	11	12	13	14	15	16	17	18	19	20	21

Server Score

1	2	3
1	2	3
1	2	3

TimeOuts

Team 1: ____

Event: ____

Format:

Referee: ____________________

Court: ____________________

Match: ____________________

Team 2: ______________________________

Server Score

	1	2	3	4	5	6	7	8	9	10	11	12	13	14	15	16	17	18	19	20	21
	1	2	3	4	5	6	7	8	9	10	11	12	13	14	15	16	17	18	19	20	21
	1	2	3	4	5	6	7	8	9	10	11	12	13	14	15	16	17	18	19	20	21

TimeOuts

1	2	3
1	2	3
1	2	3

If above wins match,
all scores & initials

If above wins match,
all scores & initials ______ ______ ______ ______

Server Score

	1	2	3	4	5	6	7	8	9	10	11	12	13	14	15	16	17	18	19	20	21
	1	2	3	4	5	6	7	8	9	10	11	12	13	14	15	16	17	18	19	20	21
	1	2	3	4	5	6	7	8	9	10	11	12	13	14	15	16	17	18	19	20	21

TimeOuts

1	2	3
1	2	3
1	2	3

Event: ______________________________ Match: ________

Team 1: ______________________________ Court: ________

Referee: ________

Format:

Team 2: ______________________________

Server Score

	1	2	3	4	5	6	7	8	9	10	11	12	13	14	15	16	17	18	19	20	21
	1	2	3	4	5	6	7	8	9	10	11	12	13	14	15	16	17	18	19	20	21
	1	2	3	4	5	6	7	8	9	10	11	12	13	14	15	16	17	18	19	20	21

TimeOuts

1	2	3
1	2	3
1	2	3

If above wins match,
all scores & initials

If above wins match,
all scores & initials ______ ______ ______ ______

Server Score

	1	2	3	4	5	6	7	8	9	10	11	12	13	14	15	16	17	18	19	20	21
	1	2	3	4	5	6	7	8	9	10	11	12	13	14	15	16	17	18	19	20	21
	1	2	3	4	5	6	7	8	9	10	11	12	13	14	15	16	17	18	19	20	21

TimeOuts

1	2	3
1	2	3
1	2	3

Event: ______________________________ Match: ________

Team 1: ______________________________ Court: ________

Referee: ________

Format:

Team 2: ____________________

Server Score

	1	2	3	4	5	6	7	8	9	10	11	12	13	14	15	16	17	18	19	20	21
	1	2	3	4	5	6	7	8	9	10	11	12	13	14	15	16	17	18	19	20	21
	1	2	3	4	5	6	7	8	9	10	11	12	13	14	15	16	17	18	19	20	21

TimeOuts

1	2	3
1	2	3
1	2	3

If above wins match,
all scores & initials

_____ _____ _____ _____

If above wins match,
all scores & initials

Server Score

	1	2	3	4	5	6	7	8	9	10	11	12	13	14	15	16	17	18	19	20	21
	1	2	3	4	5	6	7	8	9	10	11	12	13	14	15	16	17	18	19	20	21
	1	2	3	4	5	6	7	8	9	10	11	12	13	14	15	16	17	18	19	20	21

TimeOuts

1	2	3
1	2	3
1	2	3

Team 1: ____________________ Format:

Event: ____________________ Referee: __________

Court: __________

Match: __________

Team 2: ____________________

Server Score

	1	2	3	4	5	6	7	8	9	10	11	12	13	14	15	16	17	18	19	20	21
	1	2	3	4	5	6	7	8	9	10	11	12	13	14	15	16	17	18	19	20	21
	1	2	3	4	5	6	7	8	9	10	11	12	13	14	15	16	17	18	19	20	21

TimeOuts

1	2	3
1	2	3
1	2	3

If above wins match,
all scores & initials

_____ _____ _____ _____

If above wins match,
all scores & initials

Server Score

	1	2	3	4	5	6	7	8	9	10	11	12	13	14	15	16	17	18	19	20	21
	1	2	3	4	5	6	7	8	9	10	11	12	13	14	15	16	17	18	19	20	21
	1	2	3	4	5	6	7	8	9	10	11	12	13	14	15	16	17	18	19	20	21

TimeOuts

1	2	3
1	2	3
1	2	3

Team 1: ____________________ Format:

Event: ____________________ Referee: __________

Court: __________

Match: __________

Team 2: ____________________

Server Score

	1	2	3	4	5	6	7	8	9	10	11	12	13	14	15	16	17	18	19	20	21
	1	2	3	4	5	6	7	8	9	10	11	12	13	14	15	16	17	18	19	20	21
	1	2	3	4	5	6	7	8	9	10	11	12	13	14	15	16	17	18	19	20	21

TimeOuts

1	2	3
1	2	3
1	2	3

If above wins match,
all scores & initials

______ ______ ______ ______

If above wins match,
all scores & initials

Event: ____________________

Team 1: ____________________

Match: ________

Court: ________

Referee: ________

Format:

Server Score

	1	2	3	4	5	6	7	8	9	10	11	12	13	14	15	16	17	18	19	20	21
	1	2	3	4	5	6	7	8	9	10	11	12	13	14	15	16	17	18	19	20	21
	1	2	3	4	5	6	7	8	9	10	11	12	13	14	15	16	17	18	19	20	21

TimeOuts

1	2	3
1	2	3
1	2	3

Team 2: ____________________

Server Score

	1	2	3	4	5	6	7	8	9	10	11	12	13	14	15	16	17	18	19	20	21
	1	2	3	4	5	6	7	8	9	10	11	12	13	14	15	16	17	18	19	20	21
	1	2	3	4	5	6	7	8	9	10	11	12	13	14	15	16	17	18	19	20	21

TimeOuts

1	2	3
1	2	3
1	2	3

If above wins match,
all scores & initials

______ ______ ______ ______

If above wins match,
all scores & initials

Event: ____________________

Team 1: ____________________

Match: ________

Court: ________

Referee: ________

Format:

Server Score

	1	2	3	4	5	6	7	8	9	10	11	12	13	14	15	16	17	18	19	20	21
	1	2	3	4	5	6	7	8	9	10	11	12	13	14	15	16	17	18	19	20	21
	1	2	3	4	5	6	7	8	9	10	11	12	13	14	15	16	17	18	19	20	21

TimeOuts

1	2	3
1	2	3
1	2	3

Team 2: ______________________________

Server Score

	1	2	3	4	5	6	7	8	9	10	11	12	13	14	15	16	17	18	19	20	21
	1	2	3	4	5	6	7	8	9	10	11	12	13	14	15	16	17	18	19	20	21
	1	2	3	4	5	6	7	8	9	10	11	12	13	14	15	16	17	18	19	20	21

TimeOuts

1	2	3
1	2	3
1	2	3

If above wins match,
all scores & initials

_______ _______ _______ _______

If above wins match,
all scores & initials

Server Score

	1	2	3	4	5	6	7	8	9	10	11	12	13	14	15	16	17	18	19	20	21
	1	2	3	4	5	6	7	8	9	10	11	12	13	14	15	16	17	18	19	20	21
	1	2	3	4	5	6	7	8	9	10	11	12	13	14	15	16	17	18	19	20	21

TimeOuts

1	2	3
1	2	3
1	2	3

Event: ______________________________

Team 1: ______________________________

Match: __________

Court: __________

Referee: __________

Format: __________

Team 2: ______________________________

Server Score

	1	2	3	4	5	6	7	8	9	10	11	12	13	14	15	16	17	18	19	20	21
	1	2	3	4	5	6	7	8	9	10	11	12	13	14	15	16	17	18	19	20	21
	1	2	3	4	5	6	7	8	9	10	11	12	13	14	15	16	17	18	19	20	21

TimeOuts

1	2	3
1	2	3
1	2	3

If above wins match,
all scores & initials

_______ _______ _______ _______

If above wins match,
all scores & initials

Server Score

	1	2	3	4	5	6	7	8	9	10	11	12	13	14	15	16	17	18	19	20	21
	1	2	3	4	5	6	7	8	9	10	11	12	13	14	15	16	17	18	19	20	21
	1	2	3	4	5	6	7	8	9	10	11	12	13	14	15	16	17	18	19	20	21

TimeOuts

1	2	3
1	2	3
1	2	3

Event: ______________________________

Team 1: ______________________________

Match: __________

Court: __________

Referee: __________

Format: __________

Team 2: ______________________________

Server Score

	1	2	3	4	5	6	7	8	9	10	11	12	13	14	15	16	17	18	19	20	21
	1	2	3	4	5	6	7	8	9	10	11	12	13	14	15	16	17	18	19	20	21
	1	2	3	4	5	6	7	8	9	10	11	12	13	14	15	16	17	18	19	20	21

TimeOuts

1	2	3
1	2	3
1	2	3

If above wins match,
all scores & initials

_______ _______ _______ _______

If above wins match,
all scores & initials

Server Score

	1	2	3	4	5	6	7	8	9	10	11	12	13	14	15	16	17	18	19	20	21
	1	2	3	4	5	6	7	8	9	10	11	12	13	14	15	16	17	18	19	20	21
	1	2	3	4	5	6	7	8	9	10	11	12	13	14	15	16	17	18	19	20	21

TimeOuts

1	2	3
1	2	3
1	2	3

Team 1: ______________________________

Event: ______________________________

Match: __________

Court: ______________

Referee: ________________

Format:

Team 2: ______________________________

Server Score

	1	2	3	4	5	6	7	8	9	10	11	12	13	14	15	16	17	18	19	20	21
	1	2	3	4	5	6	7	8	9	10	11	12	13	14	15	16	17	18	19	20	21
	1	2	3	4	5	6	7	8	9	10	11	12	13	14	15	16	17	18	19	20	21

TimeOuts

1	2	3
1	2	3
1	2	3

If above wins match,
all scores & initials

_______ _______ _______ _______

If above wins match,
all scores & initials

Server Score

	1	2	3	4	5	6	7	8	9	10	11	12	13	14	15	16	17	18	19	20	21
	1	2	3	4	5	6	7	8	9	10	11	12	13	14	15	16	17	18	19	20	21
	1	2	3	4	5	6	7	8	9	10	11	12	13	14	15	16	17	18	19	20	21

TimeOuts

1	2	3
1	2	3
1	2	3

Team 1: ______________________________

Event: ______________________________

Match: __________

Court: ______________

Referee: ________________

Format:

Team 2: ______________________________

Server Score

	1	2	3	4	5	6	7	8	9	10	11	12	13	14	15	16	17	18	19	20	21
	1	2	3	4	5	6	7	8	9	10	11	12	13	14	15	16	17	18	19	20	21
	1	2	3	4	5	6	7	8	9	10	11	12	13	14	15	16	17	18	19	20	21

TimeOuts

1	2	3
1	2	3
1	2	3

If above wins match,
all scores & initials

_______ _______ _______ _______

If above wins match,
all scores & initials

Server Score

	1	2	3	4	5	6	7	8	9	10	11	12	13	14	15	16	17	18	19	20	21
	1	2	3	4	5	6	7	8	9	10	11	12	13	14	15	16	17	18	19	20	21
	1	2	3	4	5	6	7	8	9	10	11	12	13	14	15	16	17	18	19	20	21

TimeOuts

1	2	3
1	2	3
1	2	3

Team 1: ______________________________

Event: ______________________________

Format:

Referee: ______________

Court: ______________

Match: ______________

Team 2: ______________________________

Server Score

	1	2	3	4	5	6	7	8	9	10	11	12	13	14	15	16	17	18	19	20	21
	1	2	3	4	5	6	7	8	9	10	11	12	13	14	15	16	17	18	19	20	21
	1	2	3	4	5	6	7	8	9	10	11	12	13	14	15	16	17	18	19	20	21

TimeOuts

1	2	3
1	2	3
1	2	3

If above wins match,
all scores & initials

_______ _______ _______ _______

If above wins match,
all scores & initials

Server Score

	1	2	3	4	5	6	7	8	9	10	11	12	13	14	15	16	17	18	19	20	21
	1	2	3	4	5	6	7	8	9	10	11	12	13	14	15	16	17	18	19	20	21
	1	2	3	4	5	6	7	8	9	10	11	12	13	14	15	16	17	18	19	20	21

TimeOuts

1	2	3
1	2	3
1	2	3

Team 1: ______________________________

Event: ______________________________

Format:

Referee: ______________

Court: ______________

Match: ______________

Team 2: ______________________________

Server Score

	1	2	3	4	5	6	7	8	9	10	11	12	13	14	15	16	17	18	19	20	21
	1	2	3	4	5	6	7	8	9	10	11	12	13	14	15	16	17	18	19	20	21
	1	2	3	4	5	6	7	8	9	10	11	12	13	14	15	16	17	18	19	20	21

TimeOuts

1	2	3
1	2	3
1	2	3

If above wins match,
all scores & initials

________ ________ ________ ________

If above wins match,
all scores & initials

Server Score

	1	2	3	4	5	6	7	8	9	10	11	12	13	14	15	16	17	18	19	20	21
	1	2	3	4	5	6	7	8	9	10	11	12	13	14	15	16	17	18	19	20	21
	1	2	3	4	5	6	7	8	9	10	11	12	13	14	15	16	17	18	19	20	21

TimeOuts

1	2	3
1	2	3
1	2	3

Team 1: ______________________________

Event: ______________________________

Format:

Referee: ______________

Court: ______________

Match: ______________

Team 2: ______________________________

Server Score

	1	2	3	4	5	6	7	8	9	10	11	12	13	14	15	16	17	18	19	20	21
	1	2	3	4	5	6	7	8	9	10	11	12	13	14	15	16	17	18	19	20	21
	1	2	3	4	5	6	7	8	9	10	11	12	13	14	15	16	17	18	19	20	21

TimeOuts

1	2	3
1	2	3
1	2	3

If above wins match,
all scores & initials

________ ________ ________ ________

If above wins match,
all scores & initials

Server Score

	1	2	3	4	5	6	7	8	9	10	11	12	13	14	15	16	17	18	19	20	21
	1	2	3	4	5	6	7	8	9	10	11	12	13	14	15	16	17	18	19	20	21
	1	2	3	4	5	6	7	8	9	10	11	12	13	14	15	16	17	18	19	20	21

TimeOuts

1	2	3
1	2	3
1	2	3

Team 1: ______________________________

Event: ______________________________

Format:

Referee: ______________

Court: ______________

Match: ______________

Team 2: ______________________________

Server Score

	1	2	3	4	5	6	7	8	9	10	11	12	13	14	15	16	17	18	19	20	21
	1	2	3	4	5	6	7	8	9	10	11	12	13	14	15	16	17	18	19	20	21
	1	2	3	4	5	6	7	8	9	10	11	12	13	14	15	16	17	18	19	20	21

TimeOuts

1	2	3
1	2	3
1	2	3

If above wins match,
all scores & initials

Match: ________

Court: ________

Referee: ________

Format:

Event: ______________________________

Team 1: ______________________________

Server Score

	1	2	3	4	5	6	7	8	9	10	11	12	13	14	15	16	17	18	19	20	21
	1	2	3	4	5	6	7	8	9	10	11	12	13	14	15	16	17	18	19	20	21
	1	2	3	4	5	6	7	8	9	10	11	12	13	14	15	16	17	18	19	20	21

TimeOuts

1	2	3
1	2	3
1	2	3

If above wins match,
all scores & initials

________ ________ ________ ________

Team 2: ______________________________

Server Score

	1	2	3	4	5	6	7	8	9	10	11	12	13	14	15	16	17	18	19	20	21
	1	2	3	4	5	6	7	8	9	10	11	12	13	14	15	16	17	18	19	20	21
	1	2	3	4	5	6	7	8	9	10	11	12	13	14	15	16	17	18	19	20	21

TimeOuts

1	2	3
1	2	3
1	2	3

If above wins match,
all scores & initials

Match: ________

Court: ________

Referee: ________

Format:

Event: ______________________________

Team 1: ______________________________

Server Score

	1	2	3	4	5	6	7	8	9	10	11	12	13	14	15	16	17	18	19	20	21
	1	2	3	4	5	6	7	8	9	10	11	12	13	14	15	16	17	18	19	20	21
	1	2	3	4	5	6	7	8	9	10	11	12	13	14	15	16	17	18	19	20	21

TimeOuts

1	2	3
1	2	3
1	2	3

If above wins match,
all scores & initials

________ ________ ________ ________

Team 2: ____________________

Server Score

	1	2	3	4	5	6	7	8	9	10	11	12	13	14	15	16	17	18	19	20	21
	1	2	3	4	5	6	7	8	9	10	11	12	13	14	15	16	17	18	19	20	21
	1	2	3	4	5	6	7	8	9	10	11	12	13	14	15	16	17	18	19	20	21

TimeOuts

1	2	3
1	2	3
1	2	3

If above wins match,
all scores & initials

______ ______ ______ ______

If above wins match,
all scores & initials

Server Score

	1	2	3	4	5	6	7	8	9	10	11	12	13	14	15	16	17	18	19	20	21
	1	2	3	4	5	6	7	8	9	10	11	12	13	14	15	16	17	18	19	20	21
	1	2	3	4	5	6	7	8	9	10	11	12	13	14	15	16	17	18	19	20	21

TimeOuts

1	2	3
1	2	3
1	2	3

Event: ____________________

Team 1: ____________________

Match: ________

Court: ________

Referee: ________

Format: ________

Team 2: ____________________

Server Score

	1	2	3	4	5	6	7	8	9	10	11	12	13	14	15	16	17	18	19	20	21
	1	2	3	4	5	6	7	8	9	10	11	12	13	14	15	16	17	18	19	20	21
	1	2	3	4	5	6	7	8	9	10	11	12	13	14	15	16	17	18	19	20	21

TimeOuts

1	2	3
1	2	3
1	2	3

If above wins match,
all scores & initials

______ ______ ______ ______

If above wins match,
all scores & initials

Server Score

	1	2	3	4	5	6	7	8	9	10	11	12	13	14	15	16	17	18	19	20	21
	1	2	3	4	5	6	7	8	9	10	11	12	13	14	15	16	17	18	19	20	21
	1	2	3	4	5	6	7	8	9	10	11	12	13	14	15	16	17	18	19	20	21

TimeOuts

1	2	3
1	2	3
1	2	3

Event: ____________________

Team 1: ____________________

Match: ________

Court: ________

Referee: ________

Format: ________

Team 2: ______________________________

Server Score

	1	2	3	4	5	6	7	8	9	10	11	12	13	14	15	16	17	18	19	20	21
	1	2	3	4	5	6	7	8	9	10	11	12	13	14	15	16	17	18	19	20	21
	1	2	3	4	5	6	7	8	9	10	11	12	13	14	15	16	17	18	19	20	21

TimeOuts

1	2	3
1	2	3
1	2	3

If above wins match,
all scores & initials

_______ _______ _______ _______

If above wins match,
all scores & initials

Server Score

	1	2	3	4	5	6	7	8	9	10	11	12	13	14	15	16	17	18	19	20	21
	1	2	3	4	5	6	7	8	9	10	11	12	13	14	15	16	17	18	19	20	21
	1	2	3	4	5	6	7	8	9	10	11	12	13	14	15	16	17	18	19	20	21

TimeOuts

1	2	3
1	2	3
1	2	3

Event: ______________________________

Team 1: ______________________________

Match: ____________

Court: ____________

Referee: ____________

Format: ____________

Team 2: ______________________________

Server Score

	1	2	3	4	5	6	7	8	9	10	11	12	13	14	15	16	17	18	19	20	21
	1	2	3	4	5	6	7	8	9	10	11	12	13	14	15	16	17	18	19	20	21
	1	2	3	4	5	6	7	8	9	10	11	12	13	14	15	16	17	18	19	20	21

TimeOuts

1	2	3
1	2	3
1	2	3

If above wins match,
all scores & initials

_______ _______ _______ _______

If above wins match,
all scores & initials

Server Score

	1	2	3	4	5	6	7	8	9	10	11	12	13	14	15	16	17	18	19	20	21
	1	2	3	4	5	6	7	8	9	10	11	12	13	14	15	16	17	18	19	20	21
	1	2	3	4	5	6	7	8	9	10	11	12	13	14	15	16	17	18	19	20	21

TimeOuts

1	2	3
1	2	3
1	2	3

Event: ______________________________

Team 1: ______________________________

Match: ____________

Court: ____________

Referee: ____________

Format: ____________

Team 2: ______________________________

Server Score

	1	2	3	4	5	6	7	8	9	10	11	12	13	14	15	16	17	18	19	20	21
	1	2	3	4	5	6	7	8	9	10	11	12	13	14	15	16	17	18	19	20	21
	1	2	3	4	5	6	7	8	9	10	11	12	13	14	15	16	17	18	19	20	21

TimeOuts

1	2	3
1	2	3
1	2	3

If above wins match,
all scores & initials

_______ _______ _______ _______

Match: __________

Court: ______________

Referee: ____________________

Format:

Event: ______________________________

Team 1: ______________________________

Server Score

	1	2	3	4	5	6	7	8	9	10	11	12	13	14	15	16	17	18	19	20	21
	1	2	3	4	5	6	7	8	9	10	11	12	13	14	15	16	17	18	19	20	21
	1	2	3	4	5	6	7	8	9	10	11	12	13	14	15	16	17	18	19	20	21

TimeOuts

1	2	3
1	2	3
1	2	3

If above wins match,
all scores & initials

Team 2: ______________________________

Server Score

	1	2	3	4	5	6	7	8	9	10	11	12	13	14	15	16	17	18	19	20	21
	1	2	3	4	5	6	7	8	9	10	11	12	13	14	15	16	17	18	19	20	21
	1	2	3	4	5	6	7	8	9	10	11	12	13	14	15	16	17	18	19	20	21

TimeOuts

1	2	3
1	2	3
1	2	3

If above wins match,
all scores & initials

_______ _______ _______ _______

Match: __________

Court: ______________

Referee: ____________________

Format:

Event: ______________________________

Team 1: ______________________________

Server Score

	1	2	3	4	5	6	7	8	9	10	11	12	13	14	15	16	17	18	19	20	21
	1	2	3	4	5	6	7	8	9	10	11	12	13	14	15	16	17	18	19	20	21
	1	2	3	4	5	6	7	8	9	10	11	12	13	14	15	16	17	18	19	20	21

TimeOuts

1	2	3
1	2	3
1	2	3

If above wins match,
all scores & initials

Team 2: ______________________

Server Score

	1	2	3	4	5	6	7	8	9	10	11	12	13	14	15	16	17	18	19	20	21
	1	2	3	4	5	6	7	8	9	10	11	12	13	14	15	16	17	18	19	20	21
	1	2	3	4	5	6	7	8	9	10	11	12	13	14	15	16	17	18	19	20	21

TimeOuts

1	2	3
1	2	3
1	2	3

If above wins match,
all scores & initials

______ ______ ______ ______

If above wins match,
all scores & initials

Server Score

	1	2	3	4	5	6	7	8	9	10	11	12	13	14	15	16	17	18	19	20	21
	1	2	3	4	5	6	7	8	9	10	11	12	13	14	15	16	17	18	19	20	21
	1	2	3	4	5	6	7	8	9	10	11	12	13	14	15	16	17	18	19	20	21

TimeOuts

1	2	3
1	2	3
1	2	3

Team 1: ______________________

Event: ______________________

Match: ______

Court: ______

Referee: ______

Format: ______

Team 2: ______________________

Server Score

	1	2	3	4	5	6	7	8	9	10	11	12	13	14	15	16	17	18	19	20	21
	1	2	3	4	5	6	7	8	9	10	11	12	13	14	15	16	17	18	19	20	21
	1	2	3	4	5	6	7	8	9	10	11	12	13	14	15	16	17	18	19	20	21

TimeOuts

1	2	3
1	2	3
1	2	3

If above wins match,
all scores & initials

______ ______ ______ ______

If above wins match,
all scores & initials

Server Score

	1	2	3	4	5	6	7	8	9	10	11	12	13	14	15	16	17	18	19	20	21
	1	2	3	4	5	6	7	8	9	10	11	12	13	14	15	16	17	18	19	20	21
	1	2	3	4	5	6	7	8	9	10	11	12	13	14	15	16	17	18	19	20	21

TimeOuts

1	2	3
1	2	3
1	2	3

Team 1: ______________________

Event: ______________________

Match: ______

Court: ______

Referee: ______

Format: ______

Team 2: ______________________

Server Score

	1	2	3	4	5	6	7	8	9	10	11	12	13	14	15	16	17	18	19	20	21
	1	2	3	4	5	6	7	8	9	10	11	12	13	14	15	16	17	18	19	20	21
	1	2	3	4	5	6	7	8	9	10	11	12	13	14	15	16	17	18	19	20	21

TimeOuts

1	2	3
1	2	3
1	2	3

If above wins match,
all scores & initials

______ ______ ______ ______

If above wins match,
all scores & initials

Event: ______________________ Match: ________

Team 1: ______________________ Court: ________

Referee: ________

Format: ________

Server Score

	1	2	3	4	5	6	7	8	9	10	11	12	13	14	15	16	17	18	19	20	21
	1	2	3	4	5	6	7	8	9	10	11	12	13	14	15	16	17	18	19	20	21
	1	2	3	4	5	6	7	8	9	10	11	12	13	14	15	16	17	18	19	20	21

TimeOuts

1	2	3
1	2	3
1	2	3

Team 2: ______________________

Server Score

	1	2	3	4	5	6	7	8	9	10	11	12	13	14	15	16	17	18	19	20	21
	1	2	3	4	5	6	7	8	9	10	11	12	13	14	15	16	17	18	19	20	21
	1	2	3	4	5	6	7	8	9	10	11	12	13	14	15	16	17	18	19	20	21

TimeOuts

1	2	3
1	2	3
1	2	3

If above wins match,
all scores & initials

______ ______ ______ ______

If above wins match,
all scores & initials

Event: ______________________ Match: ________

Team 1: ______________________ Court: ________

Referee: ________

Format: ________

Server Score

	1	2	3	4	5	6	7	8	9	10	11	12	13	14	15	16	17	18	19	20	21
	1	2	3	4	5	6	7	8	9	10	11	12	13	14	15	16	17	18	19	20	21
	1	2	3	4	5	6	7	8	9	10	11	12	13	14	15	16	17	18	19	20	21

TimeOuts

1	2	3
1	2	3
1	2	3

Team 2: ____________________

Server Score

	1	2	3	4	5	6	7	8	9	10	11	12	13	14	15	16	17	18	19	20	21
	1	2	3	4	5	6	7	8	9	10	11	12	13	14	15	16	17	18	19	20	21
	1	2	3	4	5	6	7	8	9	10	11	12	13	14	15	16	17	18	19	20	21

TimeOuts

1	2	3
1	2	3
1	2	3

If above wins match,
all scores & initials

_______ _______ _______ _______

If above wins match,
all scores & initials

Server Score

	1	2	3	4	5	6	7	8	9	10	11	12	13	14	15	16	17	18	19	20	21
	1	2	3	4	5	6	7	8	9	10	11	12	13	14	15	16	17	18	19	20	21
	1	2	3	4	5	6	7	8	9	10	11	12	13	14	15	16	17	18	19	20	21

TimeOuts

1	2	3
1	2	3
1	2	3

Team 1: ____________________

Event: ____________________

Format:

Referee: ____________

Court: ____________

Match: ____________

Team 2: ____________________

Server Score

	1	2	3	4	5	6	7	8	9	10	11	12	13	14	15	16	17	18	19	20	21
	1	2	3	4	5	6	7	8	9	10	11	12	13	14	15	16	17	18	19	20	21
	1	2	3	4	5	6	7	8	9	10	11	12	13	14	15	16	17	18	19	20	21

TimeOuts

1	2	3
1	2	3
1	2	3

If above wins match,
all scores & initials

_______ _______ _______ _______

If above wins match,
all scores & initials

Server Score

	1	2	3	4	5	6	7	8	9	10	11	12	13	14	15	16	17	18	19	20	21
	1	2	3	4	5	6	7	8	9	10	11	12	13	14	15	16	17	18	19	20	21
	1	2	3	4	5	6	7	8	9	10	11	12	13	14	15	16	17	18	19	20	21

TimeOuts

1	2	3
1	2	3
1	2	3

Team 1: ____________________

Event: ____________________

Format:

Referee: ____________

Court: ____________

Match: ____________

Team 2: ______________________________

Server Score

	1	2	3	4	5	6	7	8	9	10	11	12	13	14	15	16	17	18	19	20	21
	1	2	3	4	5	6	7	8	9	10	11	12	13	14	15	16	17	18	19	20	21
	1	2	3	4	5	6	7	8	9	10	11	12	13	14	15	16	17	18	19	20	21

TimeOuts

1	2	3
1	2	3
1	2	3

If above wins match,
all scores & initials

______ ______ ______ ______

Event: ______________________________

Team 1: ______________________________

Match: ________

Court: ____________

Referee: ____________

Format:

Server Score

	1	2	3	4	5	6	7	8	9	10	11	12	13	14	15	16	17	18	19	20	21
	1	2	3	4	5	6	7	8	9	10	11	12	13	14	15	16	17	18	19	20	21
	1	2	3	4	5	6	7	8	9	10	11	12	13	14	15	16	17	18	19	20	21

TimeOuts

1	2	3
1	2	3
1	2	3

If above wins match,
all scores & initials

Team 2: ______________________________

Server Score

	1	2	3	4	5	6	7	8	9	10	11	12	13	14	15	16	17	18	19	20	21
	1	2	3	4	5	6	7	8	9	10	11	12	13	14	15	16	17	18	19	20	21
	1	2	3	4	5	6	7	8	9	10	11	12	13	14	15	16	17	18	19	20	21

TimeOuts

1	2	3
1	2	3
1	2	3

If above wins match,
all scores & initials

______ ______ ______ ______

Event: ______________________________

Team 1: ______________________________

Match: ________

Court: ____________

Referee: ____________

Format:

Server Score

	1	2	3	4	5	6	7	8	9	10	11	12	13	14	15	16	17	18	19	20	21
	1	2	3	4	5	6	7	8	9	10	11	12	13	14	15	16	17	18	19	20	21
	1	2	3	4	5	6	7	8	9	10	11	12	13	14	15	16	17	18	19	20	21

TimeOuts

1	2	3
1	2	3
1	2	3

If above wins match,
all scores & initials

Team 2: ______________________________

Server Score

	1	2	3	4	5	6	7	8	9	10	11	12	13	14	15	16	17	18	19	20	21
	1	2	3	4	5	6	7	8	9	10	11	12	13	14	15	16	17	18	19	20	21
	1	2	3	4	5	6	7	8	9	10	11	12	13	14	15	16	17	18	19	20	21

TimeOuts

1	2	3
1	2	3
1	2	3

If above wins match,
all scores & initials

_______ _______ _______ _______

If above wins match,
all scores & initials

Server Score

	1	2	3	4	5	6	7	8	9	10	11	12	13	14	15	16	17	18	19	20	21
	1	2	3	4	5	6	7	8	9	10	11	12	13	14	15	16	17	18	19	20	21
	1	2	3	4	5	6	7	8	9	10	11	12	13	14	15	16	17	18	19	20	21

TimeOuts

1	2	3
1	2	3
1	2	3

Team 1: ______________________________ Format: __________

Event: ______________________________ Referee: __________

Court: __________

Match: __________

Team 2: ______________________________

Server Score

	1	2	3	4	5	6	7	8	9	10	11	12	13	14	15	16	17	18	19	20	21
	1	2	3	4	5	6	7	8	9	10	11	12	13	14	15	16	17	18	19	20	21
	1	2	3	4	5	6	7	8	9	10	11	12	13	14	15	16	17	18	19	20	21

TimeOuts

1	2	3
1	2	3
1	2	3

If above wins match,
all scores & initials

_______ _______ _______ _______

If above wins match,
all scores & initials

Server Score

	1	2	3	4	5	6	7	8	9	10	11	12	13	14	15	16	17	18	19	20	21
	1	2	3	4	5	6	7	8	9	10	11	12	13	14	15	16	17	18	19	20	21
	1	2	3	4	5	6	7	8	9	10	11	12	13	14	15	16	17	18	19	20	21

TimeOuts

1	2	3
1	2	3
1	2	3

Team 1: ______________________________ Format: __________

Event: ______________________________ Referee: __________

Court: __________

Match: __________

Team 2: ____________________

Server Score

	1	2	3	4	5	6	7	8	9	10	11	12	13	14	15	16	17	18	19	20	21
	1	2	3	4	5	6	7	8	9	10	11	12	13	14	15	16	17	18	19	20	21
	1	2	3	4	5	6	7	8	9	10	11	12	13	14	15	16	17	18	19	20	21

TimeOuts

1	2	3
1	2	3
1	2	3

If above wins match,
all scores & initials

____ ____ ____ ____

If above wins match,
all scores & initials

Server Score

	1	2	3	4	5	6	7	8	9	10	11	12	13	14	15	16	17	18	19	20	21
	1	2	3	4	5	6	7	8	9	10	11	12	13	14	15	16	17	18	19	20	21
	1	2	3	4	5	6	7	8	9	10	11	12	13	14	15	16	17	18	19	20	21

TimeOuts

1	2	3
1	2	3
1	2	3

Event: ____________________

Team 1: ____________________

Match: ________

Court: ________

Referee: ________

Format: ________

Team 2: ____________________

Server Score

	1	2	3	4	5	6	7	8	9	10	11	12	13	14	15	16	17	18	19	20	21
	1	2	3	4	5	6	7	8	9	10	11	12	13	14	15	16	17	18	19	20	21
	1	2	3	4	5	6	7	8	9	10	11	12	13	14	15	16	17	18	19	20	21

TimeOuts

1	2	3
1	2	3
1	2	3

If above wins match,
all scores & initials

____ ____ ____ ____

If above wins match,
all scores & initials

Server Score

	1	2	3	4	5	6	7	8	9	10	11	12	13	14	15	16	17	18	19	20	21
	1	2	3	4	5	6	7	8	9	10	11	12	13	14	15	16	17	18	19	20	21
	1	2	3	4	5	6	7	8	9	10	11	12	13	14	15	16	17	18	19	20	21

TimeOuts

1	2	3
1	2	3
1	2	3

Event: ____________________

Team 1: ____________________

Match: ________

Court: ________

Referee: ________

Format: ________

Team 2: ____________________

Server Score

	1	2	3	4	5	6	7	8	9	10	11	12	13	14	15	16	17	18	19	20	21
	1	2	3	4	5	6	7	8	9	10	11	12	13	14	15	16	17	18	19	20	21
	1	2	3	4	5	6	7	8	9	10	11	12	13	14	15	16	17	18	19	20	21

TimeOuts

1	2	3
1	2	3
1	2	3

If above wins match,
all scores & initials

_______ _______ _______ _______

If above wins match,
all scores & initials

Server Score

	1	2	3	4	5	6	7	8	9	10	11	12	13	14	15	16	17	18	19	20	21
	1	2	3	4	5	6	7	8	9	10	11	12	13	14	15	16	17	18	19	20	21
	1	2	3	4	5	6	7	8	9	10	11	12	13	14	15	16	17	18	19	20	21

TimeOuts

1	2	3
1	2	3
1	2	3

Team 1: ____________________

Event: ____________________

Match: ________

Court: ________

Referee: ________

Format: ________

Team 2: ____________________

Server Score

	1	2	3	4	5	6	7	8	9	10	11	12	13	14	15	16	17	18	19	20	21
	1	2	3	4	5	6	7	8	9	10	11	12	13	14	15	16	17	18	19	20	21
	1	2	3	4	5	6	7	8	9	10	11	12	13	14	15	16	17	18	19	20	21

TimeOuts

1	2	3
1	2	3
1	2	3

If above wins match,
all scores & initials

_______ _______ _______ _______

If above wins match,
all scores & initials

Server Score

	1	2	3	4	5	6	7	8	9	10	11	12	13	14	15	16	17	18	19	20	21
	1	2	3	4	5	6	7	8	9	10	11	12	13	14	15	16	17	18	19	20	21
	1	2	3	4	5	6	7	8	9	10	11	12	13	14	15	16	17	18	19	20	21

TimeOuts

1	2	3
1	2	3
1	2	3

Team 1: ____________________

Event: ____________________

Match: ________

Court: ________

Referee: ________

Format: ________

Team 2: ______________________________

Server Score

	1	2	3	4	5	6	7	8	9	10	11	12	13	14	15	16	17	18	19	20	21
	1	2	3	4	5	6	7	8	9	10	11	12	13	14	15	16	17	18	19	20	21
	1	2	3	4	5	6	7	8	9	10	11	12	13	14	15	16	17	18	19	20	21

TimeOuts

1	2	3
1	2	3
1	2	3

If above wins match,
all scores & initials

_______ _______ _______ _______

If above wins match,
all scores & initials

Match: __________

Court: __________

Referee: __________

Format:

Event: ______________________________

Team 1: ______________________________

Server Score

	1	2	3	4	5	6	7	8	9	10	11	12	13	14	15	16	17	18	19	20	21
	1	2	3	4	5	6	7	8	9	10	11	12	13	14	15	16	17	18	19	20	21
	1	2	3	4	5	6	7	8	9	10	11	12	13	14	15	16	17	18	19	20	21

TimeOuts

1	2	3
1	2	3
1	2	3

Team 2: ______________________________

Server Score

	1	2	3	4	5	6	7	8	9	10	11	12	13	14	15	16	17	18	19	20	21
	1	2	3	4	5	6	7	8	9	10	11	12	13	14	15	16	17	18	19	20	21
	1	2	3	4	5	6	7	8	9	10	11	12	13	14	15	16	17	18	19	20	21

TimeOuts

1	2	3
1	2	3
1	2	3

If above wins match,
all scores & initials

_______ _______ _______ _______

If above wins match,
all scores & initials

Match: __________

Court: __________

Referee: __________

Format:

Event: ______________________________

Team 1: ______________________________

Server Score

	1	2	3	4	5	6	7	8	9	10	11	12	13	14	15	16	17	18	19	20	21
	1	2	3	4	5	6	7	8	9	10	11	12	13	14	15	16	17	18	19	20	21
	1	2	3	4	5	6	7	8	9	10	11	12	13	14	15	16	17	18	19	20	21

TimeOuts

1	2	3
1	2	3
1	2	3

Team 2: ______________________________

Server Score

	1	2	3	4	5	6	7	8	9	10	11	12	13	14	15	16	17	18	19	20	21
	1	2	3	4	5	6	7	8	9	10	11	12	13	14	15	16	17	18	19	20	21
	1	2	3	4	5	6	7	8	9	10	11	12	13	14	15	16	17	18	19	20	21

TimeOuts

1	2	3
1	2	3
1	2	3

If above wins match,
all scores & initials

_______ _______ _______ _______

If above wins match,
all scores & initials

Event: ______________________________ Match: __________

Team 1: ______________________________ Court: __________

Referee: __________

Format:

Server Score

	1	2	3	4	5	6	7	8	9	10	11	12	13	14	15	16	17	18	19	20	21
	1	2	3	4	5	6	7	8	9	10	11	12	13	14	15	16	17	18	19	20	21
	1	2	3	4	5	6	7	8	9	10	11	12	13	14	15	16	17	18	19	20	21

TimeOuts

1	2	3
1	2	3
1	2	3

Team 2: ______________________________

Server Score

	1	2	3	4	5	6	7	8	9	10	11	12	13	14	15	16	17	18	19	20	21
	1	2	3	4	5	6	7	8	9	10	11	12	13	14	15	16	17	18	19	20	21
	1	2	3	4	5	6	7	8	9	10	11	12	13	14	15	16	17	18	19	20	21

TimeOuts

1	2	3
1	2	3
1	2	3

If above wins match,
all scores & initials

_______ _______ _______ _______

If above wins match,
all scores & initials

Event: ______________________________ Match: __________

Team 1: ______________________________ Court: __________

Referee: __________

Format:

Server Score

	1	2	3	4	5	6	7	8	9	10	11	12	13	14	15	16	17	18	19	20	21
	1	2	3	4	5	6	7	8	9	10	11	12	13	14	15	16	17	18	19	20	21
	1	2	3	4	5	6	7	8	9	10	11	12	13	14	15	16	17	18	19	20	21

TimeOuts

1	2	3
1	2	3
1	2	3

Team 2: ______________________________

Server Score

	1	2	3	4	5	6	7	8	9	10	11	12	13	14	15	16	17	18	19	20	21
	1	2	3	4	5	6	7	8	9	10	11	12	13	14	15	16	17	18	19	20	21
	1	2	3	4	5	6	7	8	9	10	11	12	13	14	15	16	17	18	19	20	21

TimeOuts

1	2	3
1	2	3
1	2	3

If above wins match,
all scores & initials

_______ _______ _______ _______

If above wins match,
all scores & initials

Server Score

	1	2	3	4	5	6	7	8	9	10	11	12	13	14	15	16	17	18	19	20	21
	1	2	3	4	5	6	7	8	9	10	11	12	13	14	15	16	17	18	19	20	21
	1	2	3	4	5	6	7	8	9	10	11	12	13	14	15	16	17	18	19	20	21

TimeOuts

1	2	3
1	2	3
1	2	3

Team 1: ______________________________

Event: ______________________________

Format:

Referee: ______________

Court: ______________

Match: ______________

Team 2: ______________________________

Server Score

	1	2	3	4	5	6	7	8	9	10	11	12	13	14	15	16	17	18	19	20	21
	1	2	3	4	5	6	7	8	9	10	11	12	13	14	15	16	17	18	19	20	21
	1	2	3	4	5	6	7	8	9	10	11	12	13	14	15	16	17	18	19	20	21

TimeOuts

1	2	3
1	2	3
1	2	3

If above wins match,
all scores & initials

_______ _______ _______ _______

If above wins match,
all scores & initials

Server Score

	1	2	3	4	5	6	7	8	9	10	11	12	13	14	15	16	17	18	19	20	21
	1	2	3	4	5	6	7	8	9	10	11	12	13	14	15	16	17	18	19	20	21
	1	2	3	4	5	6	7	8	9	10	11	12	13	14	15	16	17	18	19	20	21

TimeOuts

1	2	3
1	2	3
1	2	3

Team 1: ______________________________

Event: ______________________________

Format:

Referee: ______________

Court: ______________

Match: ______________

Team 2: ______________________________

Server Score

	1	2	3	4	5	6	7	8	9	10	11	12	13	14	15	16	17	18	19	20	21
	1	2	3	4	5	6	7	8	9	10	11	12	13	14	15	16	17	18	19	20	21
	1	2	3	4	5	6	7	8	9	10	11	12	13	14	15	16	17	18	19	20	21

TimeOuts

1	2	3
1	2	3
1	2	3

If above wins match,
all scores & initials

________ ________ ________ ________

If above wins match,
all scores & initials

Server Score

	1	2	3	4	5	6	7	8	9	10	11	12	13	14	15	16	17	18	19	20	21
	1	2	3	4	5	6	7	8	9	10	11	12	13	14	15	16	17	18	19	20	21
	1	2	3	4	5	6	7	8	9	10	11	12	13	14	15	16	17	18	19	20	21

TimeOuts

1	2	3
1	2	3
1	2	3

Team 1: ______________________________

Event: ______________________________

Format:

Referee: ______________

Court: ______________

Match: ______________

Team 2: ______________________________

Server Score

	1	2	3	4	5	6	7	8	9	10	11	12	13	14	15	16	17	18	19	20	21
	1	2	3	4	5	6	7	8	9	10	11	12	13	14	15	16	17	18	19	20	21
	1	2	3	4	5	6	7	8	9	10	11	12	13	14	15	16	17	18	19	20	21

TimeOuts

1	2	3
1	2	3
1	2	3

If above wins match,
all scores & initials

________ ________ ________ ________

If above wins match,
all scores & initials

Server Score

	1	2	3	4	5	6	7	8	9	10	11	12	13	14	15	16	17	18	19	20	21
	1	2	3	4	5	6	7	8	9	10	11	12	13	14	15	16	17	18	19	20	21
	1	2	3	4	5	6	7	8	9	10	11	12	13	14	15	16	17	18	19	20	21

TimeOuts

1	2	3
1	2	3
1	2	3

Team 1: ______________________________

Event: ______________________________

Format:

Referee: ______________

Court: ______________

Match: ______________

Team 2: ______________________________

Server Score

	1	2	3	4	5	6	7	8	9	10	11	12	13	14	15	16	17	18	19	20	21
	1	2	3	4	5	6	7	8	9	10	11	12	13	14	15	16	17	18	19	20	21
	1	2	3	4	5	6	7	8	9	10	11	12	13	14	15	16	17	18	19	20	21

TimeOuts

1	2	3
1	2	3
1	2	3

If above wins match,
all scores & initials

_______ _______ _______ _______

If above wins match,
all scores & initials

Server Score

	1	2	3	4	5	6	7	8	9	10	11	12	13	14	15	16	17	18	19	20	21
	1	2	3	4	5	6	7	8	9	10	11	12	13	14	15	16	17	18	19	20	21
	1	2	3	4	5	6	7	8	9	10	11	12	13	14	15	16	17	18	19	20	21

TimeOuts

1	2	3
1	2	3
1	2	3

Event: ______________________________

Team 1: ______________________________

Match: __________

Court: __________

Referee: __________

Format: __________

Team 2: ______________________________

Server Score

	1	2	3	4	5	6	7	8	9	10	11	12	13	14	15	16	17	18	19	20	21
	1	2	3	4	5	6	7	8	9	10	11	12	13	14	15	16	17	18	19	20	21
	1	2	3	4	5	6	7	8	9	10	11	12	13	14	15	16	17	18	19	20	21

TimeOuts

1	2	3
1	2	3
1	2	3

If above wins match,
all scores & initials

_______ _______ _______ _______

If above wins match,
all scores & initials

Server Score

	1	2	3	4	5	6	7	8	9	10	11	12	13	14	15	16	17	18	19	20	21
	1	2	3	4	5	6	7	8	9	10	11	12	13	14	15	16	17	18	19	20	21
	1	2	3	4	5	6	7	8	9	10	11	12	13	14	15	16	17	18	19	20	21

TimeOuts

1	2	3
1	2	3
1	2	3

Event: ______________________________

Team 1: ______________________________

Match: __________

Court: __________

Referee: __________

Format: __________

Team 2: ______________________________

Server Score

	1	2	3	4	5	6	7	8	9	10	11	12	13	14	15	16	17	18	19	20	21
	1	2	3	4	5	6	7	8	9	10	11	12	13	14	15	16	17	18	19	20	21
	1	2	3	4	5	6	7	8	9	10	11	12	13	14	15	16	17	18	19	20	21

TimeOuts

1	2	3
1	2	3
1	2	3

If above wins match,
all scores & initials

_______ _______ _______ _______

If above wins match,
all scores & initials

Server Score

	1	2	3	4	5	6	7	8	9	10	11	12	13	14	15	16	17	18	19	20	21
	1	2	3	4	5	6	7	8	9	10	11	12	13	14	15	16	17	18	19	20	21
	1	2	3	4	5	6	7	8	9	10	11	12	13	14	15	16	17	18	19	20	21

TimeOuts

1	2	3
1	2	3
1	2	3

Team 1: ______________________________ Format: ______________

Event: ______________________________ Referee: ______________

Court: ______________

Match: ______________

Team 2: ______________________________

Server Score

	1	2	3	4	5	6	7	8	9	10	11	12	13	14	15	16	17	18	19	20	21
	1	2	3	4	5	6	7	8	9	10	11	12	13	14	15	16	17	18	19	20	21
	1	2	3	4	5	6	7	8	9	10	11	12	13	14	15	16	17	18	19	20	21

TimeOuts

1	2	3
1	2	3
1	2	3

If above wins match,
all scores & initials

_______ _______ _______ _______

If above wins match,
all scores & initials

Server Score

	1	2	3	4	5	6	7	8	9	10	11	12	13	14	15	16	17	18	19	20	21
	1	2	3	4	5	6	7	8	9	10	11	12	13	14	15	16	17	18	19	20	21
	1	2	3	4	5	6	7	8	9	10	11	12	13	14	15	16	17	18	19	20	21

TimeOuts

1	2	3
1	2	3
1	2	3

Team 1: ______________________________ Format: ______________

Event: ______________________________ Referee: ______________

Court: ______________

Match: ______________

Team 2: ____________________

Server Score

	1	2	3	4	5	6	7	8	9	10	11	12	13	14	15	16	17	18	19	20	21
	1	2	3	4	5	6	7	8	9	10	11	12	13	14	15	16	17	18	19	20	21
	1	2	3	4	5	6	7	8	9	10	11	12	13	14	15	16	17	18	19	20	21

TimeOuts

1	2	3
1	2	3
1	2	3

If above wins match,
all scores & initials

________ ________ ________ ________

If above wins match,
all scores & initials

Server Score

	1	2	3	4	5	6	7	8	9	10	11	12	13	14	15	16	17	18	19	20	21
	1	2	3	4	5	6	7	8	9	10	11	12	13	14	15	16	17	18	19	20	21
	1	2	3	4	5	6	7	8	9	10	11	12	13	14	15	16	17	18	19	20	21

TimeOuts

1	2	3
1	2	3
1	2	3

Team 1: ____________________ Format:

Event: ____________________ Referee: ____________

Court: ____________

Match: ________

Team 2: ____________________

Server Score

	1	2	3	4	5	6	7	8	9	10	11	12	13	14	15	16	17	18	19	20	21
	1	2	3	4	5	6	7	8	9	10	11	12	13	14	15	16	17	18	19	20	21
	1	2	3	4	5	6	7	8	9	10	11	12	13	14	15	16	17	18	19	20	21

TimeOuts

1	2	3
1	2	3
1	2	3

If above wins match,
all scores & initials

________ ________ ________ ________

If above wins match,
all scores & initials

Server Score

	1	2	3	4	5	6	7	8	9	10	11	12	13	14	15	16	17	18	19	20	21
	1	2	3	4	5	6	7	8	9	10	11	12	13	14	15	16	17	18	19	20	21
	1	2	3	4	5	6	7	8	9	10	11	12	13	14	15	16	17	18	19	20	21

TimeOuts

1	2	3
1	2	3
1	2	3

Team 1: ____________________ Format:

Event: ____________________ Referee: ____________

Court: ____________

Match: ________

Team 2: ______________________________

Server Score

	1	2	3	4	5	6	7	8	9	10	11	12	13	14	15	16	17	18	19	20	21
	1	2	3	4	5	6	7	8	9	10	11	12	13	14	15	16	17	18	19	20	21
	1	2	3	4	5	6	7	8	9	10	11	12	13	14	15	16	17	18	19	20	21

TimeOuts

1	2	3
1	2	3
1	2	3

If above wins match,
all scores & initials

Event: ______________________________ Match: __________

Team 1: ______________________________ Court: __________

Referee: __________

Format:

Server Score

	1	2	3	4	5	6	7	8	9	10	11	12	13	14	15	16	17	18	19	20	21
	1	2	3	4	5	6	7	8	9	10	11	12	13	14	15	16	17	18	19	20	21
	1	2	3	4	5	6	7	8	9	10	11	12	13	14	15	16	17	18	19	20	21

TimeOuts

1	2	3
1	2	3
1	2	3

If above wins match,
all scores & initials

________ ________ ________ ________

Team 2: ______________________________

Server Score

	1	2	3	4	5	6	7	8	9	10	11	12	13	14	15	16	17	18	19	20	21
	1	2	3	4	5	6	7	8	9	10	11	12	13	14	15	16	17	18	19	20	21
	1	2	3	4	5	6	7	8	9	10	11	12	13	14	15	16	17	18	19	20	21

TimeOuts

1	2	3
1	2	3
1	2	3

If above wins match,
all scores & initials

Event: ______________________________ Match: __________

Team 1: ______________________________ Court: __________

Referee: __________

Format:

Server Score

	1	2	3	4	5	6	7	8	9	10	11	12	13	14	15	16	17	18	19	20	21
	1	2	3	4	5	6	7	8	9	10	11	12	13	14	15	16	17	18	19	20	21
	1	2	3	4	5	6	7	8	9	10	11	12	13	14	15	16	17	18	19	20	21

TimeOuts

1	2	3
1	2	3
1	2	3

If above wins match,
all scores & initials

________ ________ ________ ________

Team 2: ______________________________

Server Score

	1	2	3	4	5	6	7	8	9	10	11	12	13	14	15	16	17	18	19	20	21
	1	2	3	4	5	6	7	8	9	10	11	12	13	14	15	16	17	18	19	20	21
	1	2	3	4	5	6	7	8	9	10	11	12	13	14	15	16	17	18	19	20	21

TimeOuts

1	2	3
1	2	3
1	2	3

If above wins match,
all scores & initials

_______ _______ _______ _______

If above wins match,
all scores & initials

Server Score

	1	2	3	4	5	6	7	8	9	10	11	12	13	14	15	16	17	18	19	20	21
	1	2	3	4	5	6	7	8	9	10	11	12	13	14	15	16	17	18	19	20	21
	1	2	3	4	5	6	7	8	9	10	11	12	13	14	15	16	17	18	19	20	21

TimeOuts

1	2	3
1	2	3
1	2	3

Event: ______________________________ Match: ________

Team 1: ______________________________ Court: ____________

Referee: ______________

Format:

Team 2: ______________________________

Server Score

	1	2	3	4	5	6	7	8	9	10	11	12	13	14	15	16	17	18	19	20	21
	1	2	3	4	5	6	7	8	9	10	11	12	13	14	15	16	17	18	19	20	21
	1	2	3	4	5	6	7	8	9	10	11	12	13	14	15	16	17	18	19	20	21

TimeOuts

1	2	3
1	2	3
1	2	3

If above wins match,
all scores & initials

_______ _______ _______ _______

If above wins match,
all scores & initials

Server Score

	1	2	3	4	5	6	7	8	9	10	11	12	13	14	15	16	17	18	19	20	21
	1	2	3	4	5	6	7	8	9	10	11	12	13	14	15	16	17	18	19	20	21
	1	2	3	4	5	6	7	8	9	10	11	12	13	14	15	16	17	18	19	20	21

TimeOuts

1	2	3
1	2	3
1	2	3

Event: ______________________________ Match: ________

Team 1: ______________________________ Court: ____________

Referee: ______________

Format:

Team 2: ____________________

Server Score

	1	2	3	4	5	6	7	8	9	10	11	12	13	14	15	16	17	18	19	20	21
	1	2	3	4	5	6	7	8	9	10	11	12	13	14	15	16	17	18	19	20	21
	1	2	3	4	5	6	7	8	9	10	11	12	13	14	15	16	17	18	19	20	21

TimeOuts

1	2	3
1	2	3
1	2	3

If above wins match,
all scores & initials

________ ________ ________ ________

If above wins match,
all scores & initials

Server Score

	1	2	3	4	5	6	7	8	9	10	11	12	13	14	15	16	17	18	19	20	21
	1	2	3	4	5	6	7	8	9	10	11	12	13	14	15	16	17	18	19	20	21
	1	2	3	4	5	6	7	8	9	10	11	12	13	14	15	16	17	18	19	20	21

TimeOuts

1	2	3
1	2	3
1	2	3

Team 1: ____________________ Format:

Event: ____________________ Referee: ____________

Court: ____________

Match: ________

Team 2: ____________________

Server Score

	1	2	3	4	5	6	7	8	9	10	11	12	13	14	15	16	17	18	19	20	21
	1	2	3	4	5	6	7	8	9	10	11	12	13	14	15	16	17	18	19	20	21
	1	2	3	4	5	6	7	8	9	10	11	12	13	14	15	16	17	18	19	20	21

TimeOuts

1	2	3
1	2	3
1	2	3

If above wins match,
all scores & initials

________ ________ ________ ________

If above wins match,
all scores & initials

Server Score

	1	2	3	4	5	6	7	8	9	10	11	12	13	14	15	16	17	18	19	20	21
	1	2	3	4	5	6	7	8	9	10	11	12	13	14	15	16	17	18	19	20	21
	1	2	3	4	5	6	7	8	9	10	11	12	13	14	15	16	17	18	19	20	21

TimeOuts

1	2	3
1	2	3
1	2	3

Team 1: ____________________ Format:

Event: ____________________ Referee: ____________

Court: ____________

Match: ________

Team 2: ____________________

Server Score

	1	2	3	4	5	6	7	8	9	10	11	12	13	14	15	16	17	18	19	20	21
	1	2	3	4	5	6	7	8	9	10	11	12	13	14	15	16	17	18	19	20	21
	1	2	3	4	5	6	7	8	9	10	11	12	13	14	15	16	17	18	19	20	21

TimeOuts

1	2	3
1	2	3
1	2	3

If above wins match,
all scores & initials

______ ______ ______ ______

If above wins match,
all scores & initials

Server Score

	1	2	3	4	5	6	7	8	9	10	11	12	13	14	15	16	17	18	19	20	21
	1	2	3	4	5	6	7	8	9	10	11	12	13	14	15	16	17	18	19	20	21
	1	2	3	4	5	6	7	8	9	10	11	12	13	14	15	16	17	18	19	20	21

TimeOuts

1	2	3
1	2	3
1	2	3

Team 1: ____________________

Event: ____________________

Format:

Referee: ____________

Court: ____________

Match: ________

Team 2: ____________________

Server Score

	1	2	3	4	5	6	7	8	9	10	11	12	13	14	15	16	17	18	19	20	21
	1	2	3	4	5	6	7	8	9	10	11	12	13	14	15	16	17	18	19	20	21
	1	2	3	4	5	6	7	8	9	10	11	12	13	14	15	16	17	18	19	20	21

TimeOuts

1	2	3
1	2	3
1	2	3

If above wins match,
all scores & initials

______ ______ ______ ______

If above wins match,
all scores & initials

Server Score

	1	2	3	4	5	6	7	8	9	10	11	12	13	14	15	16	17	18	19	20	21
	1	2	3	4	5	6	7	8	9	10	11	12	13	14	15	16	17	18	19	20	21
	1	2	3	4	5	6	7	8	9	10	11	12	13	14	15	16	17	18	19	20	21

TimeOuts

1	2	3
1	2	3
1	2	3

Team 1: ____________________

Event: ____________________

Format:

Referee: ____________

Court: ____________

Match: ________

Team 2: ____

Server Score

	1	2	3	4	5	6	7	8	9	10	11	12	13	14	15	16	17	18	19	20	21
	1	2	3	4	5	6	7	8	9	10	11	12	13	14	15	16	17	18	19	20	21
	1	2	3	4	5	6	7	8	9	10	11	12	13	14	15	16	17	18	19	20	21

TimeOuts

1	2	3
1	2	3
1	2	3

If above wins match,
all scores & initials

Event: ______________________________ Match: __________

Team 1: ______________________________ Court: __________

Referee: ______________

Format:

Server Score

	1	2	3	4	5	6	7	8	9	10	11	12	13	14	15	16	17	18	19	20	21
	1	2	3	4	5	6	7	8	9	10	11	12	13	14	15	16	17	18	19	20	21
	1	2	3	4	5	6	7	8	9	10	11	12	13	14	15	16	17	18	19	20	21

TimeOuts

1	2	3
1	2	3
1	2	3

If above wins match,
all scores & initials

________ ________ ________ ________

Team 2: ____

Server Score

	1	2	3	4	5	6	7	8	9	10	11	12	13	14	15	16	17	18	19	20	21
	1	2	3	4	5	6	7	8	9	10	11	12	13	14	15	16	17	18	19	20	21
	1	2	3	4	5	6	7	8	9	10	11	12	13	14	15	16	17	18	19	20	21

TimeOuts

1	2	3
1	2	3
1	2	3

If above wins match,
all scores & initials

Event: ______________________________ Match: __________

Team 1: ______________________________ Court: __________

Referee: ______________

Format:

Server Score

	1	2	3	4	5	6	7	8	9	10	11	12	13	14	15	16	17	18	19	20	21
	1	2	3	4	5	6	7	8	9	10	11	12	13	14	15	16	17	18	19	20	21
	1	2	3	4	5	6	7	8	9	10	11	12	13	14	15	16	17	18	19	20	21

TimeOuts

1	2	3
1	2	3
1	2	3

If above wins match,
all scores & initials

________ ________ ________ ________

Team 2: ______________________________

Server Score

	1	2	3	4	5	6	7	8	9	10	11	12	13	14	15	16	17	18	19	20	21
	1	2	3	4	5	6	7	8	9	10	11	12	13	14	15	16	17	18	19	20	21
	1	2	3	4	5	6	7	8	9	10	11	12	13	14	15	16	17	18	19	20	21

TimeOuts

1	2	3
1	2	3
1	2	3

If above wins match,
all scores & initials

_______ _______ _______ _______

If above wins match,
all scores & initials

	1	2	3	4	5	6	7	8	9	10	11	12	13	14	15	16	17	18	19	20	21
	1	2	3	4	5	6	7	8	9	10	11	12	13	14	15	16	17	18	19	20	21
	1	2	3	4	5	6	7	8	9	10	11	12	13	14	15	16	17	18	19	20	21

Server Score

1	2	3
1	2	3
1	2	3

TimeOuts

Format:

Team 1: ______________________________ Referee: ______________

Event: ______________________________ Court: ______________

Match: __________

Team 2: ______________________________

Server Score

	1	2	3	4	5	6	7	8	9	10	11	12	13	14	15	16	17	18	19	20	21
	1	2	3	4	5	6	7	8	9	10	11	12	13	14	15	16	17	18	19	20	21
	1	2	3	4	5	6	7	8	9	10	11	12	13	14	15	16	17	18	19	20	21

TimeOuts

1	2	3
1	2	3
1	2	3

If above wins match,
all scores & initials

_______ _______ _______ _______

If above wins match,
all scores & initials

	1	2	3	4	5	6	7	8	9	10	11	12	13	14	15	16	17	18	19	20	21
	1	2	3	4	5	6	7	8	9	10	11	12	13	14	15	16	17	18	19	20	21
	1	2	3	4	5	6	7	8	9	10	11	12	13	14	15	16	17	18	19	20	21

Server Score

1	2	3
1	2	3
1	2	3

TimeOuts

Format:

Team 1: ______________________________ Referee: ______________

Event: ______________________________ Court: ______________

Match: __________

Team 2: ______________________________

Server Score

	1	2	3	4	5	6	7	8	9	10	11	12	13	14	15	16	17	18	19	20	21
	1	2	3	4	5	6	7	8	9	10	11	12	13	14	15	16	17	18	19	20	21
	1	2	3	4	5	6	7	8	9	10	11	12	13	14	15	16	17	18	19	20	21

TimeOuts

1	2	3
1	2	3
1	2	3

If above wins match,
all scores & initials

________ ________ ________ ________

If above wins match,
all scores & initials

Server Score

	1	2	3	4	5	6	7	8	9	10	11	12	13	14	15	16	17	18	19	20	21
	1	2	3	4	5	6	7	8	9	10	11	12	13	14	15	16	17	18	19	20	21
	1	2	3	4	5	6	7	8	9	10	11	12	13	14	15	16	17	18	19	20	21

TimeOuts

1	2	3
1	2	3
1	2	3

Event: ______________________________

Team 1: ______________________________

Match: __________

Court: __________

Referee: __________

Format: __________

Team 2: ______________________________

Server Score

	1	2	3	4	5	6	7	8	9	10	11	12	13	14	15	16	17	18	19	20	21
	1	2	3	4	5	6	7	8	9	10	11	12	13	14	15	16	17	18	19	20	21
	1	2	3	4	5	6	7	8	9	10	11	12	13	14	15	16	17	18	19	20	21

TimeOuts

1	2	3
1	2	3
1	2	3

If above wins match,
all scores & initials

________ ________ ________ ________

If above wins match,
all scores & initials

Server Score

	1	2	3	4	5	6	7	8	9	10	11	12	13	14	15	16	17	18	19	20	21
	1	2	3	4	5	6	7	8	9	10	11	12	13	14	15	16	17	18	19	20	21
	1	2	3	4	5	6	7	8	9	10	11	12	13	14	15	16	17	18	19	20	21

TimeOuts

1	2	3
1	2	3
1	2	3

Event: ______________________________

Team 1: ______________________________

Match: __________

Court: __________

Referee: __________

Format: __________

Team 2: ______________________________

Server Score

	1	2	3	4	5	6	7	8	9	10	11	12	13	14	15	16	17	18	19	20	21
	1	2	3	4	5	6	7	8	9	10	11	12	13	14	15	16	17	18	19	20	21
	1	2	3	4	5	6	7	8	9	10	11	12	13	14	15	16	17	18	19	20	21

TimeOuts

1	2	3
1	2	3
1	2	3

If above wins match,
all scores & initials

If above wins match,
all scores & initials
________ ________ ________ ________

Server Score

	1	2	3	4	5	6	7	8	9	10	11	12	13	14	15	16	17	18	19	20	21
	1	2	3	4	5	6	7	8	9	10	11	12	13	14	15	16	17	18	19	20	21
	1	2	3	4	5	6	7	8	9	10	11	12	13	14	15	16	17	18	19	20	21

TimeOuts

1	2	3
1	2	3
1	2	3

Event: ______________________________ Match: ____________

Team 1: ______________________________ Court: ____________

Referee: ____________

Format: ____________

Team 2: ______________________________

Server Score

	1	2	3	4	5	6	7	8	9	10	11	12	13	14	15	16	17	18	19	20	21
	1	2	3	4	5	6	7	8	9	10	11	12	13	14	15	16	17	18	19	20	21
	1	2	3	4	5	6	7	8	9	10	11	12	13	14	15	16	17	18	19	20	21

TimeOuts

1	2	3
1	2	3
1	2	3

If above wins match,
all scores & initials

If above wins match,
all scores & initials
________ ________ ________ ________

Server Score

	1	2	3	4	5	6	7	8	9	10	11	12	13	14	15	16	17	18	19	20	21
	1	2	3	4	5	6	7	8	9	10	11	12	13	14	15	16	17	18	19	20	21
	1	2	3	4	5	6	7	8	9	10	11	12	13	14	15	16	17	18	19	20	21

TimeOuts

1	2	3
1	2	3
1	2	3

Event: ______________________________ Match: ____________

Team 1: ______________________________ Court: ____________

Referee: ____________

Format: ____________

Team 2: ______________________________

Server Score																					
	1	2	3	4	5	6	7	8	9	10	11	12	13	14	15	16	17	18	19	20	21
	1	2	3	4	5	6	7	8	9	10	11	12	13	14	15	16	17	18	19	20	21
	1	2	3	4	5	6	7	8	9	10	11	12	13	14	15	16	17	18	19	20	21

TimeOuts		
1	2	3
1	2	3
1	2	3

If above wins match,
all scores & initials

If above wins match,
all scores & initials
________ ________ ________ ________

Server Score																					
	1	2	3	4	5	6	7	8	9	10	11	12	13	14	15	16	17	18	19	20	21
	1	2	3	4	5	6	7	8	9	10	11	12	13	14	15	16	17	18	19	20	21
	1	2	3	4	5	6	7	8	9	10	11	12	13	14	15	16	17	18	19	20	21

TimeOuts		
1	2	3
1	2	3
1	2	3

Team 1: ______________________________
Event: ______________________________

Format:
Referee: ____________
Court: ____________
Match: ____________

Team 2: ______________________________

Server Score																					
	1	2	3	4	5	6	7	8	9	10	11	12	13	14	15	16	17	18	19	20	21
	1	2	3	4	5	6	7	8	9	10	11	12	13	14	15	16	17	18	19	20	21
	1	2	3	4	5	6	7	8	9	10	11	12	13	14	15	16	17	18	19	20	21

TimeOuts		
1	2	3
1	2	3
1	2	3

If above wins match,
all scores & initials

If above wins match,
all scores & initials
________ ________ ________ ________

Server Score																					
	1	2	3	4	5	6	7	8	9	10	11	12	13	14	15	16	17	18	19	20	21
	1	2	3	4	5	6	7	8	9	10	11	12	13	14	15	16	17	18	19	20	21
	1	2	3	4	5	6	7	8	9	10	11	12	13	14	15	16	17	18	19	20	21

TimeOuts		
1	2	3
1	2	3
1	2	3

Team 1: ______________________________
Event: ______________________________

Format:
Referee: ____________
Court: ____________
Match: ____________

Team 2: ______________________________

Server Score

	1	2	3	4	5	6	7	8	9	10	11	12	13	14	15	16	17	18	19	20	21
	1	2	3	4	5	6	7	8	9	10	11	12	13	14	15	16	17	18	19	20	21
	1	2	3	4	5	6	7	8	9	10	11	12	13	14	15	16	17	18	19	20	21

TimeOuts

1	2	3
1	2	3
1	2	3

If above wins match,
all scores & initials

______ ______ ______ ______

If above wins match,
all scores & initials

Server Score

1	2	3	4	5	6	7	8	9	10	11	12	13	14	15	16	17	18	19	20	21	
1	2	3	4	5	6	7	8	9	10	11	12	13	14	15	16	17	18	19	20	21	
1	2	3	4	5	6	7	8	9	10	11	12	13	14	15	16	17	18	19	20	21	

TimeOuts

1	2	3
1	2	3
1	2	3

Event: ______________________________

Team 1: ______________________________

Match: __________

Court: ______________

Referee: ______________

Format: ______________

Team 2: ______________________________

Server Score

	1	2	3	4	5	6	7	8	9	10	11	12	13	14	15	16	17	18	19	20	21
	1	2	3	4	5	6	7	8	9	10	11	12	13	14	15	16	17	18	19	20	21
	1	2	3	4	5	6	7	8	9	10	11	12	13	14	15	16	17	18	19	20	21

TimeOuts

1	2	3
1	2	3
1	2	3

If above wins match,
all scores & initials

______ ______ ______ ______

If above wins match,
all scores & initials

Server Score

1	2	3	4	5	6	7	8	9	10	11	12	13	14	15	16	17	18	19	20	21	
1	2	3	4	5	6	7	8	9	10	11	12	13	14	15	16	17	18	19	20	21	
1	2	3	4	5	6	7	8	9	10	11	12	13	14	15	16	17	18	19	20	21	

TimeOuts

1	2	3
1	2	3
1	2	3

Event: ______________________________

Team 1: ______________________________

Match: __________

Court: ______________

Referee: ______________

Format: ______________

Team 2: ______________________________

Server Score

	1	2	3	4	5	6	7	8	9	10	11	12	13	14	15	16	17	18	19	20	21
	1	2	3	4	5	6	7	8	9	10	11	12	13	14	15	16	17	18	19	20	21
	1	2	3	4	5	6	7	8	9	10	11	12	13	14	15	16	17	18	19	20	21

TimeOuts

1	2	3
1	2	3
1	2	3

If above wins match,
all scores & initials

_______ _______ _______ _______

If above wins match,
all scores & initials

Server Score

	1	2	3	4	5	6	7	8	9	10	11	12	13	14	15	16	17	18	19	20	21
	1	2	3	4	5	6	7	8	9	10	11	12	13	14	15	16	17	18	19	20	21
	1	2	3	4	5	6	7	8	9	10	11	12	13	14	15	16	17	18	19	20	21

TimeOuts

1	2	3
1	2	3
1	2	3

Event: ______________________________

Team 1: ______________________________

Match: __________

Court: __________

Referee: __________

Format: __________

Team 2: ______________________________

Server Score

	1	2	3	4	5	6	7	8	9	10	11	12	13	14	15	16	17	18	19	20	21
	1	2	3	4	5	6	7	8	9	10	11	12	13	14	15	16	17	18	19	20	21
	1	2	3	4	5	6	7	8	9	10	11	12	13	14	15	16	17	18	19	20	21

TimeOuts

1	2	3
1	2	3
1	2	3

If above wins match,
all scores & initials

_______ _______ _______ _______

If above wins match,
all scores & initials

Server Score

	1	2	3	4	5	6	7	8	9	10	11	12	13	14	15	16	17	18	19	20	21
	1	2	3	4	5	6	7	8	9	10	11	12	13	14	15	16	17	18	19	20	21
	1	2	3	4	5	6	7	8	9	10	11	12	13	14	15	16	17	18	19	20	21

TimeOuts

1	2	3
1	2	3
1	2	3

Event: ______________________________

Team 1: ______________________________

Match: __________

Court: __________

Referee: __________

Format: __________

Team 2: ______________________________

Server Score

	1	2	3	4	5	6	7	8	9	10	11	12	13	14	15	16	17	18	19	20	21
	1	2	3	4	5	6	7	8	9	10	11	12	13	14	15	16	17	18	19	20	21
	1	2	3	4	5	6	7	8	9	10	11	12	13	14	15	16	17	18	19	20	21

TimeOuts

1	2	3
1	2	3
1	2	3

If above wins match,
all scores & initials

_______ _______ _______ _______

If above wins match,
all scores & initials

Server Score

	1	2	3	4	5	6	7	8	9	10	11	12	13	14	15	16	17	18	19	20	21
	1	2	3	4	5	6	7	8	9	10	11	12	13	14	15	16	17	18	19	20	21
	1	2	3	4	5	6	7	8	9	10	11	12	13	14	15	16	17	18	19	20	21

TimeOuts

1	2	3
1	2	3
1	2	3

Team 1: ______________________________ Referee: ______________ Format:

Event: ______________________________ Court: ______________ Match: ________

Team 2: ______________________________

Server Score

	1	2	3	4	5	6	7	8	9	10	11	12	13	14	15	16	17	18	19	20	21
	1	2	3	4	5	6	7	8	9	10	11	12	13	14	15	16	17	18	19	20	21
	1	2	3	4	5	6	7	8	9	10	11	12	13	14	15	16	17	18	19	20	21

TimeOuts

1	2	3
1	2	3
1	2	3

If above wins match,
all scores & initials

_______ _______ _______ _______

If above wins match,
all scores & initials

Server Score

	1	2	3	4	5	6	7	8	9	10	11	12	13	14	15	16	17	18	19	20	21
	1	2	3	4	5	6	7	8	9	10	11	12	13	14	15	16	17	18	19	20	21
	1	2	3	4	5	6	7	8	9	10	11	12	13	14	15	16	17	18	19	20	21

TimeOuts

1	2	3
1	2	3
1	2	3

Team 1: ______________________________ Referee: ______________ Format:

Event: ______________________________ Court: ______________ Match: ________

Team 2: ______________________________

Server Score

	1	2	3	4	5	6	7	8	9	10	11	12	13	14	15	16	17	18	19	20	21
	1	2	3	4	5	6	7	8	9	10	11	12	13	14	15	16	17	18	19	20	21
	1	2	3	4	5	6	7	8	9	10	11	12	13	14	15	16	17	18	19	20	21

TimeOuts

1	2	3
1	2	3
1	2	3

If above wins match,
all scores & initials

________ ________ ________ ________

If above wins match,
all scores & initials

	1	2	3	4	5	6	7	8	9	10	11	12	13	14	15	16	17	18	19	20	21
	1	2	3	4	5	6	7	8	9	10	11	12	13	14	15	16	17	18	19	20	21
	1	2	3	4	5	6	7	8	9	10	11	12	13	14	15	16	17	18	19	20	21

Server Score

1	2	3
1	2	3
1	2	3

TimeOuts

Format: ______________

Team 1: ______________________________

Referee: ______________

Event: ______________________________

Court: ______________

Match: ______________

Team 2: ______________________________

Server Score

	1	2	3	4	5	6	7	8	9	10	11	12	13	14	15	16	17	18	19	20	21
	1	2	3	4	5	6	7	8	9	10	11	12	13	14	15	16	17	18	19	20	21
	1	2	3	4	5	6	7	8	9	10	11	12	13	14	15	16	17	18	19	20	21

TimeOuts

1	2	3
1	2	3
1	2	3

If above wins match,
all scores & initials

________ ________ ________ ________

If above wins match,
all scores & initials

	1	2	3	4	5	6	7	8	9	10	11	12	13	14	15	16	17	18	19	20	21
	1	2	3	4	5	6	7	8	9	10	11	12	13	14	15	16	17	18	19	20	21
	1	2	3	4	5	6	7	8	9	10	11	12	13	14	15	16	17	18	19	20	21

Server Score

1	2	3
1	2	3
1	2	3

TimeOuts

Format: ______________

Team 1: ______________________________

Referee: ______________

Event: ______________________________

Court: ______________

Match: ______________

Team 2: ______________________________

Server Score

	1	2	3	4	5	6	7	8	9	10	11	12	13	14	15	16	17	18	19	20	21
	1	2	3	4	5	6	7	8	9	10	11	12	13	14	15	16	17	18	19	20	21
	1	2	3	4	5	6	7	8	9	10	11	12	13	14	15	16	17	18	19	20	21

TimeOuts

1	2	3
1	2	3
1	2	3

If above wins match,
all scores & initials

________ ________ ________ ________

If above wins match,
all scores & initials

Server Score

	1	2	3	4	5	6	7	8	9	10	11	12	13	14	15	16	17	18	19	20	21
	1	2	3	4	5	6	7	8	9	10	11	12	13	14	15	16	17	18	19	20	21
	1	2	3	4	5	6	7	8	9	10	11	12	13	14	15	16	17	18	19	20	21

TimeOuts

1	2	3
1	2	3
1	2	3

Event: ______________________________

Team 1: ______________________________

Match: __________

Court: ______________

Referee: __________________

Format:

Team 2: ______________________________

Server Score

	1	2	3	4	5	6	7	8	9	10	11	12	13	14	15	16	17	18	19	20	21
	1	2	3	4	5	6	7	8	9	10	11	12	13	14	15	16	17	18	19	20	21
	1	2	3	4	5	6	7	8	9	10	11	12	13	14	15	16	17	18	19	20	21

TimeOuts

1	2	3
1	2	3
1	2	3

If above wins match,
all scores & initials

________ ________ ________ ________

If above wins match,
all scores & initials

Server Score

	1	2	3	4	5	6	7	8	9	10	11	12	13	14	15	16	17	18	19	20	21
	1	2	3	4	5	6	7	8	9	10	11	12	13	14	15	16	17	18	19	20	21
	1	2	3	4	5	6	7	8	9	10	11	12	13	14	15	16	17	18	19	20	21

TimeOuts

1	2	3
1	2	3
1	2	3

Event: ______________________________

Team 1: ______________________________

Match: __________

Court: ______________

Referee: __________________

Format:

Team 2: ____________________

Server Score

	1	2	3	4	5	6	7	8	9	10	11	12	13	14	15	16	17	18	19	20	21
	1	2	3	4	5	6	7	8	9	10	11	12	13	14	15	16	17	18	19	20	21
	1	2	3	4	5	6	7	8	9	10	11	12	13	14	15	16	17	18	19	20	21

TimeOuts

1	2	3
1	2	3
1	2	3

If above wins match,
all scores & initials

________ ________ ________ ________

If above wins match,
all scores & initials

Server Score

	1	2	3	4	5	6	7	8	9	10	11	12	13	14	15	16	17	18	19	20	21
	1	2	3	4	5	6	7	8	9	10	11	12	13	14	15	16	17	18	19	20	21
	1	2	3	4	5	6	7	8	9	10	11	12	13	14	15	16	17	18	19	20	21

TimeOuts

1	2	3
1	2	3
1	2	3

Team 1: ____________________ Format:

Event: ____________________ Referee: ____________

Court: ____________

Match: ____________

Team 2: ____________________

Server Score

	1	2	3	4	5	6	7	8	9	10	11	12	13	14	15	16	17	18	19	20	21
	1	2	3	4	5	6	7	8	9	10	11	12	13	14	15	16	17	18	19	20	21
	1	2	3	4	5	6	7	8	9	10	11	12	13	14	15	16	17	18	19	20	21

TimeOuts

1	2	3
1	2	3
1	2	3

If above wins match,
all scores & initials

________ ________ ________ ________

If above wins match,
all scores & initials

Server Score

	1	2	3	4	5	6	7	8	9	10	11	12	13	14	15	16	17	18	19	20	21
	1	2	3	4	5	6	7	8	9	10	11	12	13	14	15	16	17	18	19	20	21
	1	2	3	4	5	6	7	8	9	10	11	12	13	14	15	16	17	18	19	20	21

TimeOuts

1	2	3
1	2	3
1	2	3

Team 1: ____________________ Format:

Event: ____________________ Referee: ____________

Court: ____________

Match: ____________

Team 2: ______________________

Server Score

	1	2	3	4	5	6	7	8	9	10	11	12	13	14	15	16	17	18	19	20	21
	1	2	3	4	5	6	7	8	9	10	11	12	13	14	15	16	17	18	19	20	21
	1	2	3	4	5	6	7	8	9	10	11	12	13	14	15	16	17	18	19	20	21

TimeOuts

1	2	3
1	2	3
1	2	3

If above wins match,
all scores & initials

_______ _______ _______ _______

If above wins match,
all scores & initials

Server Score

	1	2	3	4	5	6	7	8	9	10	11	12	13	14	15	16	17	18	19	20	21
	1	2	3	4	5	6	7	8	9	10	11	12	13	14	15	16	17	18	19	20	21
	1	2	3	4	5	6	7	8	9	10	11	12	13	14	15	16	17	18	19	20	21

TimeOuts

1	2	3
1	2	3
1	2	3

Team 1: ______________________

Event: ______________________

Format:

Referee: ______________

Court: ______________

Match: ________

Team 2: ______________________

Server Score

	1	2	3	4	5	6	7	8	9	10	11	12	13	14	15	16	17	18	19	20	21
	1	2	3	4	5	6	7	8	9	10	11	12	13	14	15	16	17	18	19	20	21
	1	2	3	4	5	6	7	8	9	10	11	12	13	14	15	16	17	18	19	20	21

TimeOuts

1	2	3
1	2	3
1	2	3

If above wins match,
all scores & initials

_______ _______ _______ _______

If above wins match,
all scores & initials

Server Score

	1	2	3	4	5	6	7	8	9	10	11	12	13	14	15	16	17	18	19	20	21
	1	2	3	4	5	6	7	8	9	10	11	12	13	14	15	16	17	18	19	20	21
	1	2	3	4	5	6	7	8	9	10	11	12	13	14	15	16	17	18	19	20	21

TimeOuts

1	2	3
1	2	3
1	2	3

Team 1: ______________________

Event: ______________________

Format:

Referee: ______________

Court: ______________

Match: ________

Team 2: ______________________

Server Score																					
	1	2	3	4	5	6	7	8	9	10	11	12	13	14	15	16	17	18	19	20	21
	1	2	3	4	5	6	7	8	9	10	11	12	13	14	15	16	17	18	19	20	21
	1	2	3	4	5	6	7	8	9	10	11	12	13	14	15	16	17	18	19	20	21

TimeOuts		
1	2	3
1	2	3
1	2	3

If above wins match,
all scores & initials

______ ______ ______ ______

If above wins match,
all scores & initials

Server Score																					
	1	2	3	4	5	6	7	8	9	10	11	12	13	14	15	16	17	18	19	20	21
	1	2	3	4	5	6	7	8	9	10	11	12	13	14	15	16	17	18	19	20	21
	1	2	3	4	5	6	7	8	9	10	11	12	13	14	15	16	17	18	19	20	21

TimeOuts		
1	2	3
1	2	3
1	2	3

Team 1: ______________________

Event: ______________________

Match: ________

Court: ________

Referee: ________

Format: ________

Team 2: ______________________

Server Score																					
	1	2	3	4	5	6	7	8	9	10	11	12	13	14	15	16	17	18	19	20	21
	1	2	3	4	5	6	7	8	9	10	11	12	13	14	15	16	17	18	19	20	21
	1	2	3	4	5	6	7	8	9	10	11	12	13	14	15	16	17	18	19	20	21

TimeOuts		
1	2	3
1	2	3
1	2	3

If above wins match,
all scores & initials

______ ______ ______ ______

If above wins match,
all scores & initials

Server Score																					
	1	2	3	4	5	6	7	8	9	10	11	12	13	14	15	16	17	18	19	20	21
	1	2	3	4	5	6	7	8	9	10	11	12	13	14	15	16	17	18	19	20	21
	1	2	3	4	5	6	7	8	9	10	11	12	13	14	15	16	17	18	19	20	21

TimeOuts		
1	2	3
1	2	3
1	2	3

Team 1: ______________________

Event: ______________________

Match: ________

Court: ________

Referee: ________

Format: ________

Team 2: ________________________________

Server Score

	1	2	3	4	5	6	7	8	9	10	11	12	13	14	15	16	17	18	19	20	21
	1	2	3	4	5	6	7	8	9	10	11	12	13	14	15	16	17	18	19	20	21
	1	2	3	4	5	6	7	8	9	10	11	12	13	14	15	16	17	18	19	20	21

TimeOuts

1	2	3
1	2	3
1	2	3

If above wins match,
all scores & initials

______ ______ ______ ______

If above wins match,
all scores & initials

Server Score

	1	2	3	4	5	6	7	8	9	10	11	12	13	14	15	16	17	18	19	20	21
	1	2	3	4	5	6	7	8	9	10	11	12	13	14	15	16	17	18	19	20	21
	1	2	3	4	5	6	7	8	9	10	11	12	13	14	15	16	17	18	19	20	21

TimeOuts

1	2	3
1	2	3
1	2	3

Team 1: ________________________________

Event: ________________________________

Format:

Referee: ________________

Court: ________________

Match: __________

Team 2: ________________________________

Server Score

	1	2	3	4	5	6	7	8	9	10	11	12	13	14	15	16	17	18	19	20	21
	1	2	3	4	5	6	7	8	9	10	11	12	13	14	15	16	17	18	19	20	21
	1	2	3	4	5	6	7	8	9	10	11	12	13	14	15	16	17	18	19	20	21

TimeOuts

1	2	3
1	2	3
1	2	3

If above wins match,
all scores & initials

______ ______ ______ ______

If above wins match,
all scores & initials

Server Score

	1	2	3	4	5	6	7	8	9	10	11	12	13	14	15	16	17	18	19	20	21
	1	2	3	4	5	6	7	8	9	10	11	12	13	14	15	16	17	18	19	20	21
	1	2	3	4	5	6	7	8	9	10	11	12	13	14	15	16	17	18	19	20	21

TimeOuts

1	2	3
1	2	3
1	2	3

Team 1: ________________________________

Event: ________________________________

Format:

Referee: ________________

Court: ________________

Match: __________

Team 2: ____________________

Server Score

	1	2	3	4	5	6	7	8	9	10	11	12	13	14	15	16	17	18	19	20	21
	1	2	3	4	5	6	7	8	9	10	11	12	13	14	15	16	17	18	19	20	21
	1	2	3	4	5	6	7	8	9	10	11	12	13	14	15	16	17	18	19	20	21

TimeOuts

1	2	3
1	2	3
1	2	3

If above wins match,
all scores & initials

If above wins match,
all scores & initials
_______ _______ _______ _______

Server Score

	1	2	3	4	5	6	7	8	9	10	11	12	13	14	15	16	17	18	19	20	21
	1	2	3	4	5	6	7	8	9	10	11	12	13	14	15	16	17	18	19	20	21
	1	2	3	4	5	6	7	8	9	10	11	12	13	14	15	16	17	18	19	20	21

TimeOuts

1	2	3
1	2	3
1	2	3

Team 1: ____________________ Format:

Event: ____________________ Referee: ____________

Court: ____________

Match: ____________

Team 2: ____________________

Server Score

	1	2	3	4	5	6	7	8	9	10	11	12	13	14	15	16	17	18	19	20	21
	1	2	3	4	5	6	7	8	9	10	11	12	13	14	15	16	17	18	19	20	21
	1	2	3	4	5	6	7	8	9	10	11	12	13	14	15	16	17	18	19	20	21

TimeOuts

1	2	3
1	2	3
1	2	3

If above wins match,
all scores & initials

If above wins match,
all scores & initials
_______ _______ _______ _______

Server Score

	1	2	3	4	5	6	7	8	9	10	11	12	13	14	15	16	17	18	19	20	21
	1	2	3	4	5	6	7	8	9	10	11	12	13	14	15	16	17	18	19	20	21
	1	2	3	4	5	6	7	8	9	10	11	12	13	14	15	16	17	18	19	20	21

TimeOuts

1	2	3
1	2	3
1	2	3

Team 1: ____________________ Format:

Event: ____________________ Referee: ____________

Court: ____________

Match: ____________

Team 2: ______________________________

Server Score

	1	2	3	4	5	6	7	8	9	10	11	12	13	14	15	16	17	18	19	20	21
	1	2	3	4	5	6	7	8	9	10	11	12	13	14	15	16	17	18	19	20	21
	1	2	3	4	5	6	7	8	9	10	11	12	13	14	15	16	17	18	19	20	21

TimeOuts

1	2	3
1	2	3
1	2	3

If above wins match,
all scores & initials

_______ _______ _______ _______

If above wins match,
all scores & initials

Server Score

	1	2	3	4	5	6	7	8	9	10	11	12	13	14	15	16	17	18	19	20	21
	1	2	3	4	5	6	7	8	9	10	11	12	13	14	15	16	17	18	19	20	21
	1	2	3	4	5	6	7	8	9	10	11	12	13	14	15	16	17	18	19	20	21

TimeOuts

1	2	3
1	2	3
1	2	3

Event: ______________________________

Team 1: ______________________________

Match: ________

Court: ________

Referee: ________

Format:

Team 2: ______________________________

Server Score

	1	2	3	4	5	6	7	8	9	10	11	12	13	14	15	16	17	18	19	20	21
	1	2	3	4	5	6	7	8	9	10	11	12	13	14	15	16	17	18	19	20	21
	1	2	3	4	5	6	7	8	9	10	11	12	13	14	15	16	17	18	19	20	21

TimeOuts

1	2	3
1	2	3
1	2	3

If above wins match,
all scores & initials

_______ _______ _______ _______

If above wins match,
all scores & initials

Server Score

	1	2	3	4	5	6	7	8	9	10	11	12	13	14	15	16	17	18	19	20	21
	1	2	3	4	5	6	7	8	9	10	11	12	13	14	15	16	17	18	19	20	21
	1	2	3	4	5	6	7	8	9	10	11	12	13	14	15	16	17	18	19	20	21

TimeOuts

1	2	3
1	2	3
1	2	3

Event: ______________________________

Team 1: ______________________________

Match: ________

Court: ________

Referee: ________

Format:

Team 2: ______________________________

Server Score

	1	2	3	4	5	6	7	8	9	10	11	12	13	14	15	16	17	18	19	20	21
	1	2	3	4	5	6	7	8	9	10	11	12	13	14	15	16	17	18	19	20	21
	1	2	3	4	5	6	7	8	9	10	11	12	13	14	15	16	17	18	19	20	21

TimeOuts

1	2	3
1	2	3
1	2	3

If above wins match,
all scores & initials

_______ _______ _______ _______

Event: ______________________________ Match: __________

Team 1: ______________________________ Court: __________

Referee: __________

Format: __________

Server Score

	1	2	3	4	5	6	7	8	9	10	11	12	13	14	15	16	17	18	19	20	21
	1	2	3	4	5	6	7	8	9	10	11	12	13	14	15	16	17	18	19	20	21
	1	2	3	4	5	6	7	8	9	10	11	12	13	14	15	16	17	18	19	20	21

TimeOuts

1	2	3
1	2	3
1	2	3

If above wins match,
all scores & initials

Team 2: ______________________________

Server Score

	1	2	3	4	5	6	7	8	9	10	11	12	13	14	15	16	17	18	19	20	21
	1	2	3	4	5	6	7	8	9	10	11	12	13	14	15	16	17	18	19	20	21
	1	2	3	4	5	6	7	8	9	10	11	12	13	14	15	16	17	18	19	20	21

TimeOuts

1	2	3
1	2	3
1	2	3

If above wins match,
all scores & initials

_______ _______ _______ _______

Event: ______________________________ Match: __________

Team 1: ______________________________ Court: __________

Referee: __________

Format: __________

Server Score

	1	2	3	4	5	6	7	8	9	10	11	12	13	14	15	16	17	18	19	20	21
	1	2	3	4	5	6	7	8	9	10	11	12	13	14	15	16	17	18	19	20	21
	1	2	3	4	5	6	7	8	9	10	11	12	13	14	15	16	17	18	19	20	21

TimeOuts

1	2	3
1	2	3
1	2	3

If above wins match,
all scores & initials

Team 2: ______________________________

Server Score

	1	2	3	4	5	6	7	8	9	10	11	12	13	14	15	16	17	18	19	20	21
	1	2	3	4	5	6	7	8	9	10	11	12	13	14	15	16	17	18	19	20	21
	1	2	3	4	5	6	7	8	9	10	11	12	13	14	15	16	17	18	19	20	21

TimeOuts

1	2	3
1	2	3
1	2	3

If above wins match,
all scores & initials

_______ _______ _______ _______

If above wins match,
all scores & initials

Event: ______________________________

Team 1: ______________________________

Match: __________

Court: __________

Referee: __________

Format: __________

Server Score

	1	2	3	4	5	6	7	8	9	10	11	12	13	14	15	16	17	18	19	20	21
	1	2	3	4	5	6	7	8	9	10	11	12	13	14	15	16	17	18	19	20	21
	1	2	3	4	5	6	7	8	9	10	11	12	13	14	15	16	17	18	19	20	21

TimeOuts

1	2	3
1	2	3
1	2	3

Team 2: ______________________________

Server Score

	1	2	3	4	5	6	7	8	9	10	11	12	13	14	15	16	17	18	19	20	21
	1	2	3	4	5	6	7	8	9	10	11	12	13	14	15	16	17	18	19	20	21
	1	2	3	4	5	6	7	8	9	10	11	12	13	14	15	16	17	18	19	20	21

TimeOuts

1	2	3
1	2	3
1	2	3

If above wins match,
all scores & initials

_______ _______ _______ _______

If above wins match,
all scores & initials

Event: ______________________________

Team 1: ______________________________

Match: __________

Court: __________

Referee: __________

Format: __________

Server Score

	1	2	3	4	5	6	7	8	9	10	11	12	13	14	15	16	17	18	19	20	21
	1	2	3	4	5	6	7	8	9	10	11	12	13	14	15	16	17	18	19	20	21
	1	2	3	4	5	6	7	8	9	10	11	12	13	14	15	16	17	18	19	20	21

TimeOuts

1	2	3
1	2	3
1	2	3

Team 2: ____________________

Server Score

	1	2	3	4	5	6	7	8	9	10	11	12	13	14	15	16	17	18	19	20	21
	1	2	3	4	5	6	7	8	9	10	11	12	13	14	15	16	17	18	19	20	21
	1	2	3	4	5	6	7	8	9	10	11	12	13	14	15	16	17	18	19	20	21

TimeOuts

1	2	3
1	2	3
1	2	3

If above wins match,
all scores & initials

Match: __________

Court: __________

Referee: __________

Format:

Event: __________

Team 1: __________

Server Score

	1	2	3	4	5	6	7	8	9	10	11	12	13	14	15	16	17	18	19	20	21
	1	2	3	4	5	6	7	8	9	10	11	12	13	14	15	16	17	18	19	20	21
	1	2	3	4	5	6	7	8	9	10	11	12	13	14	15	16	17	18	19	20	21

TimeOuts

1	2	3
1	2	3
1	2	3

If above wins match,
all scores & initials

_______ _______ _______ _______

Team 2: ____________________

Server Score

	1	2	3	4	5	6	7	8	9	10	11	12	13	14	15	16	17	18	19	20	21
	1	2	3	4	5	6	7	8	9	10	11	12	13	14	15	16	17	18	19	20	21
	1	2	3	4	5	6	7	8	9	10	11	12	13	14	15	16	17	18	19	20	21

TimeOuts

1	2	3
1	2	3
1	2	3

If above wins match,
all scores & initials

Match: __________

Court: __________

Referee: __________

Format:

Event: __________

Team 1: __________

Server Score

	1	2	3	4	5	6	7	8	9	10	11	12	13	14	15	16	17	18	19	20	21
	1	2	3	4	5	6	7	8	9	10	11	12	13	14	15	16	17	18	19	20	21
	1	2	3	4	5	6	7	8	9	10	11	12	13	14	15	16	17	18	19	20	21

TimeOuts

1	2	3
1	2	3
1	2	3

If above wins match,
all scores & initials

_______ _______ _______ _______

Team 2: ______________________________

Server Score

	1	2	3	4	5	6	7	8	9	10	11	12	13	14	15	16	17	18	19	20	21
	1	2	3	4	5	6	7	8	9	10	11	12	13	14	15	16	17	18	19	20	21
	1	2	3	4	5	6	7	8	9	10	11	12	13	14	15	16	17	18	19	20	21

TimeOuts

1	2	3
1	2	3
1	2	3

If above wins match,
all scores & initials

______ ______ ______ ______

If above wins match,
all scores & initials

Server Score

	1	2	3	4	5	6	7	8	9	10	11	12	13	14	15	16	17	18	19	20	21
	1	2	3	4	5	6	7	8	9	10	11	12	13	14	15	16	17	18	19	20	21
	1	2	3	4	5	6	7	8	9	10	11	12	13	14	15	16	17	18	19	20	21

TimeOuts

1	2	3
1	2	3
1	2	3

Team 1: ______________________________ Format:

Referee: ______________

Event: ______________________________ Court: ______________

Match: ______________

Team 2: ______________________________

Server Score

	1	2	3	4	5	6	7	8	9	10	11	12	13	14	15	16	17	18	19	20	21
	1	2	3	4	5	6	7	8	9	10	11	12	13	14	15	16	17	18	19	20	21
	1	2	3	4	5	6	7	8	9	10	11	12	13	14	15	16	17	18	19	20	21

TimeOuts

1	2	3
1	2	3
1	2	3

If above wins match,
all scores & initials

______ ______ ______ ______

If above wins match,
all scores & initials

Server Score

	1	2	3	4	5	6	7	8	9	10	11	12	13	14	15	16	17	18	19	20	21
	1	2	3	4	5	6	7	8	9	10	11	12	13	14	15	16	17	18	19	20	21
	1	2	3	4	5	6	7	8	9	10	11	12	13	14	15	16	17	18	19	20	21

TimeOuts

1	2	3
1	2	3
1	2	3

Team 1: ______________________________ Format:

Referee: ______________

Event: ______________________________ Court: ______________

Match: ______________

Team 2: ____________________

Server Score

	1	2	3	4	5	6	7	8	9	10	11	12	13	14	15	16	17	18	19	20	21
	1	2	3	4	5	6	7	8	9	10	11	12	13	14	15	16	17	18	19	20	21
	1	2	3	4	5	6	7	8	9	10	11	12	13	14	15	16	17	18	19	20	21

TimeOuts

1	2	3
1	2	3
1	2	3

If above wins match,
all scores & initials

________ ________ ________ ________

If above wins match,
all scores & initials

Server Score

	1	2	3	4	5	6	7	8	9	10	11	12	13	14	15	16	17	18	19	20	21
	1	2	3	4	5	6	7	8	9	10	11	12	13	14	15	16	17	18	19	20	21
	1	2	3	4	5	6	7	8	9	10	11	12	13	14	15	16	17	18	19	20	21

TimeOuts

1	2	3
1	2	3
1	2	3

Team 1: ____________________

Event: ____________________

Format:

Referee: ____________

Court: ____________

Match: ____________

Team 2: ____________________

Server Score

	1	2	3	4	5	6	7	8	9	10	11	12	13	14	15	16	17	18	19	20	21
	1	2	3	4	5	6	7	8	9	10	11	12	13	14	15	16	17	18	19	20	21
	1	2	3	4	5	6	7	8	9	10	11	12	13	14	15	16	17	18	19	20	21

TimeOuts

1	2	3
1	2	3
1	2	3

If above wins match,
all scores & initials

________ ________ ________ ________

If above wins match,
all scores & initials

Server Score

	1	2	3	4	5	6	7	8	9	10	11	12	13	14	15	16	17	18	19	20	21
	1	2	3	4	5	6	7	8	9	10	11	12	13	14	15	16	17	18	19	20	21
	1	2	3	4	5	6	7	8	9	10	11	12	13	14	15	16	17	18	19	20	21

TimeOuts

1	2	3
1	2	3
1	2	3

Team 1: ____________________

Event: ____________________

Format:

Referee: ____________

Court: ____________

Match: ____________

Team 2: ____________________

Server Score

	1	2	3	4	5	6	7	8	9	10	11	12	13	14	15	16	17	18	19	20	21
	1	2	3	4	5	6	7	8	9	10	11	12	13	14	15	16	17	18	19	20	21
	1	2	3	4	5	6	7	8	9	10	11	12	13	14	15	16	17	18	19	20	21

TimeOuts

1	2	3
1	2	3
1	2	3

If above wins match,
all scores & initials

____ ____ ____ ____

If above wins match,
all scores & initials

Server Score

	1	2	3	4	5	6	7	8	9	10	11	12	13	14	15	16	17	18	19	20	21
	1	2	3	4	5	6	7	8	9	10	11	12	13	14	15	16	17	18	19	20	21
	1	2	3	4	5	6	7	8	9	10	11	12	13	14	15	16	17	18	19	20	21

TimeOuts

1	2	3
1	2	3
1	2	3

Event: ____________________

Team 1: ____________________

Match: ________

Court: ________

Referee: ________

Format:

Team 2: ____________________

Server Score

	1	2	3	4	5	6	7	8	9	10	11	12	13	14	15	16	17	18	19	20	21
	1	2	3	4	5	6	7	8	9	10	11	12	13	14	15	16	17	18	19	20	21
	1	2	3	4	5	6	7	8	9	10	11	12	13	14	15	16	17	18	19	20	21

TimeOuts

1	2	3
1	2	3
1	2	3

If above wins match,
all scores & initials

____ ____ ____ ____

If above wins match,
all scores & initials

Server Score

	1	2	3	4	5	6	7	8	9	10	11	12	13	14	15	16	17	18	19	20	21
	1	2	3	4	5	6	7	8	9	10	11	12	13	14	15	16	17	18	19	20	21
	1	2	3	4	5	6	7	8	9	10	11	12	13	14	15	16	17	18	19	20	21

TimeOuts

1	2	3
1	2	3
1	2	3

Event: ____________________

Team 1: ____________________

Match: ________

Court: ________

Referee: ________

Format:

Team 2: ______________________

Server Score

	1	2	3	4	5	6	7	8	9	10	11	12	13	14	15	16	17	18	19	20	21
	1	2	3	4	5	6	7	8	9	10	11	12	13	14	15	16	17	18	19	20	21
	1	2	3	4	5	6	7	8	9	10	11	12	13	14	15	16	17	18	19	20	21

TimeOuts

1	2	3
1	2	3
1	2	3

If above wins match,
all scores & initials

______ ______ ______ ______

If above wins match,
all scores & initials

Server Score

	1	2	3	4	5	6	7	8	9	10	11	12	13	14	15	16	17	18	19	20	21
	1	2	3	4	5	6	7	8	9	10	11	12	13	14	15	16	17	18	19	20	21
	1	2	3	4	5	6	7	8	9	10	11	12	13	14	15	16	17	18	19	20	21

TimeOuts

1	2	3
1	2	3
1	2	3

Team 1: ______________________

Event: ______________________

Format:

Referee: ______________

Court: ______________

Match: ______________

Team 2: ______________________

Server Score

	1	2	3	4	5	6	7	8	9	10	11	12	13	14	15	16	17	18	19	20	21
	1	2	3	4	5	6	7	8	9	10	11	12	13	14	15	16	17	18	19	20	21
	1	2	3	4	5	6	7	8	9	10	11	12	13	14	15	16	17	18	19	20	21

TimeOuts

1	2	3
1	2	3
1	2	3

If above wins match,
all scores & initials

______ ______ ______ ______

If above wins match,
all scores & initials

Server Score

	1	2	3	4	5	6	7	8	9	10	11	12	13	14	15	16	17	18	19	20	21
	1	2	3	4	5	6	7	8	9	10	11	12	13	14	15	16	17	18	19	20	21
	1	2	3	4	5	6	7	8	9	10	11	12	13	14	15	16	17	18	19	20	21

TimeOuts

1	2	3
1	2	3
1	2	3

Team 1: ______________________

Event: ______________________

Format:

Referee: ______________

Court: ______________

Match: ______________

Team 2: ____________________

Server Score

	1	2	3	4	5	6	7	8	9	10	11	12	13	14	15	16	17	18	19	20	21
	1	2	3	4	5	6	7	8	9	10	11	12	13	14	15	16	17	18	19	20	21
	1	2	3	4	5	6	7	8	9	10	11	12	13	14	15	16	17	18	19	20	21

TimeOuts

1	2	3
1	2	3
1	2	3

If above wins match,
all scores & initials

____ ____ ____ ____

If above wins match,
all scores & initials

Server Score

	1	2	3	4	5	6	7	8	9	10	11	12	13	14	15	16	17	18	19	20	21
	1	2	3	4	5	6	7	8	9	10	11	12	13	14	15	16	17	18	19	20	21
	1	2	3	4	5	6	7	8	9	10	11	12	13	14	15	16	17	18	19	20	21

TimeOuts

1	2	3
1	2	3
1	2	3

Event: ____________________ Match: ________

Team 1: ____________________ Court: ________

Referee: ____________________

Format:

Team 2: ____________________

Server Score

	1	2	3	4	5	6	7	8	9	10	11	12	13	14	15	16	17	18	19	20	21
	1	2	3	4	5	6	7	8	9	10	11	12	13	14	15	16	17	18	19	20	21
	1	2	3	4	5	6	7	8	9	10	11	12	13	14	15	16	17	18	19	20	21

TimeOuts

1	2	3
1	2	3
1	2	3

If above wins match,
all scores & initials

____ ____ ____ ____

If above wins match,
all scores & initials

Server Score

	1	2	3	4	5	6	7	8	9	10	11	12	13	14	15	16	17	18	19	20	21
	1	2	3	4	5	6	7	8	9	10	11	12	13	14	15	16	17	18	19	20	21
	1	2	3	4	5	6	7	8	9	10	11	12	13	14	15	16	17	18	19	20	21

TimeOuts

1	2	3
1	2	3
1	2	3

Event: ____________________ Match: ________

Team 1: ____________________ Court: ________

Referee: ____________________

Format:

Team 2: ____________________

Server Score

	1	2	3	4	5	6	7	8	9	10	11	12	13	14	15	16	17	18	19	20	21
	1	2	3	4	5	6	7	8	9	10	11	12	13	14	15	16	17	18	19	20	21
	1	2	3	4	5	6	7	8	9	10	11	12	13	14	15	16	17	18	19	20	21

TimeOuts

1	2	3
1	2	3
1	2	3

If above wins match,
all scores & initials

______ ______ ______ ______

If above wins match,
all scores & initials

	1	2	3	4	5	6	7	8	9	10	11	12	13	14	15	16	17	18	19	20	21
	1	2	3	4	5	6	7	8	9	10	11	12	13	14	15	16	17	18	19	20	21
	1	2	3	4	5	6	7	8	9	10	11	12	13	14	15	16	17	18	19	20	21

Server Score

1	2	3
1	2	3
1	2	3

TimeOuts

Team 1: ____________________

Event: ____________________

Format:

Referee: ____________________

Court: ____________________

Match: ____________________

Team 2: ____________________

Server Score

	1	2	3	4	5	6	7	8	9	10	11	12	13	14	15	16	17	18	19	20	21
	1	2	3	4	5	6	7	8	9	10	11	12	13	14	15	16	17	18	19	20	21
	1	2	3	4	5	6	7	8	9	10	11	12	13	14	15	16	17	18	19	20	21

TimeOuts

1	2	3
1	2	3
1	2	3

If above wins match,
all scores & initials

______ ______ ______ ______

If above wins match,
all scores & initials

	1	2	3	4	5	6	7	8	9	10	11	12	13	14	15	16	17	18	19	20	21
	1	2	3	4	5	6	7	8	9	10	11	12	13	14	15	16	17	18	19	20	21
	1	2	3	4	5	6	7	8	9	10	11	12	13	14	15	16	17	18	19	20	21

Server Score

1	2	3
1	2	3
1	2	3

TimeOuts

Team 1: ____________________

Event: ____________________

Format:

Referee: ____________________

Court: ____________________

Match: ____________________

Team 2: ____

Server Score

	1	2	3	4	5	6	7	8	9	10	11	12	13	14	15	16	17	18	19	20	21
	1	2	3	4	5	6	7	8	9	10	11	12	13	14	15	16	17	18	19	20	21
	1	2	3	4	5	6	7	8	9	10	11	12	13	14	15	16	17	18	19	20	21

TimeOuts

1	2	3
1	2	3
1	2	3

If above wins match,
all scores & initials

If above wins match,
all scores & initials
_______ _______ _______ _______

Server Score

	1	2	3	4	5	6	7	8	9	10	11	12	13	14	15	16	17	18	19	20	21
	1	2	3	4	5	6	7	8	9	10	11	12	13	14	15	16	17	18	19	20	21
	1	2	3	4	5	6	7	8	9	10	11	12	13	14	15	16	17	18	19	20	21

TimeOuts

1	2	3
1	2	3
1	2	3

Format:

Team 1: ____ Referee: ________________

Event: ____ Court: ____________

Match: __________

Team 2: ____

Server Score

	1	2	3	4	5	6	7	8	9	10	11	12	13	14	15	16	17	18	19	20	21
	1	2	3	4	5	6	7	8	9	10	11	12	13	14	15	16	17	18	19	20	21
	1	2	3	4	5	6	7	8	9	10	11	12	13	14	15	16	17	18	19	20	21

TimeOuts

1	2	3
1	2	3
1	2	3

If above wins match,
all scores & initials

If above wins match,
all scores & initials
_______ _______ _______ _______

Server Score

	1	2	3	4	5	6	7	8	9	10	11	12	13	14	15	16	17	18	19	20	21
	1	2	3	4	5	6	7	8	9	10	11	12	13	14	15	16	17	18	19	20	21
	1	2	3	4	5	6	7	8	9	10	11	12	13	14	15	16	17	18	19	20	21

TimeOuts

1	2	3
1	2	3
1	2	3

Format:

Team 1: ____ Referee: ________________

Event: ____ Court: ____________

Match: __________

Team 2: ______________________________

Server Score

	1	2	3	4	5	6	7	8	9	10	11	12	13	14	15	16	17	18	19	20	21
	1	2	3	4	5	6	7	8	9	10	11	12	13	14	15	16	17	18	19	20	21
	1	2	3	4	5	6	7	8	9	10	11	12	13	14	15	16	17	18	19	20	21

TimeOuts

1	2	3
1	2	3
1	2	3

If above wins match, all scores & initials

_______ _______ _______ _______

If above wins match, all scores & initials

Server Score

	1	2	3	4	5	6	7	8	9	10	11	12	13	14	15	16	17	18	19	20	21
	1	2	3	4	5	6	7	8	9	10	11	12	13	14	15	16	17	18	19	20	21
	1	2	3	4	5	6	7	8	9	10	11	12	13	14	15	16	17	18	19	20	21

TimeOuts

1	2	3
1	2	3
1	2	3

Team 1: ______________________________

Event: ______________________________

Format:

Referee: ______________

Court: ______________

Match: ______________

Team 2: ______________________________

Server Score

	1	2	3	4	5	6	7	8	9	10	11	12	13	14	15	16	17	18	19	20	21
	1	2	3	4	5	6	7	8	9	10	11	12	13	14	15	16	17	18	19	20	21
	1	2	3	4	5	6	7	8	9	10	11	12	13	14	15	16	17	18	19	20	21

TimeOuts

1	2	3
1	2	3
1	2	3

If above wins match, all scores & initials

_______ _______ _______ _______

If above wins match, all scores & initials

Server Score

	1	2	3	4	5	6	7	8	9	10	11	12	13	14	15	16	17	18	19	20	21
	1	2	3	4	5	6	7	8	9	10	11	12	13	14	15	16	17	18	19	20	21
	1	2	3	4	5	6	7	8	9	10	11	12	13	14	15	16	17	18	19	20	21

TimeOuts

1	2	3
1	2	3
1	2	3

Team 1: ______________________________

Event: ______________________________

Format:

Referee: ______________

Court: ______________

Match: ______________

Team 2: ______________________________

Server Score

	1	2	3	4	5	6	7	8	9	10	11	12	13	14	15	16	17	18	19	20	21
	1	2	3	4	5	6	7	8	9	10	11	12	13	14	15	16	17	18	19	20	21
	1	2	3	4	5	6	7	8	9	10	11	12	13	14	15	16	17	18	19	20	21

TimeOuts

1	2	3
1	2	3
1	2	3

If above wins match,
all scores & initials

_______ _______ _______ _______

If above wins match,
all scores & initials

Server Score

	1	2	3	4	5	6	7	8	9	10	11	12	13	14	15	16	17	18	19	20	21
	1	2	3	4	5	6	7	8	9	10	11	12	13	14	15	16	17	18	19	20	21
	1	2	3	4	5	6	7	8	9	10	11	12	13	14	15	16	17	18	19	20	21

TimeOuts

1	2	3
1	2	3
1	2	3

Event: ______________________________ Match: __________

Team 1: ______________________________ Court: __________

Referee: __________

Format: __________

Team 2: ______________________________

Server Score

	1	2	3	4	5	6	7	8	9	10	11	12	13	14	15	16	17	18	19	20	21
	1	2	3	4	5	6	7	8	9	10	11	12	13	14	15	16	17	18	19	20	21
	1	2	3	4	5	6	7	8	9	10	11	12	13	14	15	16	17	18	19	20	21

TimeOuts

1	2	3
1	2	3
1	2	3

If above wins match,
all scores & initials

_______ _______ _______ _______

If above wins match,
all scores & initials

Server Score

	1	2	3	4	5	6	7	8	9	10	11	12	13	14	15	16	17	18	19	20	21
	1	2	3	4	5	6	7	8	9	10	11	12	13	14	15	16	17	18	19	20	21
	1	2	3	4	5	6	7	8	9	10	11	12	13	14	15	16	17	18	19	20	21

TimeOuts

1	2	3
1	2	3
1	2	3

Event: ______________________________ Match: __________

Team 1: ______________________________ Court: __________

Referee: __________

Format: __________

Team 2: ______________________________

Server Score

	1	2	3	4	5	6	7	8	9	10	11	12	13	14	15	16	17	18	19	20	21
	1	2	3	4	5	6	7	8	9	10	11	12	13	14	15	16	17	18	19	20	21
	1	2	3	4	5	6	7	8	9	10	11	12	13	14	15	16	17	18	19	20	21

TimeOuts

1	2	3
1	2	3
1	2	3

If above wins match,
all scores & initials

_______ _______ _______ _______

If above wins match,
all scores & initials

Server Score

	1	2	3	4	5	6	7	8	9	10	11	12	13	14	15	16	17	18	19	20	21
	1	2	3	4	5	6	7	8	9	10	11	12	13	14	15	16	17	18	19	20	21
	1	2	3	4	5	6	7	8	9	10	11	12	13	14	15	16	17	18	19	20	21

TimeOuts

1	2	3
1	2	3
1	2	3

Event: ______________________________

Team 1: ______________________________

Match: __________

Court: __________

Referee: __________

Format: __________

Team 2: ______________________________

Server Score

	1	2	3	4	5	6	7	8	9	10	11	12	13	14	15	16	17	18	19	20	21
	1	2	3	4	5	6	7	8	9	10	11	12	13	14	15	16	17	18	19	20	21
	1	2	3	4	5	6	7	8	9	10	11	12	13	14	15	16	17	18	19	20	21

TimeOuts

1	2	3
1	2	3
1	2	3

If above wins match,
all scores & initials

_______ _______ _______ _______

If above wins match,
all scores & initials

Server Score

	1	2	3	4	5	6	7	8	9	10	11	12	13	14	15	16	17	18	19	20	21
	1	2	3	4	5	6	7	8	9	10	11	12	13	14	15	16	17	18	19	20	21
	1	2	3	4	5	6	7	8	9	10	11	12	13	14	15	16	17	18	19	20	21

TimeOuts

1	2	3
1	2	3
1	2	3

Event: ______________________________

Team 1: ______________________________

Match: __________

Court: __________

Referee: __________

Format: __________

Team 2: ____

Server Score

	1	2	3	4	5	6	7	8	9	10	11	12	13	14	15	16	17	18	19	20	21
	1	2	3	4	5	6	7	8	9	10	11	12	13	14	15	16	17	18	19	20	21
	1	2	3	4	5	6	7	8	9	10	11	12	13	14	15	16	17	18	19	20	21

TimeOuts

1	2	3
1	2	3
1	2	3

If above wins match,
all scores & initials

If above wins match,
all scores & initials

________ ________ ________ ________

Match: ________

Event: ____

Court: ________________

Team 1: ____

Referee: ____________________

Format:

Server Score

	1	2	3	4	5	6	7	8	9	10	11	12	13	14	15	16	17	18	19	20	21
	1	2	3	4	5	6	7	8	9	10	11	12	13	14	15	16	17	18	19	20	21
	1	2	3	4	5	6	7	8	9	10	11	12	13	14	15	16	17	18	19	20	21

TimeOuts

1	2	3
1	2	3
1	2	3

Team 2: ____

Server Score

	1	2	3	4	5	6	7	8	9	10	11	12	13	14	15	16	17	18	19	20	21
	1	2	3	4	5	6	7	8	9	10	11	12	13	14	15	16	17	18	19	20	21
	1	2	3	4	5	6	7	8	9	10	11	12	13	14	15	16	17	18	19	20	21

TimeOuts

1	2	3
1	2	3
1	2	3

If above wins match,
all scores & initials

If above wins match,
all scores & initials

________ ________ ________ ________

Match: ________

Event: ____

Court: ________________

Team 1: ____

Referee: ____________________

Format:

Server Score

	1	2	3	4	5	6	7	8	9	10	11	12	13	14	15	16	17	18	19	20	21
	1	2	3	4	5	6	7	8	9	10	11	12	13	14	15	16	17	18	19	20	21
	1	2	3	4	5	6	7	8	9	10	11	12	13	14	15	16	17	18	19	20	21

TimeOuts

1	2	3
1	2	3
1	2	3

Team 2: ______________________________

Server Score

	1	2	3	4	5	6	7	8	9	10	11	12	13	14	15	16	17	18	19	20	21
	1	2	3	4	5	6	7	8	9	10	11	12	13	14	15	16	17	18	19	20	21
	1	2	3	4	5	6	7	8	9	10	11	12	13	14	15	16	17	18	19	20	21

TimeOuts

1	2	3
1	2	3
1	2	3

If above wins match,
all scores & initials

Event: ______________________________ Match: __________

Team 1: ______________________________ Court: __________

Referee: __________

Format: __________

Server Score

	1	2	3	4	5	6	7	8	9	10	11	12	13	14	15	16	17	18	19	20	21
	1	2	3	4	5	6	7	8	9	10	11	12	13	14	15	16	17	18	19	20	21
	1	2	3	4	5	6	7	8	9	10	11	12	13	14	15	16	17	18	19	20	21

TimeOuts

1	2	3
1	2	3
1	2	3

If above wins match,
all scores & initials

______ ______ ______ ______

Team 2: ______________________________

Server Score

	1	2	3	4	5	6	7	8	9	10	11	12	13	14	15	16	17	18	19	20	21
	1	2	3	4	5	6	7	8	9	10	11	12	13	14	15	16	17	18	19	20	21
	1	2	3	4	5	6	7	8	9	10	11	12	13	14	15	16	17	18	19	20	21

TimeOuts

1	2	3
1	2	3
1	2	3

If above wins match,
all scores & initials

Event: ______________________________ Match: __________

Team 1: ______________________________ Court: __________

Referee: __________

Format: __________

Server Score

	1	2	3	4	5	6	7	8	9	10	11	12	13	14	15	16	17	18	19	20	21
	1	2	3	4	5	6	7	8	9	10	11	12	13	14	15	16	17	18	19	20	21
	1	2	3	4	5	6	7	8	9	10	11	12	13	14	15	16	17	18	19	20	21

TimeOuts

1	2	3
1	2	3
1	2	3

If above wins match,
all scores & initials

______ ______ ______ ______

Team 2: ________________________________

Server Score

	1	2	3	4	5	6	7	8	9	10	11	12	13	14	15	16	17	18	19	20	21
	1	2	3	4	5	6	7	8	9	10	11	12	13	14	15	16	17	18	19	20	21
	1	2	3	4	5	6	7	8	9	10	11	12	13	14	15	16	17	18	19	20	21

TimeOuts

1	2	3
1	2	3
1	2	3

If above wins match,
all scores & initials

If above wins match,
all scores & initials
________ ________ ________ ________

Server Score

	1	2	3	4	5	6	7	8	9	10	11	12	13	14	15	16	17	18	19	20	21
	1	2	3	4	5	6	7	8	9	10	11	12	13	14	15	16	17	18	19	20	21
	1	2	3	4	5	6	7	8	9	10	11	12	13	14	15	16	17	18	19	20	21

TimeOuts

1	2	3
1	2	3
1	2	3

Team 1: ________________________________

Event: ________________________________

Format:

Referee: ________________

Court: ____________

Match: ________

Team 2: ________________________________

Server Score

	1	2	3	4	5	6	7	8	9	10	11	12	13	14	15	16	17	18	19	20	21
	1	2	3	4	5	6	7	8	9	10	11	12	13	14	15	16	17	18	19	20	21
	1	2	3	4	5	6	7	8	9	10	11	12	13	14	15	16	17	18	19	20	21

TimeOuts

1	2	3
1	2	3
1	2	3

If above wins match,
all scores & initials

If above wins match,
all scores & initials
________ ________ ________ ________

Server Score

	1	2	3	4	5	6	7	8	9	10	11	12	13	14	15	16	17	18	19	20	21
	1	2	3	4	5	6	7	8	9	10	11	12	13	14	15	16	17	18	19	20	21
	1	2	3	4	5	6	7	8	9	10	11	12	13	14	15	16	17	18	19	20	21

TimeOuts

1	2	3
1	2	3
1	2	3

Team 1: ________________________________

Event: ________________________________

Format:

Referee: ________________

Court: ____________

Match: ________

Team 2: ____________________________________

Server Score

	1	2	3	4	5	6	7	8	9	10	11	12	13	14	15	16	17	18	19	20	21
	1	2	3	4	5	6	7	8	9	10	11	12	13	14	15	16	17	18	19	20	21
	1	2	3	4	5	6	7	8	9	10	11	12	13	14	15	16	17	18	19	20	21

TimeOuts

1	2	3
1	2	3
1	2	3

If above wins match,
all scores & initials

________ ________ ________ ________

If above wins match,
all scores & initials

Server Score

	1	2	3	4	5	6	7	8	9	10	11	12	13	14	15	16	17	18	19	20	21
	1	2	3	4	5	6	7	8	9	10	11	12	13	14	15	16	17	18	19	20	21
	1	2	3	4	5	6	7	8	9	10	11	12	13	14	15	16	17	18	19	20	21

TimeOuts

1	2	3
1	2	3
1	2	3

Team 1: ____________________________________

Event: ____________________________________

Format:

Referee: ____________________

Court: ____________________

Match: ____________________

Team 2: ____________________________________

Server Score

	1	2	3	4	5	6	7	8	9	10	11	12	13	14	15	16	17	18	19	20	21
	1	2	3	4	5	6	7	8	9	10	11	12	13	14	15	16	17	18	19	20	21
	1	2	3	4	5	6	7	8	9	10	11	12	13	14	15	16	17	18	19	20	21

TimeOuts

1	2	3
1	2	3
1	2	3

If above wins match,
all scores & initials

________ ________ ________ ________

If above wins match,
all scores & initials

Server Score

	1	2	3	4	5	6	7	8	9	10	11	12	13	14	15	16	17	18	19	20	21
	1	2	3	4	5	6	7	8	9	10	11	12	13	14	15	16	17	18	19	20	21
	1	2	3	4	5	6	7	8	9	10	11	12	13	14	15	16	17	18	19	20	21

TimeOuts

1	2	3
1	2	3
1	2	3

Team 1: ____________________________________

Event: ____________________________________

Format:

Referee: ____________________

Court: ____________________

Match: ____________________

Team 2: ______________________________

Server Score

	1	2	3	4	5	6	7	8	9	10	11	12	13	14	15	16	17	18	19	20	21
	1	2	3	4	5	6	7	8	9	10	11	12	13	14	15	16	17	18	19	20	21
	1	2	3	4	5	6	7	8	9	10	11	12	13	14	15	16	17	18	19	20	21

TimeOuts

1	2	3
1	2	3
1	2	3

If above wins match,
all scores & initials

________ ________ ________ ________

If above wins match,
all scores & initials

Server Score

	1	2	3	4	5	6	7	8	9	10	11	12	13	14	15	16	17	18	19	20	21
	1	2	3	4	5	6	7	8	9	10	11	12	13	14	15	16	17	18	19	20	21
	1	2	3	4	5	6	7	8	9	10	11	12	13	14	15	16	17	18	19	20	21

TimeOuts

1	2	3
1	2	3
1	2	3

Event: ______________________________

Team 1: ______________________________

Match: ________

Court: ____________

Referee: ______________

Format: ______________

Team 2: ______________________________

Server Score

	1	2	3	4	5	6	7	8	9	10	11	12	13	14	15	16	17	18	19	20	21
	1	2	3	4	5	6	7	8	9	10	11	12	13	14	15	16	17	18	19	20	21
	1	2	3	4	5	6	7	8	9	10	11	12	13	14	15	16	17	18	19	20	21

TimeOuts

1	2	3
1	2	3
1	2	3

If above wins match,
all scores & initials

________ ________ ________ ________

If above wins match,
all scores & initials

Server Score

	1	2	3	4	5	6	7	8	9	10	11	12	13	14	15	16	17	18	19	20	21
	1	2	3	4	5	6	7	8	9	10	11	12	13	14	15	16	17	18	19	20	21
	1	2	3	4	5	6	7	8	9	10	11	12	13	14	15	16	17	18	19	20	21

TimeOuts

1	2	3
1	2	3
1	2	3

Event: ______________________________

Team 1: ______________________________

Match: ________

Court: ____________

Referee: ______________

Format: ______________

Team 2: ______________________________

Server Score

	1	2	3	4	5	6	7	8	9	10	11	12	13	14	15	16	17	18	19	20	21
	1	2	3	4	5	6	7	8	9	10	11	12	13	14	15	16	17	18	19	20	21
	1	2	3	4	5	6	7	8	9	10	11	12	13	14	15	16	17	18	19	20	21

TimeOuts

1	2	3
1	2	3
1	2	3

If above wins match,
all scores & initials

_______ _______ _______ _______

If above wins match,
all scores & initials

Server Score

	1	2	3	4	5	6	7	8	9	10	11	12	13	14	15	16	17	18	19	20	21
	1	2	3	4	5	6	7	8	9	10	11	12	13	14	15	16	17	18	19	20	21
	1	2	3	4	5	6	7	8	9	10	11	12	13	14	15	16	17	18	19	20	21

TimeOuts

1	2	3
1	2	3
1	2	3

Event: ______________________________

Team 1: ______________________________

Match: __________

Court: __________

Referee: __________

Format:

Team 2: ______________________________

Server Score

	1	2	3	4	5	6	7	8	9	10	11	12	13	14	15	16	17	18	19	20	21
	1	2	3	4	5	6	7	8	9	10	11	12	13	14	15	16	17	18	19	20	21
	1	2	3	4	5	6	7	8	9	10	11	12	13	14	15	16	17	18	19	20	21

TimeOuts

1	2	3
1	2	3
1	2	3

If above wins match,
all scores & initials

_______ _______ _______ _______

If above wins match,
all scores & initials

Server Score

	1	2	3	4	5	6	7	8	9	10	11	12	13	14	15	16	17	18	19	20	21
	1	2	3	4	5	6	7	8	9	10	11	12	13	14	15	16	17	18	19	20	21
	1	2	3	4	5	6	7	8	9	10	11	12	13	14	15	16	17	18	19	20	21

TimeOuts

1	2	3
1	2	3
1	2	3

Event: ______________________________

Team 1: ______________________________

Match: __________

Court: __________

Referee: __________

Format:

Team 2: ____________________

Server Score

	1	2	3	4	5	6	7	8	9	10	11	12	13	14	15	16	17	18	19	20	21
	1	2	3	4	5	6	7	8	9	10	11	12	13	14	15	16	17	18	19	20	21
	1	2	3	4	5	6	7	8	9	10	11	12	13	14	15	16	17	18	19	20	21

TimeOuts

1	2	3
1	2	3
1	2	3

If above wins match,
all scores & initials

________ ________ ________ ________

If above wins match,
all scores & initials

Server Score

	1	2	3	4	5	6	7	8	9	10	11	12	13	14	15	16	17	18	19	20	21
	1	2	3	4	5	6	7	8	9	10	11	12	13	14	15	16	17	18	19	20	21
	1	2	3	4	5	6	7	8	9	10	11	12	13	14	15	16	17	18	19	20	21

TimeOuts

1	2	3
1	2	3
1	2	3

Team 1: ____________________

Event: ____________________

Format:

Referee: ____________________

Court: ____________________

Match: ____________________

Team 2: ____________________

Server Score

	1	2	3	4	5	6	7	8	9	10	11	12	13	14	15	16	17	18	19	20	21
	1	2	3	4	5	6	7	8	9	10	11	12	13	14	15	16	17	18	19	20	21
	1	2	3	4	5	6	7	8	9	10	11	12	13	14	15	16	17	18	19	20	21

TimeOuts

1	2	3
1	2	3
1	2	3

If above wins match,
all scores & initials

________ ________ ________ ________

If above wins match,
all scores & initials

Server Score

	1	2	3	4	5	6	7	8	9	10	11	12	13	14	15	16	17	18	19	20	21
	1	2	3	4	5	6	7	8	9	10	11	12	13	14	15	16	17	18	19	20	21
	1	2	3	4	5	6	7	8	9	10	11	12	13	14	15	16	17	18	19	20	21

TimeOuts

1	2	3
1	2	3
1	2	3

Team 1: ____________________

Event: ____________________

Format:

Referee: ____________________

Court: ____________________

Match: ____________________

Team 2: ______________________________

Server Score

	1	2	3	4	5	6	7	8	9	10	11	12	13	14	15	16	17	18	19	20	21
	1	2	3	4	5	6	7	8	9	10	11	12	13	14	15	16	17	18	19	20	21
	1	2	3	4	5	6	7	8	9	10	11	12	13	14	15	16	17	18	19	20	21

TimeOuts

1	2	3
1	2	3
1	2	3

If above wins match,
all scores & initials

____ ____ ____ ____

If above wins match,
all scores & initials

Server Score

	1	2	3	4	5	6	7	8	9	10	11	12	13	14	15	16	17	18	19	20	21
	1	2	3	4	5	6	7	8	9	10	11	12	13	14	15	16	17	18	19	20	21
	1	2	3	4	5	6	7	8	9	10	11	12	13	14	15	16	17	18	19	20	21

TimeOuts

1	2	3
1	2	3
1	2	3

Team 1: ______________________________

Event: ______________________________

Format:

Referee: ____________

Court: ____________

Match: ____________

Team 2: ______________________________

Server Score

	1	2	3	4	5	6	7	8	9	10	11	12	13	14	15	16	17	18	19	20	21
	1	2	3	4	5	6	7	8	9	10	11	12	13	14	15	16	17	18	19	20	21
	1	2	3	4	5	6	7	8	9	10	11	12	13	14	15	16	17	18	19	20	21

TimeOuts

1	2	3
1	2	3
1	2	3

If above wins match,
all scores & initials

____ ____ ____ ____

If above wins match,
all scores & initials

Server Score

	1	2	3	4	5	6	7	8	9	10	11	12	13	14	15	16	17	18	19	20	21
	1	2	3	4	5	6	7	8	9	10	11	12	13	14	15	16	17	18	19	20	21
	1	2	3	4	5	6	7	8	9	10	11	12	13	14	15	16	17	18	19	20	21

TimeOuts

1	2	3
1	2	3
1	2	3

Team 1: ______________________________

Event: ______________________________

Format:

Referee: ____________

Court: ____________

Match: ____________

Team 2: ______________________________

Server Score

	1	2	3	4	5	6	7	8	9	10	11	12	13	14	15	16	17	18	19	20	21
	1	2	3	4	5	6	7	8	9	10	11	12	13	14	15	16	17	18	19	20	21
	1	2	3	4	5	6	7	8	9	10	11	12	13	14	15	16	17	18	19	20	21

TimeOuts

1	2	3
1	2	3
1	2	3

If above wins match,
all scores & initials

If above wins match,
all scores & initials
_______ _______ _______ _______

Server Score

	1	2	3	4	5	6	7	8	9	10	11	12	13	14	15	16	17	18	19	20	21
	1	2	3	4	5	6	7	8	9	10	11	12	13	14	15	16	17	18	19	20	21
	1	2	3	4	5	6	7	8	9	10	11	12	13	14	15	16	17	18	19	20	21

TimeOuts

1	2	3
1	2	3
1	2	3

Event: ______________________________

Team 1: ______________________________

Match: __________

Court: __________

Referee: __________

Format: __________

Team 2: ______________________________

Server Score

	1	2	3	4	5	6	7	8	9	10	11	12	13	14	15	16	17	18	19	20	21
	1	2	3	4	5	6	7	8	9	10	11	12	13	14	15	16	17	18	19	20	21
	1	2	3	4	5	6	7	8	9	10	11	12	13	14	15	16	17	18	19	20	21

TimeOuts

1	2	3
1	2	3
1	2	3

If above wins match,
all scores & initials

If above wins match,
all scores & initials
_______ _______ _______ _______

Server Score

	1	2	3	4	5	6	7	8	9	10	11	12	13	14	15	16	17	18	19	20	21
	1	2	3	4	5	6	7	8	9	10	11	12	13	14	15	16	17	18	19	20	21
	1	2	3	4	5	6	7	8	9	10	11	12	13	14	15	16	17	18	19	20	21

TimeOuts

1	2	3
1	2	3
1	2	3

Event: ______________________________

Team 1: ______________________________

Match: __________

Court: __________

Referee: __________

Format: __________

Team 2: ____________________

Server Score

	1	2	3	4	5	6	7	8	9	10	11	12	13	14	15	16	17	18	19	20	21
	1	2	3	4	5	6	7	8	9	10	11	12	13	14	15	16	17	18	19	20	21
	1	2	3	4	5	6	7	8	9	10	11	12	13	14	15	16	17	18	19	20	21

TimeOuts

1	2	3
1	2	3
1	2	3

If above wins match,
all scores & initials

________ ________ ________ ________

If above wins match,
all scores & initials

Server Score

	1	2	3	4	5	6	7	8	9	10	11	12	13	14	15	16	17	18	19	20	21
	1	2	3	4	5	6	7	8	9	10	11	12	13	14	15	16	17	18	19	20	21
	1	2	3	4	5	6	7	8	9	10	11	12	13	14	15	16	17	18	19	20	21

TimeOuts

1	2	3
1	2	3
1	2	3

Team 1: ____________________

Event: ____________________

Match: ________

Court: ________

Referee: ________

Format: ________

Team 2: ____________________

Server Score

	1	2	3	4	5	6	7	8	9	10	11	12	13	14	15	16	17	18	19	20	21
	1	2	3	4	5	6	7	8	9	10	11	12	13	14	15	16	17	18	19	20	21
	1	2	3	4	5	6	7	8	9	10	11	12	13	14	15	16	17	18	19	20	21

TimeOuts

1	2	3
1	2	3
1	2	3

If above wins match,
all scores & initials

________ ________ ________ ________

If above wins match,
all scores & initials

Server Score

	1	2	3	4	5	6	7	8	9	10	11	12	13	14	15	16	17	18	19	20	21
	1	2	3	4	5	6	7	8	9	10	11	12	13	14	15	16	17	18	19	20	21
	1	2	3	4	5	6	7	8	9	10	11	12	13	14	15	16	17	18	19	20	21

TimeOuts

1	2	3
1	2	3
1	2	3

Team 1: ____________________

Event: ____________________

Match: ________

Court: ________

Referee: ________

Format: ________

Team 2: ______________________________

Server Score

	1	2	3	4	5	6	7	8	9	10	11	12	13	14	15	16	17	18	19	20	21
	1	2	3	4	5	6	7	8	9	10	11	12	13	14	15	16	17	18	19	20	21
	1	2	3	4	5	6	7	8	9	10	11	12	13	14	15	16	17	18	19	20	21

TimeOuts

1	2	3
1	2	3
1	2	3

If above wins match,
all scores & initials

If above wins match,
all scores & initials

_______ _______ _______ _______

Server Score

	1	2	3	4	5	6	7	8	9	10	11	12	13	14	15	16	17	18	19	20	21
	1	2	3	4	5	6	7	8	9	10	11	12	13	14	15	16	17	18	19	20	21
	1	2	3	4	5	6	7	8	9	10	11	12	13	14	15	16	17	18	19	20	21

TimeOuts

1	2	3
1	2	3
1	2	3

Event: ______________________________

Team 1: ______________________________

Match: __________

Court: __________

Referee: __________

Format: __________

Team 2: ______________________________

Server Score

	1	2	3	4	5	6	7	8	9	10	11	12	13	14	15	16	17	18	19	20	21
	1	2	3	4	5	6	7	8	9	10	11	12	13	14	15	16	17	18	19	20	21
	1	2	3	4	5	6	7	8	9	10	11	12	13	14	15	16	17	18	19	20	21

TimeOuts

1	2	3
1	2	3
1	2	3

If above wins match,
all scores & initials

If above wins match,
all scores & initials

_______ _______ _______ _______

Server Score

	1	2	3	4	5	6	7	8	9	10	11	12	13	14	15	16	17	18	19	20	21
	1	2	3	4	5	6	7	8	9	10	11	12	13	14	15	16	17	18	19	20	21
	1	2	3	4	5	6	7	8	9	10	11	12	13	14	15	16	17	18	19	20	21

TimeOuts

1	2	3
1	2	3
1	2	3

Event: ______________________________

Team 1: ______________________________

Match: __________

Court: __________

Referee: __________

Format: __________

Team 2: ______________________________

Server Score

	1	2	3	4	5	6	7	8	9	10	11	12	13	14	15	16	17	18	19	20	21
	1	2	3	4	5	6	7	8	9	10	11	12	13	14	15	16	17	18	19	20	21
	1	2	3	4	5	6	7	8	9	10	11	12	13	14	15	16	17	18	19	20	21

TimeOuts

1	2	3
1	2	3
1	2	3

If above wins match,
all scores & initials

If above wins match,
all scores & initials

_______ _______ _______ _______

Server Score

	1	2	3	4	5	6	7	8	9	10	11	12	13	14	15	16	17	18	19	20	21
	1	2	3	4	5	6	7	8	9	10	11	12	13	14	15	16	17	18	19	20	21
	1	2	3	4	5	6	7	8	9	10	11	12	13	14	15	16	17	18	19	20	21

TimeOuts

1	2	3
1	2	3
1	2	3

Event: ______________________________

Team 1: ______________________________

Match: __________

Court: __________

Referee: __________

Format: __________

Team 2: ______________________________

Server Score

	1	2	3	4	5	6	7	8	9	10	11	12	13	14	15	16	17	18	19	20	21
	1	2	3	4	5	6	7	8	9	10	11	12	13	14	15	16	17	18	19	20	21
	1	2	3	4	5	6	7	8	9	10	11	12	13	14	15	16	17	18	19	20	21

TimeOuts

1	2	3
1	2	3
1	2	3

If above wins match,
all scores & initials

If above wins match,
all scores & initials

_______ _______ _______ _______

Server Score

	1	2	3	4	5	6	7	8	9	10	11	12	13	14	15	16	17	18	19	20	21
	1	2	3	4	5	6	7	8	9	10	11	12	13	14	15	16	17	18	19	20	21
	1	2	3	4	5	6	7	8	9	10	11	12	13	14	15	16	17	18	19	20	21

TimeOuts

1	2	3
1	2	3
1	2	3

Event: ______________________________

Team 1: ______________________________

Match: __________

Court: __________

Referee: __________

Format: __________

Team 2: ____________________

Server Score

	1	2	3	4	5	6	7	8	9	10	11	12	13	14	15	16	17	18	19	20	21
	1	2	3	4	5	6	7	8	9	10	11	12	13	14	15	16	17	18	19	20	21
	1	2	3	4	5	6	7	8	9	10	11	12	13	14	15	16	17	18	19	20	21

TimeOuts

1	2	3
1	2	3
1	2	3

If above wins match,
all scores & initials

_______ _______ _______ _______

If above wins match,
all scores & initials

Server Score

	1	2	3	4	5	6	7	8	9	10	11	12	13	14	15	16	17	18	19	20	21
	1	2	3	4	5	6	7	8	9	10	11	12	13	14	15	16	17	18	19	20	21
	1	2	3	4	5	6	7	8	9	10	11	12	13	14	15	16	17	18	19	20	21

TimeOuts

1	2	3
1	2	3
1	2	3

Event: ____________________

Team 1: ____________________

Match: __________

Court: __________

Referee: __________

Format:

Team 2: ____________________

Server Score

	1	2	3	4	5	6	7	8	9	10	11	12	13	14	15	16	17	18	19	20	21
	1	2	3	4	5	6	7	8	9	10	11	12	13	14	15	16	17	18	19	20	21
	1	2	3	4	5	6	7	8	9	10	11	12	13	14	15	16	17	18	19	20	21

TimeOuts

1	2	3
1	2	3
1	2	3

If above wins match,
all scores & initials

_______ _______ _______ _______

If above wins match,
all scores & initials

Server Score

	1	2	3	4	5	6	7	8	9	10	11	12	13	14	15	16	17	18	19	20	21
	1	2	3	4	5	6	7	8	9	10	11	12	13	14	15	16	17	18	19	20	21
	1	2	3	4	5	6	7	8	9	10	11	12	13	14	15	16	17	18	19	20	21

TimeOuts

1	2	3
1	2	3
1	2	3

Event: ____________________

Team 1: ____________________

Match: __________

Court: __________

Referee: __________

Format:

Team 2: ____________________

Server Score

	1	2	3	4	5	6	7	8	9	10	11	12	13	14	15	16	17	18	19	20	21
	1	2	3	4	5	6	7	8	9	10	11	12	13	14	15	16	17	18	19	20	21
	1	2	3	4	5	6	7	8	9	10	11	12	13	14	15	16	17	18	19	20	21

TimeOuts

1	2	3
1	2	3
1	2	3

If above wins match,
all scores & initials

____ ____ ____ ____

Event: ____________________

Team 1: ____________________

Match: ________

Court: ________

Referee: ________

Format: ________

Server Score

	1	2	3	4	5	6	7	8	9	10	11	12	13	14	15	16	17	18	19	20	21
	1	2	3	4	5	6	7	8	9	10	11	12	13	14	15	16	17	18	19	20	21
	1	2	3	4	5	6	7	8	9	10	11	12	13	14	15	16	17	18	19	20	21

TimeOuts

1	2	3
1	2	3
1	2	3

If above wins match,
all scores & initials

____ ____ ____ ____

Team 2: ____________________

Server Score

	1	2	3	4	5	6	7	8	9	10	11	12	13	14	15	16	17	18	19	20	21
	1	2	3	4	5	6	7	8	9	10	11	12	13	14	15	16	17	18	19	20	21
	1	2	3	4	5	6	7	8	9	10	11	12	13	14	15	16	17	18	19	20	21

TimeOuts

1	2	3
1	2	3
1	2	3

If above wins match,
all scores & initials

____ ____ ____ ____

Event: ____________________

Team 1: ____________________

Match: ________

Court: ________

Referee: ________

Format: ________

Server Score

	1	2	3	4	5	6	7	8	9	10	11	12	13	14	15	16	17	18	19	20	21
	1	2	3	4	5	6	7	8	9	10	11	12	13	14	15	16	17	18	19	20	21
	1	2	3	4	5	6	7	8	9	10	11	12	13	14	15	16	17	18	19	20	21

TimeOuts

1	2	3
1	2	3
1	2	3

If above wins match,
all scores & initials

____ ____ ____ ____

Team 2: ______________________________

Server Score

	1	2	3	4	5	6	7	8	9	10	11	12	13	14	15	16	17	18	19	20	21
	1	2	3	4	5	6	7	8	9	10	11	12	13	14	15	16	17	18	19	20	21
	1	2	3	4	5	6	7	8	9	10	11	12	13	14	15	16	17	18	19	20	21

TimeOuts

1	2	3
1	2	3
1	2	3

If above wins match,
all scores & initials

______ ______ ______ ______

If above wins match,
all scores & initials

Server Score

	1	2	3	4	5	6	7	8	9	10	11	12	13	14	15	16	17	18	19	20	21
	1	2	3	4	5	6	7	8	9	10	11	12	13	14	15	16	17	18	19	20	21
	1	2	3	4	5	6	7	8	9	10	11	12	13	14	15	16	17	18	19	20	21

TimeOuts

1	2	3
1	2	3
1	2	3

Event: ______________________________

Team 1: ______________________________

Match: ________

Court: ____________

Referee: ______________

Format: ______________

Team 2: ______________________________

Server Score

	1	2	3	4	5	6	7	8	9	10	11	12	13	14	15	16	17	18	19	20	21
	1	2	3	4	5	6	7	8	9	10	11	12	13	14	15	16	17	18	19	20	21
	1	2	3	4	5	6	7	8	9	10	11	12	13	14	15	16	17	18	19	20	21

TimeOuts

1	2	3
1	2	3
1	2	3

If above wins match,
all scores & initials

______ ______ ______ ______

If above wins match,
all scores & initials

Server Score

	1	2	3	4	5	6	7	8	9	10	11	12	13	14	15	16	17	18	19	20	21
	1	2	3	4	5	6	7	8	9	10	11	12	13	14	15	16	17	18	19	20	21
	1	2	3	4	5	6	7	8	9	10	11	12	13	14	15	16	17	18	19	20	21

TimeOuts

1	2	3
1	2	3
1	2	3

Event: ______________________________

Team 1: ______________________________

Match: ________

Court: ____________

Referee: ______________

Format: ______________

Team 2: ____________________

Server Score

	1	2	3	4	5	6	7	8	9	10	11	12	13	14	15	16	17	18	19	20	21
	1	2	3	4	5	6	7	8	9	10	11	12	13	14	15	16	17	18	19	20	21
	1	2	3	4	5	6	7	8	9	10	11	12	13	14	15	16	17	18	19	20	21

TimeOuts

1	2	3
1	2	3
1	2	3

If above wins match,
all scores & initials

____ ____ ____ ____

If above wins match,
all scores & initials

Server Score

	1	2	3	4	5	6	7	8	9	10	11	12	13	14	15	16	17	18	19	20	21
	1	2	3	4	5	6	7	8	9	10	11	12	13	14	15	16	17	18	19	20	21
	1	2	3	4	5	6	7	8	9	10	11	12	13	14	15	16	17	18	19	20	21

TimeOuts

1	2	3
1	2	3
1	2	3

Team 1: ____________________

Event: ____________________

Match: ________

Court: ________

Referee: ________

Format: ________

Team 2: ____________________

Server Score

	1	2	3	4	5	6	7	8	9	10	11	12	13	14	15	16	17	18	19	20	21
	1	2	3	4	5	6	7	8	9	10	11	12	13	14	15	16	17	18	19	20	21
	1	2	3	4	5	6	7	8	9	10	11	12	13	14	15	16	17	18	19	20	21

TimeOuts

1	2	3
1	2	3
1	2	3

If above wins match,
all scores & initials

____ ____ ____ ____

If above wins match,
all scores & initials

Server Score

	1	2	3	4	5	6	7	8	9	10	11	12	13	14	15	16	17	18	19	20	21
	1	2	3	4	5	6	7	8	9	10	11	12	13	14	15	16	17	18	19	20	21
	1	2	3	4	5	6	7	8	9	10	11	12	13	14	15	16	17	18	19	20	21

TimeOuts

1	2	3
1	2	3
1	2	3

Team 1: ____________________

Event: ____________________

Match: ________

Court: ________

Referee: ________

Format: ________

Team 2: ______________________________

Server Score

	1	2	3	4	5	6	7	8	9	10	11	12	13	14	15	16	17	18	19	20	21
	1	2	3	4	5	6	7	8	9	10	11	12	13	14	15	16	17	18	19	20	21
	1	2	3	4	5	6	7	8	9	10	11	12	13	14	15	16	17	18	19	20	21

TimeOuts

1	2	3
1	2	3
1	2	3

If above wins match,
all scores & initials

If above wins match,
all scores & initials
________ ________ ________ ________

Server Score

	1	2	3	4	5	6	7	8	9	10	11	12	13	14	15	16	17	18	19	20	21
	1	2	3	4	5	6	7	8	9	10	11	12	13	14	15	16	17	18	19	20	21
	1	2	3	4	5	6	7	8	9	10	11	12	13	14	15	16	17	18	19	20	21

TimeOuts

1	2	3
1	2	3
1	2	3

Team 1: ______________________________ Format: ______________
Event: ______________________________ Referee: ______________
Court: ______________
Match: ______________

Team 2: ______________________________

Server Score

	1	2	3	4	5	6	7	8	9	10	11	12	13	14	15	16	17	18	19	20	21
	1	2	3	4	5	6	7	8	9	10	11	12	13	14	15	16	17	18	19	20	21
	1	2	3	4	5	6	7	8	9	10	11	12	13	14	15	16	17	18	19	20	21

TimeOuts

1	2	3
1	2	3
1	2	3

If above wins match,
all scores & initials

If above wins match,
all scores & initials
________ ________ ________ ________

Server Score

	1	2	3	4	5	6	7	8	9	10	11	12	13	14	15	16	17	18	19	20	21
	1	2	3	4	5	6	7	8	9	10	11	12	13	14	15	16	17	18	19	20	21
	1	2	3	4	5	6	7	8	9	10	11	12	13	14	15	16	17	18	19	20	21

TimeOuts

1	2	3
1	2	3
1	2	3

Team 1: ______________________________ Format: ______________
Event: ______________________________ Referee: ______________
Court: ______________
Match: ______________

Team 2: ______________________________

Server Score

	1	2	3	4	5	6	7	8	9	10	11	12	13	14	15	16	17	18	19	20	21
	1	2	3	4	5	6	7	8	9	10	11	12	13	14	15	16	17	18	19	20	21
	1	2	3	4	5	6	7	8	9	10	11	12	13	14	15	16	17	18	19	20	21

TimeOuts

1	2	3
1	2	3
1	2	3

If above wins match,
all scores & initials

_______ _______ _______ _______

If above wins match,
all scores & initials

Server Score

	1	2	3	4	5	6	7	8	9	10	11	12	13	14	15	16	17	18	19	20	21
	1	2	3	4	5	6	7	8	9	10	11	12	13	14	15	16	17	18	19	20	21
	1	2	3	4	5	6	7	8	9	10	11	12	13	14	15	16	17	18	19	20	21

TimeOuts

1	2	3
1	2	3
1	2	3

Team 1: ______________________________ Format: ______________

Event: ______________________________ Referee: ______________

Court: ______________

Match: ______________

Team 2: ______________________________

Server Score

	1	2	3	4	5	6	7	8	9	10	11	12	13	14	15	16	17	18	19	20	21
	1	2	3	4	5	6	7	8	9	10	11	12	13	14	15	16	17	18	19	20	21
	1	2	3	4	5	6	7	8	9	10	11	12	13	14	15	16	17	18	19	20	21

TimeOuts

1	2	3
1	2	3
1	2	3

If above wins match,
all scores & initials

_______ _______ _______ _______

If above wins match,
all scores & initials

Server Score

	1	2	3	4	5	6	7	8	9	10	11	12	13	14	15	16	17	18	19	20	21
	1	2	3	4	5	6	7	8	9	10	11	12	13	14	15	16	17	18	19	20	21
	1	2	3	4	5	6	7	8	9	10	11	12	13	14	15	16	17	18	19	20	21

TimeOuts

1	2	3
1	2	3
1	2	3

Team 1: ______________________________ Format: ______________

Event: ______________________________ Referee: ______________

Court: ______________

Match: ______________

Team 2: ____________________

Server Score

	1	2	3	4	5	6	7	8	9	10	11	12	13	14	15	16	17	18	19	20	21
	1	2	3	4	5	6	7	8	9	10	11	12	13	14	15	16	17	18	19	20	21
	1	2	3	4	5	6	7	8	9	10	11	12	13	14	15	16	17	18	19	20	21

TimeOuts

1	2	3
1	2	3
1	2	3

If above wins match,
all scores & initials

________ ________ ________ ________

Event: ____________________

Team 1: ____________________

Match: ________

Court: ________

Referee: ________

Format: ________

Server Score

	1	2	3	4	5	6	7	8	9	10	11	12	13	14	15	16	17	18	19	20	21
	1	2	3	4	5	6	7	8	9	10	11	12	13	14	15	16	17	18	19	20	21
	1	2	3	4	5	6	7	8	9	10	11	12	13	14	15	16	17	18	19	20	21

TimeOuts

1	2	3
1	2	3
1	2	3

If above wins match,
all scores & initials

Team 2: ____________________

Server Score

	1	2	3	4	5	6	7	8	9	10	11	12	13	14	15	16	17	18	19	20	21
	1	2	3	4	5	6	7	8	9	10	11	12	13	14	15	16	17	18	19	20	21
	1	2	3	4	5	6	7	8	9	10	11	12	13	14	15	16	17	18	19	20	21

TimeOuts

1	2	3
1	2	3
1	2	3

If above wins match,
all scores & initials

________ ________ ________ ________

Event: ____________________

Team 1: ____________________

Match: ________

Court: ________

Referee: ________

Format: ________

Server Score

	1	2	3	4	5	6	7	8	9	10	11	12	13	14	15	16	17	18	19	20	21
	1	2	3	4	5	6	7	8	9	10	11	12	13	14	15	16	17	18	19	20	21
	1	2	3	4	5	6	7	8	9	10	11	12	13	14	15	16	17	18	19	20	21

TimeOuts

1	2	3
1	2	3
1	2	3

If above wins match,
all scores & initials

Team 2: ______________________________

Server Score

	1	2	3	4	5	6	7	8	9	10	11	12	13	14	15	16	17	18	19	20	21
	1	2	3	4	5	6	7	8	9	10	11	12	13	14	15	16	17	18	19	20	21
	1	2	3	4	5	6	7	8	9	10	11	12	13	14	15	16	17	18	19	20	21

TimeOuts

1	2	3
1	2	3
1	2	3

If above wins match,
all scores & initials

_______ _______ _______ _______

If above wins match,
all scores & initials

Server Score

	1	2	3	4	5	6	7	8	9	10	11	12	13	14	15	16	17	18	19	20	21
	1	2	3	4	5	6	7	8	9	10	11	12	13	14	15	16	17	18	19	20	21
	1	2	3	4	5	6	7	8	9	10	11	12	13	14	15	16	17	18	19	20	21

TimeOuts

1	2	3
1	2	3
1	2	3

Team 1: ______________________________ Format: __________

Event: ______________________________ Referee: __________

Court: __________

Match: __________

Team 2: ______________________________

Server Score

	1	2	3	4	5	6	7	8	9	10	11	12	13	14	15	16	17	18	19	20	21
	1	2	3	4	5	6	7	8	9	10	11	12	13	14	15	16	17	18	19	20	21
	1	2	3	4	5	6	7	8	9	10	11	12	13	14	15	16	17	18	19	20	21

TimeOuts

1	2	3
1	2	3
1	2	3

If above wins match,
all scores & initials

_______ _______ _______ _______

If above wins match,
all scores & initials

Server Score

	1	2	3	4	5	6	7	8	9	10	11	12	13	14	15	16	17	18	19	20	21
	1	2	3	4	5	6	7	8	9	10	11	12	13	14	15	16	17	18	19	20	21
	1	2	3	4	5	6	7	8	9	10	11	12	13	14	15	16	17	18	19	20	21

TimeOuts

1	2	3
1	2	3
1	2	3

Team 1: ______________________________ Format: __________

Event: ______________________________ Referee: __________

Court: __________

Match: __________

Team 2: ____________________

Server Score

	1	2	3	4	5	6	7	8	9	10	11	12	13	14	15	16	17	18	19	20	21
	1	2	3	4	5	6	7	8	9	10	11	12	13	14	15	16	17	18	19	20	21
	1	2	3	4	5	6	7	8	9	10	11	12	13	14	15	16	17	18	19	20	21

TimeOuts

1	2	3
1	2	3
1	2	3

If above wins match,
all scores & initials

________ ________ ________ ________

If above wins match,
all scores & initials

Server Score

	1	2	3	4	5	6	7	8	9	10	11	12	13	14	15	16	17	18	19	20	21
	1	2	3	4	5	6	7	8	9	10	11	12	13	14	15	16	17	18	19	20	21
	1	2	3	4	5	6	7	8	9	10	11	12	13	14	15	16	17	18	19	20	21

TimeOuts

1	2	3
1	2	3
1	2	3

Team 1: ____________________

Event: ____________________

Format:

Referee: ____________________

Court: ____________________

Match: ____________________

Team 2: ____________________

Server Score

	1	2	3	4	5	6	7	8	9	10	11	12	13	14	15	16	17	18	19	20	21
	1	2	3	4	5	6	7	8	9	10	11	12	13	14	15	16	17	18	19	20	21
	1	2	3	4	5	6	7	8	9	10	11	12	13	14	15	16	17	18	19	20	21

TimeOuts

1	2	3
1	2	3
1	2	3

If above wins match,
all scores & initials

________ ________ ________ ________

If above wins match,
all scores & initials

Server Score

	1	2	3	4	5	6	7	8	9	10	11	12	13	14	15	16	17	18	19	20	21
	1	2	3	4	5	6	7	8	9	10	11	12	13	14	15	16	17	18	19	20	21
	1	2	3	4	5	6	7	8	9	10	11	12	13	14	15	16	17	18	19	20	21

TimeOuts

1	2	3
1	2	3
1	2	3

Team 1: ____________________

Event: ____________________

Format:

Referee: ____________________

Court: ____________________

Match: ____________________

Team 2: ______________________________

Server Score

	1	2	3	4	5	6	7	8	9	10	11	12	13	14	15	16	17	18	19	20	21
	1	2	3	4	5	6	7	8	9	10	11	12	13	14	15	16	17	18	19	20	21
	1	2	3	4	5	6	7	8	9	10	11	12	13	14	15	16	17	18	19	20	21

TimeOuts

1	2	3
1	2	3
1	2	3

If above wins match,
all scores & initials

________ ________ ________ ________

If above wins match,
all scores & initials

Server Score

	1	2	3	4	5	6	7	8	9	10	11	12	13	14	15	16	17	18	19	20	21
	1	2	3	4	5	6	7	8	9	10	11	12	13	14	15	16	17	18	19	20	21
	1	2	3	4	5	6	7	8	9	10	11	12	13	14	15	16	17	18	19	20	21

TimeOuts

1	2	3
1	2	3
1	2	3

Team 1: ______________________________

Event: ______________________________

Format:

Referee: ______________

Court: ______________

Match: ______________

Team 2: ______________________________

Server Score

	1	2	3	4	5	6	7	8	9	10	11	12	13	14	15	16	17	18	19	20	21
	1	2	3	4	5	6	7	8	9	10	11	12	13	14	15	16	17	18	19	20	21
	1	2	3	4	5	6	7	8	9	10	11	12	13	14	15	16	17	18	19	20	21

TimeOuts

1	2	3
1	2	3
1	2	3

If above wins match,
all scores & initials

________ ________ ________ ________

If above wins match,
all scores & initials

Server Score

	1	2	3	4	5	6	7	8	9	10	11	12	13	14	15	16	17	18	19	20	21
	1	2	3	4	5	6	7	8	9	10	11	12	13	14	15	16	17	18	19	20	21
	1	2	3	4	5	6	7	8	9	10	11	12	13	14	15	16	17	18	19	20	21

TimeOuts

1	2	3
1	2	3
1	2	3

Team 1: ______________________________

Event: ______________________________

Format:

Referee: ______________

Court: ______________

Match: ______________

Team 2: ______________________________

Server Score

	1	2	3	4	5	6	7	8	9	10	11	12	13	14	15	16	17	18	19	20	21
	1	2	3	4	5	6	7	8	9	10	11	12	13	14	15	16	17	18	19	20	21
	1	2	3	4	5	6	7	8	9	10	11	12	13	14	15	16	17	18	19	20	21

TimeOuts

1	2	3
1	2	3
1	2	3

If above wins match,
all scores & initials

________ ________ ________ ________

If above wins match,
all scores & initials

Server Score

	1	2	3	4	5	6	7	8	9	10	11	12	13	14	15	16	17	18	19	20	21
	1	2	3	4	5	6	7	8	9	10	11	12	13	14	15	16	17	18	19	20	21
	1	2	3	4	5	6	7	8	9	10	11	12	13	14	15	16	17	18	19	20	21

TimeOuts

1	2	3
1	2	3
1	2	3

Event: ______________________________

Team 1: ______________________________

Match: ________

Court: ________

Referee: ________

Format: ________

Team 2: ______________________________

Server Score

	1	2	3	4	5	6	7	8	9	10	11	12	13	14	15	16	17	18	19	20	21
	1	2	3	4	5	6	7	8	9	10	11	12	13	14	15	16	17	18	19	20	21
	1	2	3	4	5	6	7	8	9	10	11	12	13	14	15	16	17	18	19	20	21

TimeOuts

1	2	3
1	2	3
1	2	3

If above wins match,
all scores & initials

________ ________ ________ ________

If above wins match,
all scores & initials

Server Score

	1	2	3	4	5	6	7	8	9	10	11	12	13	14	15	16	17	18	19	20	21
	1	2	3	4	5	6	7	8	9	10	11	12	13	14	15	16	17	18	19	20	21
	1	2	3	4	5	6	7	8	9	10	11	12	13	14	15	16	17	18	19	20	21

TimeOuts

1	2	3
1	2	3
1	2	3

Event: ______________________________

Team 1: ______________________________

Match: ________

Court: ________

Referee: ________

Format: ________

Team 2: ______________________________

Server Score

	1	2	3	4	5	6	7	8	9	10	11	12	13	14	15	16	17	18	19	20	21
	1	2	3	4	5	6	7	8	9	10	11	12	13	14	15	16	17	18	19	20	21
	1	2	3	4	5	6	7	8	9	10	11	12	13	14	15	16	17	18	19	20	21

TimeOuts

1	2	3
1	2	3
1	2	3

If above wins match,
all scores & initials

______ ______ ______ ______

If above wins match,
all scores & initials

Server Score

	1	2	3	4	5	6	7	8	9	10	11	12	13	14	15	16	17	18	19	20	21
	1	2	3	4	5	6	7	8	9	10	11	12	13	14	15	16	17	18	19	20	21
	1	2	3	4	5	6	7	8	9	10	11	12	13	14	15	16	17	18	19	20	21

TimeOuts

1	2	3
1	2	3
1	2	3

Event: ______________________________ Match: ______________

Team 1: ______________________________ Court: ______________

Referee: ______________

Format: ______________

Team 2: ______________________________

Server Score

	1	2	3	4	5	6	7	8	9	10	11	12	13	14	15	16	17	18	19	20	21
	1	2	3	4	5	6	7	8	9	10	11	12	13	14	15	16	17	18	19	20	21
	1	2	3	4	5	6	7	8	9	10	11	12	13	14	15	16	17	18	19	20	21

TimeOuts

1	2	3
1	2	3
1	2	3

If above wins match,
all scores & initials

______ ______ ______ ______

If above wins match,
all scores & initials

Server Score

	1	2	3	4	5	6	7	8	9	10	11	12	13	14	15	16	17	18	19	20	21
	1	2	3	4	5	6	7	8	9	10	11	12	13	14	15	16	17	18	19	20	21
	1	2	3	4	5	6	7	8	9	10	11	12	13	14	15	16	17	18	19	20	21

TimeOuts

1	2	3
1	2	3
1	2	3

Event: ______________________________ Match: ______________

Team 1: ______________________________ Court: ______________

Referee: ______________

Format: ______________

Team 2: ______________________________

Server Score

	1	2	3	4	5	6	7	8	9	10	11	12	13	14	15	16	17	18	19	20	21
	1	2	3	4	5	6	7	8	9	10	11	12	13	14	15	16	17	18	19	20	21
	1	2	3	4	5	6	7	8	9	10	11	12	13	14	15	16	17	18	19	20	21

TimeOuts

1	2	3
1	2	3
1	2	3

If above wins match,
all scores & initials

Match: ________ Court: ________ Referee: ________ Format:

Event: ______________________________

Team 1: ______________________________

Server Score

	1	2	3	4	5	6	7	8	9	10	11	12	13	14	15	16	17	18	19	20	21
	1	2	3	4	5	6	7	8	9	10	11	12	13	14	15	16	17	18	19	20	21
	1	2	3	4	5	6	7	8	9	10	11	12	13	14	15	16	17	18	19	20	21

TimeOuts

1	2	3
1	2	3
1	2	3

If above wins match,
all scores & initials ________ ________ ________ ________

Team 2: ______________________________

Server Score

	1	2	3	4	5	6	7	8	9	10	11	12	13	14	15	16	17	18	19	20	21
	1	2	3	4	5	6	7	8	9	10	11	12	13	14	15	16	17	18	19	20	21
	1	2	3	4	5	6	7	8	9	10	11	12	13	14	15	16	17	18	19	20	21

TimeOuts

1	2	3
1	2	3
1	2	3

If above wins match,
all scores & initials

Match: ________ Court: ________ Referee: ________ Format:

Event: ______________________________

Team 1: ______________________________

Server Score

	1	2	3	4	5	6	7	8	9	10	11	12	13	14	15	16	17	18	19	20	21
	1	2	3	4	5	6	7	8	9	10	11	12	13	14	15	16	17	18	19	20	21
	1	2	3	4	5	6	7	8	9	10	11	12	13	14	15	16	17	18	19	20	21

TimeOuts

1	2	3
1	2	3
1	2	3

If above wins match,
all scores & initials ________ ________ ________ ________

Team 2: ______________________________

Server Score

	1	2	3	4	5	6	7	8	9	10	11	12	13	14	15	16	17	18	19	20	21
	1	2	3	4	5	6	7	8	9	10	11	12	13	14	15	16	17	18	19	20	21
	1	2	3	4	5	6	7	8	9	10	11	12	13	14	15	16	17	18	19	20	21

TimeOuts

1	2	3
1	2	3
1	2	3

If above wins match,
all scores & initials

________ ________ ________ ________

If above wins match,
all scores & initials

Server Score

	1	2	3	4	5	6	7	8	9	10	11	12	13	14	15	16	17	18	19	20	21
	1	2	3	4	5	6	7	8	9	10	11	12	13	14	15	16	17	18	19	20	21
	1	2	3	4	5	6	7	8	9	10	11	12	13	14	15	16	17	18	19	20	21

TimeOuts

1	2	3
1	2	3
1	2	3

Event: ______________________________

Team 1: ______________________________

Match: ________

Court: ____________

Referee: ______________

Format:

Team 2: ______________________________

Server Score

	1	2	3	4	5	6	7	8	9	10	11	12	13	14	15	16	17	18	19	20	21
	1	2	3	4	5	6	7	8	9	10	11	12	13	14	15	16	17	18	19	20	21
	1	2	3	4	5	6	7	8	9	10	11	12	13	14	15	16	17	18	19	20	21

TimeOuts

1	2	3
1	2	3
1	2	3

If above wins match,
all scores & initials

________ ________ ________ ________

If above wins match,
all scores & initials

Server Score

	1	2	3	4	5	6	7	8	9	10	11	12	13	14	15	16	17	18	19	20	21
	1	2	3	4	5	6	7	8	9	10	11	12	13	14	15	16	17	18	19	20	21
	1	2	3	4	5	6	7	8	9	10	11	12	13	14	15	16	17	18	19	20	21

TimeOuts

1	2	3
1	2	3
1	2	3

Event: ______________________________

Team 1: ______________________________

Match: ________

Court: ____________

Referee: ______________

Format:

Team 2: ______________________________

Server Score

	1	2	3	4	5	6	7	8	9	10	11	12	13	14	15	16	17	18	19	20	21
	1	2	3	4	5	6	7	8	9	10	11	12	13	14	15	16	17	18	19	20	21
	1	2	3	4	5	6	7	8	9	10	11	12	13	14	15	16	17	18	19	20	21

TimeOuts

1	2	3
1	2	3
1	2	3

If above wins match,
all scores & initials

_______ _______ _______ _______

If above wins match,
all scores & initials

Server Score

	1	2	3	4	5	6	7	8	9	10	11	12	13	14	15	16	17	18	19	20	21
	1	2	3	4	5	6	7	8	9	10	11	12	13	14	15	16	17	18	19	20	21
	1	2	3	4	5	6	7	8	9	10	11	12	13	14	15	16	17	18	19	20	21

TimeOuts

1	2	3
1	2	3
1	2	3

Team 1: ______________________________

Event: ______________________________

Format:

Referee: ______________

Court: ______________

Match: __________

Team 2: ______________________________

Server Score

	1	2	3	4	5	6	7	8	9	10	11	12	13	14	15	16	17	18	19	20	21
	1	2	3	4	5	6	7	8	9	10	11	12	13	14	15	16	17	18	19	20	21
	1	2	3	4	5	6	7	8	9	10	11	12	13	14	15	16	17	18	19	20	21

TimeOuts

1	2	3
1	2	3
1	2	3

If above wins match,
all scores & initials

_______ _______ _______ _______

If above wins match,
all scores & initials

Server Score

	1	2	3	4	5	6	7	8	9	10	11	12	13	14	15	16	17	18	19	20	21
	1	2	3	4	5	6	7	8	9	10	11	12	13	14	15	16	17	18	19	20	21
	1	2	3	4	5	6	7	8	9	10	11	12	13	14	15	16	17	18	19	20	21

TimeOuts

1	2	3
1	2	3
1	2	3

Team 1: ______________________________

Event: ______________________________

Format:

Referee: ______________

Court: ______________

Match: __________

Team 2: ____________________

Server Score

	1	2	3	4	5	6	7	8	9	10	11	12	13	14	15	16	17	18	19	20	21
	1	2	3	4	5	6	7	8	9	10	11	12	13	14	15	16	17	18	19	20	21
	1	2	3	4	5	6	7	8	9	10	11	12	13	14	15	16	17	18	19	20	21

TimeOuts

1	2	3
1	2	3
1	2	3

If above wins match,
all scores & initials

____ ____ ____ ____

If above wins match,
all scores & initials

Server Score

	1	2	3	4	5	6	7	8	9	10	11	12	13	14	15	16	17	18	19	20	21
	1	2	3	4	5	6	7	8	9	10	11	12	13	14	15	16	17	18	19	20	21
	1	2	3	4	5	6	7	8	9	10	11	12	13	14	15	16	17	18	19	20	21

TimeOuts

1	2	3
1	2	3
1	2	3

Team 1: ____________________

Event: ____________________

Format:

Referee: ____________

Court: ____________

Match: ____________

Team 2: ____________________

Server Score

	1	2	3	4	5	6	7	8	9	10	11	12	13	14	15	16	17	18	19	20	21
	1	2	3	4	5	6	7	8	9	10	11	12	13	14	15	16	17	18	19	20	21
	1	2	3	4	5	6	7	8	9	10	11	12	13	14	15	16	17	18	19	20	21

TimeOuts

1	2	3
1	2	3
1	2	3

If above wins match,
all scores & initials

____ ____ ____ ____

If above wins match,
all scores & initials

Server Score

	1	2	3	4	5	6	7	8	9	10	11	12	13	14	15	16	17	18	19	20	21
	1	2	3	4	5	6	7	8	9	10	11	12	13	14	15	16	17	18	19	20	21
	1	2	3	4	5	6	7	8	9	10	11	12	13	14	15	16	17	18	19	20	21

TimeOuts

1	2	3
1	2	3
1	2	3

Team 1: ____________________

Event: ____________________

Format:

Referee: ____________

Court: ____________

Match: ____________

Team 2: ______________________________

Server Score

	1	2	3	4	5	6	7	8	9	10	11	12	13	14	15	16	17	18	19	20	21
	1	2	3	4	5	6	7	8	9	10	11	12	13	14	15	16	17	18	19	20	21
	1	2	3	4	5	6	7	8	9	10	11	12	13	14	15	16	17	18	19	20	21

TimeOuts

1	2	3
1	2	3
1	2	3

If above wins match,
all scores & initials

If above wins match,
all scores & initials

_______ _______ _______ _______

Match: ________
Court: ____________
Referee: ______________
Format:

Event: ______________________________
Team 1: ______________________________

Server Score

	1	2	3	4	5	6	7	8	9	10	11	12	13	14	15	16	17	18	19	20	21
	1	2	3	4	5	6	7	8	9	10	11	12	13	14	15	16	17	18	19	20	21
	1	2	3	4	5	6	7	8	9	10	11	12	13	14	15	16	17	18	19	20	21

TimeOuts

1	2	3
1	2	3
1	2	3

Team 2: ______________________________

Server Score

	1	2	3	4	5	6	7	8	9	10	11	12	13	14	15	16	17	18	19	20	21
	1	2	3	4	5	6	7	8	9	10	11	12	13	14	15	16	17	18	19	20	21
	1	2	3	4	5	6	7	8	9	10	11	12	13	14	15	16	17	18	19	20	21

TimeOuts

1	2	3
1	2	3
1	2	3

If above wins match,
all scores & initials

If above wins match,
all scores & initials

_______ _______ _______ _______

Match: ________
Court: ____________
Referee: ______________
Format:

Event: ______________________________
Team 1: ______________________________

Server Score

	1	2	3	4	5	6	7	8	9	10	11	12	13	14	15	16	17	18	19	20	21
	1	2	3	4	5	6	7	8	9	10	11	12	13	14	15	16	17	18	19	20	21
	1	2	3	4	5	6	7	8	9	10	11	12	13	14	15	16	17	18	19	20	21

TimeOuts

1	2	3
1	2	3
1	2	3

Team 2: ______________________________

Server Score

	1	2	3	4	5	6	7	8	9	10	11	12	13	14	15	16	17	18	19	20	21
	1	2	3	4	5	6	7	8	9	10	11	12	13	14	15	16	17	18	19	20	21
	1	2	3	4	5	6	7	8	9	10	11	12	13	14	15	16	17	18	19	20	21

TimeOuts

1	2	3
1	2	3
1	2	3

If above wins match,
all scores & initials

If above wins match,
all scores & initials

_______ _______ _______ _______

Server Score

	1	2	3	4	5	6	7	8	9	10	11	12	13	14	15	16	17	18	19	20	21
	1	2	3	4	5	6	7	8	9	10	11	12	13	14	15	16	17	18	19	20	21
	1	2	3	4	5	6	7	8	9	10	11	12	13	14	15	16	17	18	19	20	21

TimeOuts

1	2	3
1	2	3
1	2	3

Event: ______________________________

Team 1: ______________________________

Match: ________

Court: ____________

Referee: ______________

Format:

Team 2: ______________________________

Server Score

	1	2	3	4	5	6	7	8	9	10	11	12	13	14	15	16	17	18	19	20	21
	1	2	3	4	5	6	7	8	9	10	11	12	13	14	15	16	17	18	19	20	21
	1	2	3	4	5	6	7	8	9	10	11	12	13	14	15	16	17	18	19	20	21

TimeOuts

1	2	3
1	2	3
1	2	3

If above wins match,
all scores & initials

If above wins match,
all scores & initials

_______ _______ _______ _______

Server Score

	1	2	3	4	5	6	7	8	9	10	11	12	13	14	15	16	17	18	19	20	21
	1	2	3	4	5	6	7	8	9	10	11	12	13	14	15	16	17	18	19	20	21
	1	2	3	4	5	6	7	8	9	10	11	12	13	14	15	16	17	18	19	20	21

TimeOuts

1	2	3
1	2	3
1	2	3

Event: ______________________________

Team 1: ______________________________

Match: ________

Court: ____________

Referee: ______________

Format:

Team 2: ______________________________

Server Score																					
	1	2	3	4	5	6	7	8	9	10	11	12	13	14	15	16	17	18	19	20	21
	1	2	3	4	5	6	7	8	9	10	11	12	13	14	15	16	17	18	19	20	21
	1	2	3	4	5	6	7	8	9	10	11	12	13	14	15	16	17	18	19	20	21

TimeOuts		
1	2	3
1	2	3
1	2	3

If above wins match,
all scores & initials

_______ _______ _______ _______

Match: ________
Event: ______________________________
Court: ____________
Team 1: ______________________________
Referee: ______________
Format:

Server Score																					
	1	2	3	4	5	6	7	8	9	10	11	12	13	14	15	16	17	18	19	20	21
	1	2	3	4	5	6	7	8	9	10	11	12	13	14	15	16	17	18	19	20	21
	1	2	3	4	5	6	7	8	9	10	11	12	13	14	15	16	17	18	19	20	21

TimeOuts		
1	2	3
1	2	3
1	2	3

If above wins match,
all scores & initials

Team 2: ______________________________

Server Score																					
	1	2	3	4	5	6	7	8	9	10	11	12	13	14	15	16	17	18	19	20	21
	1	2	3	4	5	6	7	8	9	10	11	12	13	14	15	16	17	18	19	20	21
	1	2	3	4	5	6	7	8	9	10	11	12	13	14	15	16	17	18	19	20	21

TimeOuts		
1	2	3
1	2	3
1	2	3

If above wins match,
all scores & initials

_______ _______ _______ _______

Match: ________
Event: ______________________________
Court: ____________
Team 1: ______________________________
Referee: ______________
Format:

Server Score																					
	1	2	3	4	5	6	7	8	9	10	11	12	13	14	15	16	17	18	19	20	21
	1	2	3	4	5	6	7	8	9	10	11	12	13	14	15	16	17	18	19	20	21
	1	2	3	4	5	6	7	8	9	10	11	12	13	14	15	16	17	18	19	20	21

TimeOuts		
1	2	3
1	2	3
1	2	3

If above wins match,
all scores & initials

Team 2: ______________________________

Server Score

	1	2	3	4	5	6	7	8	9	10	11	12	13	14	15	16	17	18	19	20	21
	1	2	3	4	5	6	7	8	9	10	11	12	13	14	15	16	17	18	19	20	21
	1	2	3	4	5	6	7	8	9	10	11	12	13	14	15	16	17	18	19	20	21

TimeOuts

1	2	3
1	2	3
1	2	3

If above wins match,
all scores & initials

If above wins match,
all scores & initials

_______ _______ _______ _______

Server Score

	1	2	3	4	5	6	7	8	9	10	11	12	13	14	15	16	17	18	19	20	21
	1	2	3	4	5	6	7	8	9	10	11	12	13	14	15	16	17	18	19	20	21
	1	2	3	4	5	6	7	8	9	10	11	12	13	14	15	16	17	18	19	20	21

TimeOuts

1	2	3
1	2	3
1	2	3

Team 1: ______________________________

Event: ______________________________

Match: __________

Court: __________

Referee: __________

Format: __________

Team 2: ______________________________

Server Score

	1	2	3	4	5	6	7	8	9	10	11	12	13	14	15	16	17	18	19	20	21
	1	2	3	4	5	6	7	8	9	10	11	12	13	14	15	16	17	18	19	20	21
	1	2	3	4	5	6	7	8	9	10	11	12	13	14	15	16	17	18	19	20	21

TimeOuts

1	2	3
1	2	3
1	2	3

If above wins match,
all scores & initials

If above wins match,
all scores & initials

_______ _______ _______ _______

Server Score

	1	2	3	4	5	6	7	8	9	10	11	12	13	14	15	16	17	18	19	20	21
	1	2	3	4	5	6	7	8	9	10	11	12	13	14	15	16	17	18	19	20	21
	1	2	3	4	5	6	7	8	9	10	11	12	13	14	15	16	17	18	19	20	21

TimeOuts

1	2	3
1	2	3
1	2	3

Team 1: ______________________________

Event: ______________________________

Match: __________

Court: __________

Referee: __________

Format: __________

Team 2: ______________________________

Server Score

	1	2	3	4	5	6	7	8	9	10	11	12	13	14	15	16	17	18	19	20	21
	1	2	3	4	5	6	7	8	9	10	11	12	13	14	15	16	17	18	19	20	21
	1	2	3	4	5	6	7	8	9	10	11	12	13	14	15	16	17	18	19	20	21

TimeOuts

1	2	3
1	2	3
1	2	3

If above wins match,
all scores & initials

____ ____ ____ ____

If above wins match,
all scores & initials

Server Score

	1	2	3	4	5	6	7	8	9	10	11	12	13	14	15	16	17	18	19	20	21
	1	2	3	4	5	6	7	8	9	10	11	12	13	14	15	16	17	18	19	20	21
	1	2	3	4	5	6	7	8	9	10	11	12	13	14	15	16	17	18	19	20	21

TimeOuts

1	2	3
1	2	3
1	2	3

Event: ______________________________

Team 1: ______________________________

Match: __________

Court: __________

Referee: __________

Format: __________

Team 2: ______________________________

Server Score

	1	2	3	4	5	6	7	8	9	10	11	12	13	14	15	16	17	18	19	20	21
	1	2	3	4	5	6	7	8	9	10	11	12	13	14	15	16	17	18	19	20	21
	1	2	3	4	5	6	7	8	9	10	11	12	13	14	15	16	17	18	19	20	21

TimeOuts

1	2	3
1	2	3
1	2	3

If above wins match,
all scores & initials

____ ____ ____ ____

If above wins match,
all scores & initials

Server Score

	1	2	3	4	5	6	7	8	9	10	11	12	13	14	15	16	17	18	19	20	21
	1	2	3	4	5	6	7	8	9	10	11	12	13	14	15	16	17	18	19	20	21
	1	2	3	4	5	6	7	8	9	10	11	12	13	14	15	16	17	18	19	20	21

TimeOuts

1	2	3
1	2	3
1	2	3

Event: ______________________________

Team 1: ______________________________

Match: __________

Court: __________

Referee: __________

Format: __________

Team 2: ____________________

Server Score

	1	2	3	4	5	6	7	8	9	10	11	12	13	14	15	16	17	18	19	20	21
	1	2	3	4	5	6	7	8	9	10	11	12	13	14	15	16	17	18	19	20	21
	1	2	3	4	5	6	7	8	9	10	11	12	13	14	15	16	17	18	19	20	21

TimeOuts

1	2	3
1	2	3
1	2	3

If above wins match,
all scores & initials

____ ____ ____ ____

If above wins match,
all scores & initials

TimeOuts

1	2	3
1	2	3
1	2	3

	1	2	3	4	5	6	7	8	9	10	11	12	13	14	15	16	17	18	19	20	21
	1	2	3	4	5	6	7	8	9	10	11	12	13	14	15	16	17	18	19	20	21
	1	2	3	4	5	6	7	8	9	10	11	12	13	14	15	16	17	18	19	20	21

Server Score

Format:

Team 1: ____________________ Referee: ____________

Event: ____________________ Court: ____________

Match: ____________

Team 2: ____________________

Server Score

	1	2	3	4	5	6	7	8	9	10	11	12	13	14	15	16	17	18	19	20	21
	1	2	3	4	5	6	7	8	9	10	11	12	13	14	15	16	17	18	19	20	21
	1	2	3	4	5	6	7	8	9	10	11	12	13	14	15	16	17	18	19	20	21

TimeOuts

1	2	3
1	2	3
1	2	3

If above wins match,
all scores & initials

____ ____ ____ ____

If above wins match,
all scores & initials

TimeOuts

1	2	3
1	2	3
1	2	3

	1	2	3	4	5	6	7	8	9	10	11	12	13	14	15	16	17	18	19	20	21
	1	2	3	4	5	6	7	8	9	10	11	12	13	14	15	16	17	18	19	20	21
	1	2	3	4	5	6	7	8	9	10	11	12	13	14	15	16	17	18	19	20	21

Server Score

Format:

Team 1: ____________________ Referee: ____________

Event: ____________________ Court: ____________

Match: ____________

Team 2: ______________________________

Server Score

	1	2	3	4	5	6	7	8	9	10	11	12	13	14	15	16	17	18	19	20	21
	1	2	3	4	5	6	7	8	9	10	11	12	13	14	15	16	17	18	19	20	21
	1	2	3	4	5	6	7	8	9	10	11	12	13	14	15	16	17	18	19	20	21

TimeOuts

1	2	3
1	2	3
1	2	3

If above wins match,
all scores & initials

________ ________ ________ ________

If above wins match,
all scores & initials

Server Score

	1	2	3	4	5	6	7	8	9	10	11	12	13	14	15	16	17	18	19	20	21
	1	2	3	4	5	6	7	8	9	10	11	12	13	14	15	16	17	18	19	20	21
	1	2	3	4	5	6	7	8	9	10	11	12	13	14	15	16	17	18	19	20	21

TimeOuts

1	2	3
1	2	3
1	2	3

Event: ______________________________ Match: __________

Team 1: ______________________________ Court: __________

Referee: __________

Format: __________

Team 2: ______________________________

Server Score

	1	2	3	4	5	6	7	8	9	10	11	12	13	14	15	16	17	18	19	20	21
	1	2	3	4	5	6	7	8	9	10	11	12	13	14	15	16	17	18	19	20	21
	1	2	3	4	5	6	7	8	9	10	11	12	13	14	15	16	17	18	19	20	21

TimeOuts

1	2	3
1	2	3
1	2	3

If above wins match,
all scores & initials

________ ________ ________ ________

If above wins match,
all scores & initials

Server Score

	1	2	3	4	5	6	7	8	9	10	11	12	13	14	15	16	17	18	19	20	21
	1	2	3	4	5	6	7	8	9	10	11	12	13	14	15	16	17	18	19	20	21
	1	2	3	4	5	6	7	8	9	10	11	12	13	14	15	16	17	18	19	20	21

TimeOuts

1	2	3
1	2	3
1	2	3

Event: ______________________________ Match: __________

Team 1: ______________________________ Court: __________

Referee: __________

Format: __________

Team 2: ____________________

Server Score

	1	2	3	4	5	6	7	8	9	10	11	12	13	14	15	16	17	18	19	20	21
	1	2	3	4	5	6	7	8	9	10	11	12	13	14	15	16	17	18	19	20	21
	1	2	3	4	5	6	7	8	9	10	11	12	13	14	15	16	17	18	19	20	21

TimeOuts

1	2	3
1	2	3
1	2	3

If above wins match,
all scores & initials

________ ________ ________ ________

If above wins match,
all scores & initials

Server Score

	1	2	3	4	5	6	7	8	9	10	11	12	13	14	15	16	17	18	19	20	21
	1	2	3	4	5	6	7	8	9	10	11	12	13	14	15	16	17	18	19	20	21
	1	2	3	4	5	6	7	8	9	10	11	12	13	14	15	16	17	18	19	20	21

TimeOuts

1	2	3
1	2	3
1	2	3

Team 1: ____________________

Event: ____________________

Match: __________

Court: __________

Referee: __________

Format: __________

Team 2: ____________________

Server Score

	1	2	3	4	5	6	7	8	9	10	11	12	13	14	15	16	17	18	19	20	21
	1	2	3	4	5	6	7	8	9	10	11	12	13	14	15	16	17	18	19	20	21
	1	2	3	4	5	6	7	8	9	10	11	12	13	14	15	16	17	18	19	20	21

TimeOuts

1	2	3
1	2	3
1	2	3

If above wins match,
all scores & initials

________ ________ ________ ________

If above wins match,
all scores & initials

Server Score

	1	2	3	4	5	6	7	8	9	10	11	12	13	14	15	16	17	18	19	20	21
	1	2	3	4	5	6	7	8	9	10	11	12	13	14	15	16	17	18	19	20	21
	1	2	3	4	5	6	7	8	9	10	11	12	13	14	15	16	17	18	19	20	21

TimeOuts

1	2	3
1	2	3
1	2	3

Team 1: ____________________

Event: ____________________

Match: __________

Court: __________

Referee: __________

Format: __________

Team 2: ____________________

Server Score

	1	2	3	4	5	6	7	8	9	10	11	12	13	14	15	16	17	18	19	20	21
	1	2	3	4	5	6	7	8	9	10	11	12	13	14	15	16	17	18	19	20	21
	1	2	3	4	5	6	7	8	9	10	11	12	13	14	15	16	17	18	19	20	21

TimeOuts

1	2	3
1	2	3
1	2	3

If above wins match,
all scores & initials

_____ _____ _____ _____

If above wins match,
all scores & initials

Server Score

	1	2	3	4	5	6	7	8	9	10	11	12	13	14	15	16	17	18	19	20	21
	1	2	3	4	5	6	7	8	9	10	11	12	13	14	15	16	17	18	19	20	21
	1	2	3	4	5	6	7	8	9	10	11	12	13	14	15	16	17	18	19	20	21

TimeOuts

1	2	3
1	2	3
1	2	3

Team 1: ____________________

Event: ____________________

Format:

Referee: __________

Court: __________

Match: ______

Team 2: ____________________

Server Score

	1	2	3	4	5	6	7	8	9	10	11	12	13	14	15	16	17	18	19	20	21
	1	2	3	4	5	6	7	8	9	10	11	12	13	14	15	16	17	18	19	20	21
	1	2	3	4	5	6	7	8	9	10	11	12	13	14	15	16	17	18	19	20	21

TimeOuts

1	2	3
1	2	3
1	2	3

If above wins match,
all scores & initials

_____ _____ _____ _____

If above wins match,
all scores & initials

Server Score

	1	2	3	4	5	6	7	8	9	10	11	12	13	14	15	16	17	18	19	20	21
	1	2	3	4	5	6	7	8	9	10	11	12	13	14	15	16	17	18	19	20	21
	1	2	3	4	5	6	7	8	9	10	11	12	13	14	15	16	17	18	19	20	21

TimeOuts

1	2	3
1	2	3
1	2	3

Team 1: ____________________

Event: ____________________

Format:

Referee: __________

Court: __________

Match: ______

Team 2: ____________________

Server Score

	1	2	3	4	5	6	7	8	9	10	11	12	13	14	15	16	17	18	19	20	21
	1	2	3	4	5	6	7	8	9	10	11	12	13	14	15	16	17	18	19	20	21
	1	2	3	4	5	6	7	8	9	10	11	12	13	14	15	16	17	18	19	20	21

TimeOuts

1	2	3
1	2	3
1	2	3

If above wins match,
all scores & initials

________ ________ ________ ________

If above wins match,
all scores & initials

Server Score

	1	2	3	4	5	6	7	8	9	10	11	12	13	14	15	16	17	18	19	20	21
	1	2	3	4	5	6	7	8	9	10	11	12	13	14	15	16	17	18	19	20	21
	1	2	3	4	5	6	7	8	9	10	11	12	13	14	15	16	17	18	19	20	21

TimeOuts

1	2	3
1	2	3
1	2	3

Team 1: ____________________

Event: ____________________

Format:

Referee: ____________

Court: ____________

Match: ____________

Team 2: ____________________

Server Score

	1	2	3	4	5	6	7	8	9	10	11	12	13	14	15	16	17	18	19	20	21
	1	2	3	4	5	6	7	8	9	10	11	12	13	14	15	16	17	18	19	20	21
	1	2	3	4	5	6	7	8	9	10	11	12	13	14	15	16	17	18	19	20	21

TimeOuts

1	2	3
1	2	3
1	2	3

If above wins match,
all scores & initials

________ ________ ________ ________

If above wins match,
all scores & initials

Server Score

	1	2	3	4	5	6	7	8	9	10	11	12	13	14	15	16	17	18	19	20	21
	1	2	3	4	5	6	7	8	9	10	11	12	13	14	15	16	17	18	19	20	21
	1	2	3	4	5	6	7	8	9	10	11	12	13	14	15	16	17	18	19	20	21

TimeOuts

1	2	3
1	2	3
1	2	3

Team 1: ____________________

Event: ____________________

Format:

Referee: ____________

Court: ____________

Match: ____________

Team 2: ______________________________

Server Score

	1	2	3	4	5	6	7	8	9	10	11	12	13	14	15	16	17	18	19	20	21
	1	2	3	4	5	6	7	8	9	10	11	12	13	14	15	16	17	18	19	20	21
	1	2	3	4	5	6	7	8	9	10	11	12	13	14	15	16	17	18	19	20	21

TimeOuts

1	2	3
1	2	3
1	2	3

If above wins match,
all scores & initials

______ ______ ______ ______

If above wins match,
all scores & initials

Server Score

	1	2	3	4	5	6	7	8	9	10	11	12	13	14	15	16	17	18	19	20	21
	1	2	3	4	5	6	7	8	9	10	11	12	13	14	15	16	17	18	19	20	21
	1	2	3	4	5	6	7	8	9	10	11	12	13	14	15	16	17	18	19	20	21

TimeOuts

1	2	3
1	2	3
1	2	3

Team 1: ______________________________

Event: ______________________________

Format: ______________

Referee: ______________

Court: ______________

Match: ______________

Team 2: ______________________________

Server Score

	1	2	3	4	5	6	7	8	9	10	11	12	13	14	15	16	17	18	19	20	21
	1	2	3	4	5	6	7	8	9	10	11	12	13	14	15	16	17	18	19	20	21
	1	2	3	4	5	6	7	8	9	10	11	12	13	14	15	16	17	18	19	20	21

TimeOuts

1	2	3
1	2	3
1	2	3

If above wins match,
all scores & initials

______ ______ ______ ______

If above wins match,
all scores & initials

Server Score

	1	2	3	4	5	6	7	8	9	10	11	12	13	14	15	16	17	18	19	20	21
	1	2	3	4	5	6	7	8	9	10	11	12	13	14	15	16	17	18	19	20	21
	1	2	3	4	5	6	7	8	9	10	11	12	13	14	15	16	17	18	19	20	21

TimeOuts

1	2	3
1	2	3
1	2	3

Team 1: ______________________________

Event: ______________________________

Format: ______________

Referee: ______________

Court: ______________

Match: ______________

Team 2: ____________________

Server Score

	1	2	3	4	5	6	7	8	9	10	11	12	13	14	15	16	17	18	19	20	21
	1	2	3	4	5	6	7	8	9	10	11	12	13	14	15	16	17	18	19	20	21
	1	2	3	4	5	6	7	8	9	10	11	12	13	14	15	16	17	18	19	20	21

TimeOuts

1	2	3
1	2	3
1	2	3

If above wins match,
all scores & initials

If above wins match,
all scores & initials

________ ________ ________ ________

Server Score

	1	2	3	4	5	6	7	8	9	10	11	12	13	14	15	16	17	18	19	20	21
	1	2	3	4	5	6	7	8	9	10	11	12	13	14	15	16	17	18	19	20	21
	1	2	3	4	5	6	7	8	9	10	11	12	13	14	15	16	17	18	19	20	21

TimeOuts

1	2	3
1	2	3
1	2	3

Team 1: ____________________

Event: ____________________

Format:

Referee: ____________________

Court: ____________________

Match: ____________________

Team 2: ____________________

Server Score

	1	2	3	4	5	6	7	8	9	10	11	12	13	14	15	16	17	18	19	20	21
	1	2	3	4	5	6	7	8	9	10	11	12	13	14	15	16	17	18	19	20	21
	1	2	3	4	5	6	7	8	9	10	11	12	13	14	15	16	17	18	19	20	21

TimeOuts

1	2	3
1	2	3
1	2	3

If above wins match,
all scores & initials

If above wins match,
all scores & initials

________ ________ ________ ________

Server Score

	1	2	3	4	5	6	7	8	9	10	11	12	13	14	15	16	17	18	19	20	21
	1	2	3	4	5	6	7	8	9	10	11	12	13	14	15	16	17	18	19	20	21
	1	2	3	4	5	6	7	8	9	10	11	12	13	14	15	16	17	18	19	20	21

TimeOuts

1	2	3
1	2	3
1	2	3

Team 1: ____________________

Event: ____________________

Format:

Referee: ____________________

Court: ____________________

Match: ____________________

Team 2: ____________________

Server Score

	1	2	3	4	5	6	7	8	9	10	11	12	13	14	15	16	17	18	19	20	21
	1	2	3	4	5	6	7	8	9	10	11	12	13	14	15	16	17	18	19	20	21
	1	2	3	4	5	6	7	8	9	10	11	12	13	14	15	16	17	18	19	20	21

TimeOuts

1	2	3
1	2	3
1	2	3

If above wins match,
all scores & initials

______ ______ ______ ______

If above wins match,
all scores & initials

Server Score

	1	2	3	4	5	6	7	8	9	10	11	12	13	14	15	16	17	18	19	20	21
	1	2	3	4	5	6	7	8	9	10	11	12	13	14	15	16	17	18	19	20	21
	1	2	3	4	5	6	7	8	9	10	11	12	13	14	15	16	17	18	19	20	21

TimeOuts

1	2	3
1	2	3
1	2	3

Event: ____________________

Team 1: ____________________

Match: ________

Court: ____________

Referee: ______________

Format:

Team 2: ____________________

Server Score

	1	2	3	4	5	6	7	8	9	10	11	12	13	14	15	16	17	18	19	20	21
	1	2	3	4	5	6	7	8	9	10	11	12	13	14	15	16	17	18	19	20	21
	1	2	3	4	5	6	7	8	9	10	11	12	13	14	15	16	17	18	19	20	21

TimeOuts

1	2	3
1	2	3
1	2	3

If above wins match,
all scores & initials

______ ______ ______ ______

If above wins match,
all scores & initials

Server Score

	1	2	3	4	5	6	7	8	9	10	11	12	13	14	15	16	17	18	19	20	21
	1	2	3	4	5	6	7	8	9	10	11	12	13	14	15	16	17	18	19	20	21
	1	2	3	4	5	6	7	8	9	10	11	12	13	14	15	16	17	18	19	20	21

TimeOuts

1	2	3
1	2	3
1	2	3

Event: ____________________

Team 1: ____________________

Match: ________

Court: ____________

Referee: ______________

Format:

Team 2: ______________________________

Server Score

	1	2	3	4	5	6	7	8	9	10	11	12	13	14	15	16	17	18	19	20	21
	1	2	3	4	5	6	7	8	9	10	11	12	13	14	15	16	17	18	19	20	21
	1	2	3	4	5	6	7	8	9	10	11	12	13	14	15	16	17	18	19	20	21

TimeOuts

1	2	3
1	2	3
1	2	3

If above wins match,
all scores & initials

______ ______ ______ ______

If above wins match,
all scores & initials

Server Score

	1	2	3	4	5	6	7	8	9	10	11	12	13	14	15	16	17	18	19	20	21
	1	2	3	4	5	6	7	8	9	10	11	12	13	14	15	16	17	18	19	20	21
	1	2	3	4	5	6	7	8	9	10	11	12	13	14	15	16	17	18	19	20	21

TimeOuts

1	2	3
1	2	3
1	2	3

Event: ______________________________

Team 1: ______________________________

Match: __________

Court: __________

Referee: __________

Format: __________

Team 2: ______________________________

Server Score

	1	2	3	4	5	6	7	8	9	10	11	12	13	14	15	16	17	18	19	20	21
	1	2	3	4	5	6	7	8	9	10	11	12	13	14	15	16	17	18	19	20	21
	1	2	3	4	5	6	7	8	9	10	11	12	13	14	15	16	17	18	19	20	21

TimeOuts

1	2	3
1	2	3
1	2	3

If above wins match,
all scores & initials

______ ______ ______ ______

If above wins match,
all scores & initials

Server Score

	1	2	3	4	5	6	7	8	9	10	11	12	13	14	15	16	17	18	19	20	21
	1	2	3	4	5	6	7	8	9	10	11	12	13	14	15	16	17	18	19	20	21
	1	2	3	4	5	6	7	8	9	10	11	12	13	14	15	16	17	18	19	20	21

TimeOuts

1	2	3
1	2	3
1	2	3

Event: ______________________________

Team 1: ______________________________

Match: __________

Court: __________

Referee: __________

Format: __________

Team 2: ______________________________

Server Score

	1	2	3	4	5	6	7	8	9	10	11	12	13	14	15	16	17	18	19	20	21
	1	2	3	4	5	6	7	8	9	10	11	12	13	14	15	16	17	18	19	20	21
	1	2	3	4	5	6	7	8	9	10	11	12	13	14	15	16	17	18	19	20	21

TimeOuts

1	2	3
1	2	3
1	2	3

If above wins match,
all scores & initials

______ ______ ______ ______

If above wins match,
all scores & initials

Event: ______________________________

Team 1: ______________________________

Match: __________

Court: __________

Referee: __________

Format: __________

Server Score

	1	2	3	4	5	6	7	8	9	10	11	12	13	14	15	16	17	18	19	20	21
	1	2	3	4	5	6	7	8	9	10	11	12	13	14	15	16	17	18	19	20	21
	1	2	3	4	5	6	7	8	9	10	11	12	13	14	15	16	17	18	19	20	21

TimeOuts

1	2	3
1	2	3
1	2	3

Team 2: ______________________________

Server Score

	1	2	3	4	5	6	7	8	9	10	11	12	13	14	15	16	17	18	19	20	21
	1	2	3	4	5	6	7	8	9	10	11	12	13	14	15	16	17	18	19	20	21
	1	2	3	4	5	6	7	8	9	10	11	12	13	14	15	16	17	18	19	20	21

TimeOuts

1	2	3
1	2	3
1	2	3

If above wins match,
all scores & initials

______ ______ ______ ______

If above wins match,
all scores & initials

Event: ______________________________

Team 1: ______________________________

Match: __________

Court: __________

Referee: __________

Format: __________

Server Score

	1	2	3	4	5	6	7	8	9	10	11	12	13	14	15	16	17	18	19	20	21
	1	2	3	4	5	6	7	8	9	10	11	12	13	14	15	16	17	18	19	20	21
	1	2	3	4	5	6	7	8	9	10	11	12	13	14	15	16	17	18	19	20	21

TimeOuts

1	2	3
1	2	3
1	2	3

Team 2: ____________________

Server Score

______	1	2	3	4	5	6	7	8	9	10	11	12	13	14	15	16	17	18	19	20	21
______	1	2	3	4	5	6	7	8	9	10	11	12	13	14	15	16	17	18	19	20	21
______	1	2	3	4	5	6	7	8	9	10	11	12	13	14	15	16	17	18	19	20	21

TimeOuts

1	2	3
1	2	3
1	2	3

If above wins match,
all scores & initials

______ ______ ______ ______

If above wins match,
all scores & initials

Server Score

______	1	2	3	4	5	6	7	8	9	10	11	12	13	14	15	16	17	18	19	20	21
______	1	2	3	4	5	6	7	8	9	10	11	12	13	14	15	16	17	18	19	20	21
______	1	2	3	4	5	6	7	8	9	10	11	12	13	14	15	16	17	18	19	20	21

TimeOuts

1	2	3
1	2	3
1	2	3

Event: ____________________

Team 1: ____________________

Match: ________

Court: ________

Referee: ________

Format:

Team 2: ____________________

Server Score

______	1	2	3	4	5	6	7	8	9	10	11	12	13	14	15	16	17	18	19	20	21
______	1	2	3	4	5	6	7	8	9	10	11	12	13	14	15	16	17	18	19	20	21
______	1	2	3	4	5	6	7	8	9	10	11	12	13	14	15	16	17	18	19	20	21

TimeOuts

1	2	3
1	2	3
1	2	3

If above wins match,
all scores & initials

______ ______ ______ ______

If above wins match,
all scores & initials

Server Score

______	1	2	3	4	5	6	7	8	9	10	11	12	13	14	15	16	17	18	19	20	21
______	1	2	3	4	5	6	7	8	9	10	11	12	13	14	15	16	17	18	19	20	21
______	1	2	3	4	5	6	7	8	9	10	11	12	13	14	15	16	17	18	19	20	21

TimeOuts

1	2	3
1	2	3
1	2	3

Event: ____________________

Team 1: ____________________

Match: ________

Court: ________

Referee: ________

Format:

Team 2: ____

Server Score

	1	2	3	4	5	6	7	8	9	10	11	12	13	14	15	16	17	18	19	20	21
	1	2	3	4	5	6	7	8	9	10	11	12	13	14	15	16	17	18	19	20	21
	1	2	3	4	5	6	7	8	9	10	11	12	13	14	15	16	17	18	19	20	21

TimeOuts

1	2	3
1	2	3
1	2	3

If above wins match,
all scores & initials

________ ________ ________ ________

If above wins match,
all scores & initials

Server Score

	1	2	3	4	5	6	7	8	9	10	11	12	13	14	15	16	17	18	19	20	21
	1	2	3	4	5	6	7	8	9	10	11	12	13	14	15	16	17	18	19	20	21
	1	2	3	4	5	6	7	8	9	10	11	12	13	14	15	16	17	18	19	20	21

TimeOuts

1	2	3
1	2	3
1	2	3

Team 1: ____

Event: ____

Match: __________

Court: ______________

Referee: ______________

Format: ______________

Team 2: ____

Server Score

	1	2	3	4	5	6	7	8	9	10	11	12	13	14	15	16	17	18	19	20	21
	1	2	3	4	5	6	7	8	9	10	11	12	13	14	15	16	17	18	19	20	21
	1	2	3	4	5	6	7	8	9	10	11	12	13	14	15	16	17	18	19	20	21

TimeOuts

1	2	3
1	2	3
1	2	3

If above wins match,
all scores & initials

________ ________ ________ ________

If above wins match,
all scores & initials

Server Score

	1	2	3	4	5	6	7	8	9	10	11	12	13	14	15	16	17	18	19	20	21
	1	2	3	4	5	6	7	8	9	10	11	12	13	14	15	16	17	18	19	20	21
	1	2	3	4	5	6	7	8	9	10	11	12	13	14	15	16	17	18	19	20	21

TimeOuts

1	2	3
1	2	3
1	2	3

Team 1: ____

Event: ____

Match: __________

Court: ______________

Referee: ______________

Format: ______________

Team 2: ______________________________

Server Score

	1	2	3	4	5	6	7	8	9	10	11	12	13	14	15	16	17	18	19	20	21
	1	2	3	4	5	6	7	8	9	10	11	12	13	14	15	16	17	18	19	20	21
	1	2	3	4	5	6	7	8	9	10	11	12	13	14	15	16	17	18	19	20	21

TimeOuts

1	2	3
1	2	3
1	2	3

If above wins match,
all scores & initials

________ ________ ________ ________

If above wins match,
all scores & initials

	1	2	3	4	5	6	7	8	9	10	11	12	13	14	15	16	17	18	19	20	21
	1	2	3	4	5	6	7	8	9	10	11	12	13	14	15	16	17	18	19	20	21
	1	2	3	4	5	6	7	8	9	10	11	12	13	14	15	16	17	18	19	20	21

Server Score

1	2	3
1	2	3
1	2	3

TimeOuts

Team 1: ______________________________

Event: ______________________________

Match: ____________

Court: ____________

Referee: ____________

Format: ____________

Team 2: ______________________________

Server Score

	1	2	3	4	5	6	7	8	9	10	11	12	13	14	15	16	17	18	19	20	21
	1	2	3	4	5	6	7	8	9	10	11	12	13	14	15	16	17	18	19	20	21
	1	2	3	4	5	6	7	8	9	10	11	12	13	14	15	16	17	18	19	20	21

TimeOuts

1	2	3
1	2	3
1	2	3

If above wins match,
all scores & initials

________ ________ ________ ________

If above wins match,
all scores & initials

	1	2	3	4	5	6	7	8	9	10	11	12	13	14	15	16	17	18	19	20	21
	1	2	3	4	5	6	7	8	9	10	11	12	13	14	15	16	17	18	19	20	21
	1	2	3	4	5	6	7	8	9	10	11	12	13	14	15	16	17	18	19	20	21

Server Score

1	2	3
1	2	3
1	2	3

TimeOuts

Team 1: ______________________________

Event: ______________________________

Match: ____________

Court: ____________

Referee: ____________

Format: ____________

Team 2: ______________________________

Server Score

	1	2	3	4	5	6	7	8	9	10	11	12	13	14	15	16	17	18	19	20	21
	1	2	3	4	5	6	7	8	9	10	11	12	13	14	15	16	17	18	19	20	21
	1	2	3	4	5	6	7	8	9	10	11	12	13	14	15	16	17	18	19	20	21

TimeOuts

1	2	3
1	2	3
1	2	3

If above wins match,
all scores & initials

________ ________ ________ ________

If above wins match,
all scores & initials

Server Score

	1	2	3	4	5	6	7	8	9	10	11	12	13	14	15	16	17	18	19	20	21
	1	2	3	4	5	6	7	8	9	10	11	12	13	14	15	16	17	18	19	20	21
	1	2	3	4	5	6	7	8	9	10	11	12	13	14	15	16	17	18	19	20	21

TimeOuts

1	2	3
1	2	3
1	2	3

Team 1: ______________________________

Event: ______________________________

Format:

Referee: ______________

Court: ______________

Match: ________

Team 2: ______________________________

Server Score

	1	2	3	4	5	6	7	8	9	10	11	12	13	14	15	16	17	18	19	20	21
	1	2	3	4	5	6	7	8	9	10	11	12	13	14	15	16	17	18	19	20	21
	1	2	3	4	5	6	7	8	9	10	11	12	13	14	15	16	17	18	19	20	21

TimeOuts

1	2	3
1	2	3
1	2	3

If above wins match,
all scores & initials

________ ________ ________ ________

If above wins match,
all scores & initials

Server Score

	1	2	3	4	5	6	7	8	9	10	11	12	13	14	15	16	17	18	19	20	21
	1	2	3	4	5	6	7	8	9	10	11	12	13	14	15	16	17	18	19	20	21
	1	2	3	4	5	6	7	8	9	10	11	12	13	14	15	16	17	18	19	20	21

TimeOuts

1	2	3
1	2	3
1	2	3

Team 1: ______________________________

Event: ______________________________

Format:

Referee: ______________

Court: ______________

Match: ________

Team 2: ____________________

Server Score

	1	2	3	4	5	6	7	8	9	10	11	12	13	14	15	16	17	18	19	20	21
	1	2	3	4	5	6	7	8	9	10	11	12	13	14	15	16	17	18	19	20	21
	1	2	3	4	5	6	7	8	9	10	11	12	13	14	15	16	17	18	19	20	21

TimeOuts

1	2	3
1	2	3
1	2	3

If above wins match,
all scores & initials

____ ____ ____ ____

If above wins match,
all scores & initials

Server Score

	1	2	3	4	5	6	7	8	9	10	11	12	13	14	15	16	17	18	19	20	21
	1	2	3	4	5	6	7	8	9	10	11	12	13	14	15	16	17	18	19	20	21
	1	2	3	4	5	6	7	8	9	10	11	12	13	14	15	16	17	18	19	20	21

TimeOuts

1	2	3
1	2	3
1	2	3

Team 1: ____________________

Event: ____________________

Format:

Referee: ____________________

Court: ____________________

Match: ____________________

Team 2: ____________________

Server Score

	1	2	3	4	5	6	7	8	9	10	11	12	13	14	15	16	17	18	19	20	21
	1	2	3	4	5	6	7	8	9	10	11	12	13	14	15	16	17	18	19	20	21
	1	2	3	4	5	6	7	8	9	10	11	12	13	14	15	16	17	18	19	20	21

TimeOuts

1	2	3
1	2	3
1	2	3

If above wins match,
all scores & initials

____ ____ ____ ____

If above wins match,
all scores & initials

Server Score

	1	2	3	4	5	6	7	8	9	10	11	12	13	14	15	16	17	18	19	20	21
	1	2	3	4	5	6	7	8	9	10	11	12	13	14	15	16	17	18	19	20	21
	1	2	3	4	5	6	7	8	9	10	11	12	13	14	15	16	17	18	19	20	21

TimeOuts

1	2	3
1	2	3
1	2	3

Team 1: ____________________

Event: ____________________

Format:

Referee: ____________________

Court: ____________________

Match: ____________________

Team 2: ____________________

Server Score

	1	2	3	4	5	6	7	8	9	10	11	12	13	14	15	16	17	18	19	20	21
	1	2	3	4	5	6	7	8	9	10	11	12	13	14	15	16	17	18	19	20	21
	1	2	3	4	5	6	7	8	9	10	11	12	13	14	15	16	17	18	19	20	21

TimeOuts

1	2	3
1	2	3
1	2	3

If above wins match,
all scores & initials

______ ______ ______ ______

If above wins match,
all scores & initials

Server Score

	1	2	3	4	5	6	7	8	9	10	11	12	13	14	15	16	17	18	19	20	21
	1	2	3	4	5	6	7	8	9	10	11	12	13	14	15	16	17	18	19	20	21
	1	2	3	4	5	6	7	8	9	10	11	12	13	14	15	16	17	18	19	20	21

TimeOuts

1	2	3
1	2	3
1	2	3

Team 1: ____________________

Event: ____________________

Format:

Referee: ____________

Court: ____________

Match: ________

Team 2: ____________________

Server Score

	1	2	3	4	5	6	7	8	9	10	11	12	13	14	15	16	17	18	19	20	21
	1	2	3	4	5	6	7	8	9	10	11	12	13	14	15	16	17	18	19	20	21
	1	2	3	4	5	6	7	8	9	10	11	12	13	14	15	16	17	18	19	20	21

TimeOuts

1	2	3
1	2	3
1	2	3

If above wins match,
all scores & initials

______ ______ ______ ______

If above wins match,
all scores & initials

Server Score

	1	2	3	4	5	6	7	8	9	10	11	12	13	14	15	16	17	18	19	20	21
	1	2	3	4	5	6	7	8	9	10	11	12	13	14	15	16	17	18	19	20	21
	1	2	3	4	5	6	7	8	9	10	11	12	13	14	15	16	17	18	19	20	21

TimeOuts

1	2	3
1	2	3
1	2	3

Team 1: ____________________

Event: ____________________

Format:

Referee: ____________

Court: ____________

Match: ________

Team 2: ______________________________

Server Score

	1	2	3	4	5	6	7	8	9	10	11	12	13	14	15	16	17	18	19	20	21
	1	2	3	4	5	6	7	8	9	10	11	12	13	14	15	16	17	18	19	20	21
	1	2	3	4	5	6	7	8	9	10	11	12	13	14	15	16	17	18	19	20	21

TimeOuts

1	2	3
1	2	3
1	2	3

If above wins match,
all scores & initials

_______ _______ _______ _______

Event: ______________________________

Team 1: ______________________________

Match: __________

Court: __________

Referee: __________

Format:

Server Score

	1	2	3	4	5	6	7	8	9	10	11	12	13	14	15	16	17	18	19	20	21
	1	2	3	4	5	6	7	8	9	10	11	12	13	14	15	16	17	18	19	20	21
	1	2	3	4	5	6	7	8	9	10	11	12	13	14	15	16	17	18	19	20	21

TimeOuts

1	2	3
1	2	3
1	2	3

If above wins match,
all scores & initials

Team 2: ______________________________

Server Score

	1	2	3	4	5	6	7	8	9	10	11	12	13	14	15	16	17	18	19	20	21
	1	2	3	4	5	6	7	8	9	10	11	12	13	14	15	16	17	18	19	20	21
	1	2	3	4	5	6	7	8	9	10	11	12	13	14	15	16	17	18	19	20	21

TimeOuts

1	2	3
1	2	3
1	2	3

If above wins match,
all scores & initials

_______ _______ _______ _______

Event: ______________________________

Team 1: ______________________________

Match: __________

Court: __________

Referee: __________

Format:

Server Score

	1	2	3	4	5	6	7	8	9	10	11	12	13	14	15	16	17	18	19	20	21
	1	2	3	4	5	6	7	8	9	10	11	12	13	14	15	16	17	18	19	20	21
	1	2	3	4	5	6	7	8	9	10	11	12	13	14	15	16	17	18	19	20	21

TimeOuts

1	2	3
1	2	3
1	2	3

If above wins match,
all scores & initials

Team 2: ______________________________

Server Score

	1	2	3	4	5	6	7	8	9	10	11	12	13	14	15	16	17	18	19	20	21
	1	2	3	4	5	6	7	8	9	10	11	12	13	14	15	16	17	18	19	20	21
	1	2	3	4	5	6	7	8	9	10	11	12	13	14	15	16	17	18	19	20	21

TimeOuts

1	2	3
1	2	3
1	2	3

If above wins match,
all scores & initials

______ ______ ______ ______

Match: ______

Court: ______

Referee: ______

Format:

Event: ______________________________

Team 1: ______________________________

Server Score

	1	2	3	4	5	6	7	8	9	10	11	12	13	14	15	16	17	18	19	20	21
	1	2	3	4	5	6	7	8	9	10	11	12	13	14	15	16	17	18	19	20	21
	1	2	3	4	5	6	7	8	9	10	11	12	13	14	15	16	17	18	19	20	21

TimeOuts

1	2	3
1	2	3
1	2	3

If above wins match,
all scores & initials

Team 2: ______________________________

Server Score

	1	2	3	4	5	6	7	8	9	10	11	12	13	14	15	16	17	18	19	20	21
	1	2	3	4	5	6	7	8	9	10	11	12	13	14	15	16	17	18	19	20	21
	1	2	3	4	5	6	7	8	9	10	11	12	13	14	15	16	17	18	19	20	21

TimeOuts

1	2	3
1	2	3
1	2	3

If above wins match,
all scores & initials

______ ______ ______ ______

Match: ______

Court: ______

Referee: ______

Format:

Event: ______________________________

Team 1: ______________________________

Server Score

	1	2	3	4	5	6	7	8	9	10	11	12	13	14	15	16	17	18	19	20	21
	1	2	3	4	5	6	7	8	9	10	11	12	13	14	15	16	17	18	19	20	21
	1	2	3	4	5	6	7	8	9	10	11	12	13	14	15	16	17	18	19	20	21

TimeOuts

1	2	3
1	2	3
1	2	3

If above wins match,
all scores & initials

Team 2: ____

Server Score

	1	2	3	4	5	6	7	8	9	10	11	12	13	14	15	16	17	18	19	20	21
	1	2	3	4	5	6	7	8	9	10	11	12	13	14	15	16	17	18	19	20	21
	1	2	3	4	5	6	7	8	9	10	11	12	13	14	15	16	17	18	19	20	21

TimeOuts

1	2	3
1	2	3
1	2	3

If above wins match,
all scores & initials

________ ________ ________ ________

If above wins match,
all scores & initials

Server Score

	1	2	3	4	5	6	7	8	9	10	11	12	13	14	15	16	17	18	19	20	21
	1	2	3	4	5	6	7	8	9	10	11	12	13	14	15	16	17	18	19	20	21
	1	2	3	4	5	6	7	8	9	10	11	12	13	14	15	16	17	18	19	20	21

TimeOuts

1	2	3
1	2	3
1	2	3

Team 1: ____

Event: ____

Format:

Referee: ________________

Court: ________________

Match: ________________

Team 2: ____

Server Score

	1	2	3	4	5	6	7	8	9	10	11	12	13	14	15	16	17	18	19	20	21
	1	2	3	4	5	6	7	8	9	10	11	12	13	14	15	16	17	18	19	20	21
	1	2	3	4	5	6	7	8	9	10	11	12	13	14	15	16	17	18	19	20	21

TimeOuts

1	2	3
1	2	3
1	2	3

If above wins match,
all scores & initials

________ ________ ________ ________

If above wins match,
all scores & initials

Server Score

	1	2	3	4	5	6	7	8	9	10	11	12	13	14	15	16	17	18	19	20	21
	1	2	3	4	5	6	7	8	9	10	11	12	13	14	15	16	17	18	19	20	21
	1	2	3	4	5	6	7	8	9	10	11	12	13	14	15	16	17	18	19	20	21

TimeOuts

1	2	3
1	2	3
1	2	3

Team 1: ____

Event: ____

Format:

Referee: ________________

Court: ________________

Match: ________________

Team 2: ____________________

Server Score

	1	2	3	4	5	6	7	8	9	10	11	12	13	14	15	16	17	18	19	20	21
	1	2	3	4	5	6	7	8	9	10	11	12	13	14	15	16	17	18	19	20	21
	1	2	3	4	5	6	7	8	9	10	11	12	13	14	15	16	17	18	19	20	21

TimeOuts

1	2	3
1	2	3
1	2	3

If above wins match,
all scores & initials

________ ________ ________ ________

If above wins match,
all scores & initials

Server Score

	1	2	3	4	5	6	7	8	9	10	11	12	13	14	15	16	17	18	19	20	21
	1	2	3	4	5	6	7	8	9	10	11	12	13	14	15	16	17	18	19	20	21
	1	2	3	4	5	6	7	8	9	10	11	12	13	14	15	16	17	18	19	20	21

TimeOuts

1	2	3
1	2	3
1	2	3

Event: ____________________

Team 1: ____________________

Match: __________

Court: __________

Referee: __________

Format: __________

Team 2: ____________________

Server Score

	1	2	3	4	5	6	7	8	9	10	11	12	13	14	15	16	17	18	19	20	21
	1	2	3	4	5	6	7	8	9	10	11	12	13	14	15	16	17	18	19	20	21
	1	2	3	4	5	6	7	8	9	10	11	12	13	14	15	16	17	18	19	20	21

TimeOuts

1	2	3
1	2	3
1	2	3

If above wins match,
all scores & initials

________ ________ ________ ________

If above wins match,
all scores & initials

Server Score

	1	2	3	4	5	6	7	8	9	10	11	12	13	14	15	16	17	18	19	20	21
	1	2	3	4	5	6	7	8	9	10	11	12	13	14	15	16	17	18	19	20	21
	1	2	3	4	5	6	7	8	9	10	11	12	13	14	15	16	17	18	19	20	21

TimeOuts

1	2	3
1	2	3
1	2	3

Event: ____________________

Team 1: ____________________

Match: __________

Court: __________

Referee: __________

Format: __________

Team 2: ______________________

Server Score

	1	2	3	4	5	6	7	8	9	10	11	12	13	14	15	16	17	18	19	20	21
	1	2	3	4	5	6	7	8	9	10	11	12	13	14	15	16	17	18	19	20	21
	1	2	3	4	5	6	7	8	9	10	11	12	13	14	15	16	17	18	19	20	21

TimeOuts

1	2	3
1	2	3
1	2	3

If above wins match,
all scores & initials

_______ _______ _______ _______

If above wins match,
all scores & initials

Server Score

	1	2	3	4	5	6	7	8	9	10	11	12	13	14	15	16	17	18	19	20	21
	1	2	3	4	5	6	7	8	9	10	11	12	13	14	15	16	17	18	19	20	21
	1	2	3	4	5	6	7	8	9	10	11	12	13	14	15	16	17	18	19	20	21

TimeOuts

1	2	3
1	2	3
1	2	3

Team 1: ______________________

Event: ______________________

Match: __________

Court: __________

Referee: __________

Format: __________

Team 2: ______________________

Server Score

	1	2	3	4	5	6	7	8	9	10	11	12	13	14	15	16	17	18	19	20	21
	1	2	3	4	5	6	7	8	9	10	11	12	13	14	15	16	17	18	19	20	21
	1	2	3	4	5	6	7	8	9	10	11	12	13	14	15	16	17	18	19	20	21

TimeOuts

1	2	3
1	2	3
1	2	3

If above wins match,
all scores & initials

_______ _______ _______ _______

If above wins match,
all scores & initials

Server Score

	1	2	3	4	5	6	7	8	9	10	11	12	13	14	15	16	17	18	19	20	21
	1	2	3	4	5	6	7	8	9	10	11	12	13	14	15	16	17	18	19	20	21
	1	2	3	4	5	6	7	8	9	10	11	12	13	14	15	16	17	18	19	20	21

TimeOuts

1	2	3
1	2	3
1	2	3

Team 1: ______________________

Event: ______________________

Match: __________

Court: __________

Referee: __________

Format: __________

Team 2: ______________________________

Server Score

	1	2	3	4	5	6	7	8	9	10	11	12	13	14	15	16	17	18	19	20	21
	1	2	3	4	5	6	7	8	9	10	11	12	13	14	15	16	17	18	19	20	21
	1	2	3	4	5	6	7	8	9	10	11	12	13	14	15	16	17	18	19	20	21

TimeOuts

1	2	3
1	2	3
1	2	3

If above wins match,
all scores & initials

________ ________ ________ ________

If above wins match,
all scores & initials

	1	2	3	4	5	6	7	8	9	10	11	12	13	14	15	16	17	18	19	20	21
	1	2	3	4	5	6	7	8	9	10	11	12	13	14	15	16	17	18	19	20	21
	1	2	3	4	5	6	7	8	9	10	11	12	13	14	15	16	17	18	19	20	21

Server Score

1	2	3
1	2	3
1	2	3

TimeOuts

Team 1: ______________________________

Event: ______________________________

Match: ________

Court: ________

Referee: ________

Format: ________

Team 2: ______________________________

Server Score

	1	2	3	4	5	6	7	8	9	10	11	12	13	14	15	16	17	18	19	20	21
	1	2	3	4	5	6	7	8	9	10	11	12	13	14	15	16	17	18	19	20	21
	1	2	3	4	5	6	7	8	9	10	11	12	13	14	15	16	17	18	19	20	21

TimeOuts

1	2	3
1	2	3
1	2	3

If above wins match,
all scores & initials

________ ________ ________ ________

If above wins match,
all scores & initials

	1	2	3	4	5	6	7	8	9	10	11	12	13	14	15	16	17	18	19	20	21
	1	2	3	4	5	6	7	8	9	10	11	12	13	14	15	16	17	18	19	20	21
	1	2	3	4	5	6	7	8	9	10	11	12	13	14	15	16	17	18	19	20	21

Server Score

1	2	3
1	2	3
1	2	3

TimeOuts

Team 1: ______________________________

Event: ______________________________

Match: ________

Court: ________

Referee: ________

Format: ________

Team 2: ______________________________

Server Score																					
	1	2	3	4	5	6	7	8	9	10	11	12	13	14	15	16	17	18	19	20	21
	1	2	3	4	5	6	7	8	9	10	11	12	13	14	15	16	17	18	19	20	21
	1	2	3	4	5	6	7	8	9	10	11	12	13	14	15	16	17	18	19	20	21

TimeOuts		
1	2	3
1	2	3
1	2	3

If above wins match,
all scores & initials

________ ________ ________ ________

If above wins match,
all scores & initials

Server Score																					
	1	2	3	4	5	6	7	8	9	10	11	12	13	14	15	16	17	18	19	20	21
	1	2	3	4	5	6	7	8	9	10	11	12	13	14	15	16	17	18	19	20	21
	1	2	3	4	5	6	7	8	9	10	11	12	13	14	15	16	17	18	19	20	21

TimeOuts		
1	2	3
1	2	3
1	2	3

Event: ______________________________ Match: ____________

Team 1: ______________________________ Court: ____________

Referee: ____________

Format: ____________

Team 2: ______________________________

Server Score																					
	1	2	3	4	5	6	7	8	9	10	11	12	13	14	15	16	17	18	19	20	21
	1	2	3	4	5	6	7	8	9	10	11	12	13	14	15	16	17	18	19	20	21
	1	2	3	4	5	6	7	8	9	10	11	12	13	14	15	16	17	18	19	20	21

TimeOuts		
1	2	3
1	2	3
1	2	3

If above wins match,
all scores & initials

________ ________ ________ ________

If above wins match,
all scores & initials

Server Score																					
	1	2	3	4	5	6	7	8	9	10	11	12	13	14	15	16	17	18	19	20	21
	1	2	3	4	5	6	7	8	9	10	11	12	13	14	15	16	17	18	19	20	21
	1	2	3	4	5	6	7	8	9	10	11	12	13	14	15	16	17	18	19	20	21

TimeOuts		
1	2	3
1	2	3
1	2	3

Event: ______________________________ Match: ____________

Team 1: ______________________________ Court: ____________

Referee: ____________

Format: ____________

Team 2: ______________________________

Server Score

	1	2	3	4	5	6	7	8	9	10	11	12	13	14	15	16	17	18	19	20	21
	1	2	3	4	5	6	7	8	9	10	11	12	13	14	15	16	17	18	19	20	21
	1	2	3	4	5	6	7	8	9	10	11	12	13	14	15	16	17	18	19	20	21

TimeOuts

1	2	3
1	2	3
1	2	3

If above wins match,
all scores & initials

_______ _______ _______ _______

If above wins match,
all scores & initials

Server Score

	1	2	3	4	5	6	7	8	9	10	11	12	13	14	15	16	17	18	19	20	21
	1	2	3	4	5	6	7	8	9	10	11	12	13	14	15	16	17	18	19	20	21
	1	2	3	4	5	6	7	8	9	10	11	12	13	14	15	16	17	18	19	20	21

TimeOuts

1	2	3
1	2	3
1	2	3

Event: ______________________________

Team 1: ______________________________

Match: ________

Court: ____________

Referee: ______________

Format:

Team 2: ______________________________

Server Score

	1	2	3	4	5	6	7	8	9	10	11	12	13	14	15	16	17	18	19	20	21
	1	2	3	4	5	6	7	8	9	10	11	12	13	14	15	16	17	18	19	20	21
	1	2	3	4	5	6	7	8	9	10	11	12	13	14	15	16	17	18	19	20	21

TimeOuts

1	2	3
1	2	3
1	2	3

If above wins match,
all scores & initials

_______ _______ _______ _______

If above wins match,
all scores & initials

Server Score

	1	2	3	4	5	6	7	8	9	10	11	12	13	14	15	16	17	18	19	20	21
	1	2	3	4	5	6	7	8	9	10	11	12	13	14	15	16	17	18	19	20	21
	1	2	3	4	5	6	7	8	9	10	11	12	13	14	15	16	17	18	19	20	21

TimeOuts

1	2	3
1	2	3
1	2	3

Event: ______________________________

Team 1: ______________________________

Match: ________

Court: ____________

Referee: ______________

Format:

Team 2: ______________________________

Server Score

	1	2	3	4	5	6	7	8	9	10	11	12	13	14	15	16	17	18	19	20	21
	1	2	3	4	5	6	7	8	9	10	11	12	13	14	15	16	17	18	19	20	21
	1	2	3	4	5	6	7	8	9	10	11	12	13	14	15	16	17	18	19	20	21

TimeOuts

1	2	3
1	2	3
1	2	3

If above wins match,
all scores & initials

Event: ______________________________ Match: __________

Team 1: ______________________________ Court: __________

Referee: __________

Format: __________

Server Score

	1	2	3	4	5	6	7	8	9	10	11	12	13	14	15	16	17	18	19	20	21
	1	2	3	4	5	6	7	8	9	10	11	12	13	14	15	16	17	18	19	20	21
	1	2	3	4	5	6	7	8	9	10	11	12	13	14	15	16	17	18	19	20	21

TimeOuts

1	2	3
1	2	3
1	2	3

If above wins match,
all scores & initials ________ ________ ________ ________

Team 2: ______________________________

Server Score

	1	2	3	4	5	6	7	8	9	10	11	12	13	14	15	16	17	18	19	20	21
	1	2	3	4	5	6	7	8	9	10	11	12	13	14	15	16	17	18	19	20	21
	1	2	3	4	5	6	7	8	9	10	11	12	13	14	15	16	17	18	19	20	21

TimeOuts

1	2	3
1	2	3
1	2	3

If above wins match,
all scores & initials

Event: ______________________________ Match: __________

Team 1: ______________________________ Court: __________

Referee: __________

Format: __________

Server Score

	1	2	3	4	5	6	7	8	9	10	11	12	13	14	15	16	17	18	19	20	21
	1	2	3	4	5	6	7	8	9	10	11	12	13	14	15	16	17	18	19	20	21
	1	2	3	4	5	6	7	8	9	10	11	12	13	14	15	16	17	18	19	20	21

TimeOuts

1	2	3
1	2	3
1	2	3

If above wins match,
all scores & initials ________ ________ ________ ________

Team 2: ______________________________

Server Score

	1	2	3	4	5	6	7	8	9	10	11	12	13	14	15	16	17	18	19	20	21
	1	2	3	4	5	6	7	8	9	10	11	12	13	14	15	16	17	18	19	20	21
	1	2	3	4	5	6	7	8	9	10	11	12	13	14	15	16	17	18	19	20	21

TimeOuts

1	2	3
1	2	3
1	2	3

If above wins match,
all scores & initials

______ ______ ______ ______

If above wins match,
all scores & initials

Server Score

	1	2	3	4	5	6	7	8	9	10	11	12	13	14	15	16	17	18	19	20	21
	1	2	3	4	5	6	7	8	9	10	11	12	13	14	15	16	17	18	19	20	21
	1	2	3	4	5	6	7	8	9	10	11	12	13	14	15	16	17	18	19	20	21

TimeOuts

1	2	3
1	2	3
1	2	3

Event: ______________________________ Match: __________

Team 1: ______________________________ Court: __________

Referee: __________

Format:

Team 2: ______________________________

Server Score

	1	2	3	4	5	6	7	8	9	10	11	12	13	14	15	16	17	18	19	20	21
	1	2	3	4	5	6	7	8	9	10	11	12	13	14	15	16	17	18	19	20	21
	1	2	3	4	5	6	7	8	9	10	11	12	13	14	15	16	17	18	19	20	21

TimeOuts

1	2	3
1	2	3
1	2	3

If above wins match,
all scores & initials

______ ______ ______ ______

If above wins match,
all scores & initials

Server Score

	1	2	3	4	5	6	7	8	9	10	11	12	13	14	15	16	17	18	19	20	21
	1	2	3	4	5	6	7	8	9	10	11	12	13	14	15	16	17	18	19	20	21
	1	2	3	4	5	6	7	8	9	10	11	12	13	14	15	16	17	18	19	20	21

TimeOuts

1	2	3
1	2	3
1	2	3

Event: ______________________________ Match: __________

Team 1: ______________________________ Court: __________

Referee: __________

Format:

Team 2: ______________________________

Server Score

	1	2	3	4	5	6	7	8	9	10	11	12	13	14	15	16	17	18	19	20	21
	1	2	3	4	5	6	7	8	9	10	11	12	13	14	15	16	17	18	19	20	21
	1	2	3	4	5	6	7	8	9	10	11	12	13	14	15	16	17	18	19	20	21

TimeOuts

1	2	3
1	2	3
1	2	3

If above wins match,
all scores & initials

_______ _______ _______ _______

If above wins match,
all scores & initials

Event: ______________________________

Team 1: ______________________________

Match: __________

Court: __________

Referee: __________

Format:

Server Score

	1	2	3	4	5	6	7	8	9	10	11	12	13	14	15	16	17	18	19	20	21
	1	2	3	4	5	6	7	8	9	10	11	12	13	14	15	16	17	18	19	20	21
	1	2	3	4	5	6	7	8	9	10	11	12	13	14	15	16	17	18	19	20	21

TimeOuts

1	2	3
1	2	3
1	2	3

Team 2: ______________________________

Server Score

	1	2	3	4	5	6	7	8	9	10	11	12	13	14	15	16	17	18	19	20	21
	1	2	3	4	5	6	7	8	9	10	11	12	13	14	15	16	17	18	19	20	21
	1	2	3	4	5	6	7	8	9	10	11	12	13	14	15	16	17	18	19	20	21

TimeOuts

1	2	3
1	2	3
1	2	3

If above wins match,
all scores & initials

_______ _______ _______ _______

If above wins match,
all scores & initials

Event: ______________________________

Team 1: ______________________________

Match: __________

Court: __________

Referee: __________

Format:

Server Score

	1	2	3	4	5	6	7	8	9	10	11	12	13	14	15	16	17	18	19	20	21
	1	2	3	4	5	6	7	8	9	10	11	12	13	14	15	16	17	18	19	20	21
	1	2	3	4	5	6	7	8	9	10	11	12	13	14	15	16	17	18	19	20	21

TimeOuts

1	2	3
1	2	3
1	2	3

Team 2: ____

Server Score

	1	2	3	4	5	6	7	8	9	10	11	12	13	14	15	16	17	18	19	20	21
	1	2	3	4	5	6	7	8	9	10	11	12	13	14	15	16	17	18	19	20	21
	1	2	3	4	5	6	7	8	9	10	11	12	13	14	15	16	17	18	19	20	21

TimeOuts

1	2	3
1	2	3
1	2	3

If above wins match,
all scores & initials

_______ _______ _______ _______

If above wins match,
all scores & initials

Server Score

	1	2	3	4	5	6	7	8	9	10	11	12	13	14	15	16	17	18	19	20	21
	1	2	3	4	5	6	7	8	9	10	11	12	13	14	15	16	17	18	19	20	21
	1	2	3	4	5	6	7	8	9	10	11	12	13	14	15	16	17	18	19	20	21

TimeOuts

1	2	3
1	2	3
1	2	3

Event: ________________________________

Team 1: ________________________________

Match: __________

Court: ____________

Referee: ________________

Format:

Team 2: ____

Server Score

	1	2	3	4	5	6	7	8	9	10	11	12	13	14	15	16	17	18	19	20	21
	1	2	3	4	5	6	7	8	9	10	11	12	13	14	15	16	17	18	19	20	21
	1	2	3	4	5	6	7	8	9	10	11	12	13	14	15	16	17	18	19	20	21

TimeOuts

1	2	3
1	2	3
1	2	3

If above wins match,
all scores & initials

_______ _______ _______ _______

If above wins match,
all scores & initials

Server Score

	1	2	3	4	5	6	7	8	9	10	11	12	13	14	15	16	17	18	19	20	21
	1	2	3	4	5	6	7	8	9	10	11	12	13	14	15	16	17	18	19	20	21
	1	2	3	4	5	6	7	8	9	10	11	12	13	14	15	16	17	18	19	20	21

TimeOuts

1	2	3
1	2	3
1	2	3

Event: ________________________________

Team 1: ________________________________

Match: __________

Court: ____________

Referee: ________________

Format:

Team 2: ____________________

Server Score

	1	2	3	4	5	6	7	8	9	10	11	12	13	14	15	16	17	18	19	20	21
	1	2	3	4	5	6	7	8	9	10	11	12	13	14	15	16	17	18	19	20	21
	1	2	3	4	5	6	7	8	9	10	11	12	13	14	15	16	17	18	19	20	21

TimeOuts

1	2	3
1	2	3
1	2	3

If above wins match,
all scores & initials

Match: ____________

Court: ____________

Referee: ____________

Format:

Event: ____________

Team 1: ____________

Server Score

	1	2	3	4	5	6	7	8	9	10	11	12	13	14	15	16	17	18	19	20	21
	1	2	3	4	5	6	7	8	9	10	11	12	13	14	15	16	17	18	19	20	21
	1	2	3	4	5	6	7	8	9	10	11	12	13	14	15	16	17	18	19	20	21

TimeOuts

1	2	3
1	2	3
1	2	3

If above wins match,
all scores & initials

_______ _______ _______ _______

Team 2: ____________________

Server Score

	1	2	3	4	5	6	7	8	9	10	11	12	13	14	15	16	17	18	19	20	21
	1	2	3	4	5	6	7	8	9	10	11	12	13	14	15	16	17	18	19	20	21
	1	2	3	4	5	6	7	8	9	10	11	12	13	14	15	16	17	18	19	20	21

TimeOuts

1	2	3
1	2	3
1	2	3

If above wins match,
all scores & initials

Match: ____________

Court: ____________

Referee: ____________

Format:

Event: ____________

Team 1: ____________

Server Score

	1	2	3	4	5	6	7	8	9	10	11	12	13	14	15	16	17	18	19	20	21
	1	2	3	4	5	6	7	8	9	10	11	12	13	14	15	16	17	18	19	20	21
	1	2	3	4	5	6	7	8	9	10	11	12	13	14	15	16	17	18	19	20	21

TimeOuts

1	2	3
1	2	3
1	2	3

If above wins match,
all scores & initials

_______ _______ _______ _______

Team 2: ______________________________

Server Score

	1	2	3	4	5	6	7	8	9	10	11	12	13	14	15	16	17	18	19	20	21
	1	2	3	4	5	6	7	8	9	10	11	12	13	14	15	16	17	18	19	20	21
	1	2	3	4	5	6	7	8	9	10	11	12	13	14	15	16	17	18	19	20	21

TimeOuts

1	2	3
1	2	3
1	2	3

If above wins match,
all scores & initials

If above wins match,
all scores & initials ______ ______ ______ ______

Server Score

	1	2	3	4	5	6	7	8	9	10	11	12	13	14	15	16	17	18	19	20	21
	1	2	3	4	5	6	7	8	9	10	11	12	13	14	15	16	17	18	19	20	21
	1	2	3	4	5	6	7	8	9	10	11	12	13	14	15	16	17	18	19	20	21

TimeOuts

1	2	3
1	2	3
1	2	3

Team 1: ______________________________ Referee: ______________

Event: ______________________________ Court: ______________

Format:

Match: __________

Team 2: ______________________________

Server Score

	1	2	3	4	5	6	7	8	9	10	11	12	13	14	15	16	17	18	19	20	21
	1	2	3	4	5	6	7	8	9	10	11	12	13	14	15	16	17	18	19	20	21
	1	2	3	4	5	6	7	8	9	10	11	12	13	14	15	16	17	18	19	20	21

TimeOuts

1	2	3
1	2	3
1	2	3

If above wins match,
all scores & initials

If above wins match,
all scores & initials ______ ______ ______ ______

Server Score

	1	2	3	4	5	6	7	8	9	10	11	12	13	14	15	16	17	18	19	20	21
	1	2	3	4	5	6	7	8	9	10	11	12	13	14	15	16	17	18	19	20	21
	1	2	3	4	5	6	7	8	9	10	11	12	13	14	15	16	17	18	19	20	21

TimeOuts

1	2	3
1	2	3
1	2	3

Team 1: ______________________________ Referee: ______________

Event: ______________________________ Court: ______________

Format:

Match: __________

Team 2: ______________________________

Server Score

	1	2	3	4	5	6	7	8	9	10	11	12	13	14	15	16	17	18	19	20	21
	1	2	3	4	5	6	7	8	9	10	11	12	13	14	15	16	17	18	19	20	21
	1	2	3	4	5	6	7	8	9	10	11	12	13	14	15	16	17	18	19	20	21

TimeOuts

1	2	3
1	2	3
1	2	3

If above wins match,
all scores & initials

_______ _______ _______ _______

If above wins match,
all scores & initials

Server Score

	1	2	3	4	5	6	7	8	9	10	11	12	13	14	15	16	17	18	19	20	21
	1	2	3	4	5	6	7	8	9	10	11	12	13	14	15	16	17	18	19	20	21
	1	2	3	4	5	6	7	8	9	10	11	12	13	14	15	16	17	18	19	20	21

TimeOuts

1	2	3
1	2	3
1	2	3

Team 1: ______________________________ Format: ______________

Event: ______________________________ Referee: ______________

Court: ______________

Match: ______________

Team 2: ______________________________

Server Score

	1	2	3	4	5	6	7	8	9	10	11	12	13	14	15	16	17	18	19	20	21
	1	2	3	4	5	6	7	8	9	10	11	12	13	14	15	16	17	18	19	20	21
	1	2	3	4	5	6	7	8	9	10	11	12	13	14	15	16	17	18	19	20	21

TimeOuts

1	2	3
1	2	3
1	2	3

If above wins match,
all scores & initials

_______ _______ _______ _______

If above wins match,
all scores & initials

Server Score

	1	2	3	4	5	6	7	8	9	10	11	12	13	14	15	16	17	18	19	20	21
	1	2	3	4	5	6	7	8	9	10	11	12	13	14	15	16	17	18	19	20	21
	1	2	3	4	5	6	7	8	9	10	11	12	13	14	15	16	17	18	19	20	21

TimeOuts

1	2	3
1	2	3
1	2	3

Team 1: ______________________________ Format: ______________

Event: ______________________________ Referee: ______________

Court: ______________

Match: ______________

Team 2: ______________________________

Server Score

	1	2	3	4	5	6	7	8	9	10	11	12	13	14	15	16	17	18	19	20	21
	1	2	3	4	5	6	7	8	9	10	11	12	13	14	15	16	17	18	19	20	21
	1	2	3	4	5	6	7	8	9	10	11	12	13	14	15	16	17	18	19	20	21

TimeOuts

1	2	3
1	2	3
1	2	3

If above wins match,
all scores & initials

________ ________ ________ ________

If above wins match,
all scores & initials

Server Score

	1	2	3	4	5	6	7	8	9	10	11	12	13	14	15	16	17	18	19	20	21
	1	2	3	4	5	6	7	8	9	10	11	12	13	14	15	16	17	18	19	20	21
	1	2	3	4	5	6	7	8	9	10	11	12	13	14	15	16	17	18	19	20	21

TimeOuts

1	2	3
1	2	3
1	2	3

Team 1: ______________________________ Format: ______________

Event: ______________________________ Referee: ______________

Court: __________

Match: __________

Team 2: ______________________________

Server Score

	1	2	3	4	5	6	7	8	9	10	11	12	13	14	15	16	17	18	19	20	21
	1	2	3	4	5	6	7	8	9	10	11	12	13	14	15	16	17	18	19	20	21
	1	2	3	4	5	6	7	8	9	10	11	12	13	14	15	16	17	18	19	20	21

TimeOuts

1	2	3
1	2	3
1	2	3

If above wins match,
all scores & initials

________ ________ ________ ________

If above wins match,
all scores & initials

Server Score

	1	2	3	4	5	6	7	8	9	10	11	12	13	14	15	16	17	18	19	20	21
	1	2	3	4	5	6	7	8	9	10	11	12	13	14	15	16	17	18	19	20	21
	1	2	3	4	5	6	7	8	9	10	11	12	13	14	15	16	17	18	19	20	21

TimeOuts

1	2	3
1	2	3
1	2	3

Team 1: ______________________________ Format: ______________

Event: ______________________________ Referee: ______________

Court: __________

Match: __________

Team 2: ______________________

Server Score

	1	2	3	4	5	6	7	8	9	10	11	12	13	14	15	16	17	18	19	20	21
	1	2	3	4	5	6	7	8	9	10	11	12	13	14	15	16	17	18	19	20	21
	1	2	3	4	5	6	7	8	9	10	11	12	13	14	15	16	17	18	19	20	21

TimeOuts

1	2	3
1	2	3
1	2	3

If above wins match,
all scores & initials

_______ _______ _______ _______

If above wins match,
all scores & initials

Server Score

	1	2	3	4	5	6	7	8	9	10	11	12	13	14	15	16	17	18	19	20	21
	1	2	3	4	5	6	7	8	9	10	11	12	13	14	15	16	17	18	19	20	21
	1	2	3	4	5	6	7	8	9	10	11	12	13	14	15	16	17	18	19	20	21

TimeOuts

1	2	3
1	2	3
1	2	3

Team 1: ______________________ Format: ______________

Event: ______________________ Referee: ______________

Court: ______________

Match: ______________

Team 2: ______________________

Server Score

	1	2	3	4	5	6	7	8	9	10	11	12	13	14	15	16	17	18	19	20	21
	1	2	3	4	5	6	7	8	9	10	11	12	13	14	15	16	17	18	19	20	21
	1	2	3	4	5	6	7	8	9	10	11	12	13	14	15	16	17	18	19	20	21

TimeOuts

1	2	3
1	2	3
1	2	3

If above wins match,
all scores & initials

_______ _______ _______ _______

If above wins match,
all scores & initials

Server Score

	1	2	3	4	5	6	7	8	9	10	11	12	13	14	15	16	17	18	19	20	21
	1	2	3	4	5	6	7	8	9	10	11	12	13	14	15	16	17	18	19	20	21
	1	2	3	4	5	6	7	8	9	10	11	12	13	14	15	16	17	18	19	20	21

TimeOuts

1	2	3
1	2	3
1	2	3

Team 1: ______________________ Format: ______________

Event: ______________________ Referee: ______________

Court: ______________

Match: ______________

Team 2: ______________________________

Server Score

	1	2	3	4	5	6	7	8	9	10	11	12	13	14	15	16	17	18	19	20	21
	1	2	3	4	5	6	7	8	9	10	11	12	13	14	15	16	17	18	19	20	21
	1	2	3	4	5	6	7	8	9	10	11	12	13	14	15	16	17	18	19	20	21

TimeOuts

1	2	3
1	2	3
1	2	3

If above wins match,
all scores & initials

Event: ______________________________ Match: __________

Team 1: ______________________________ Court: __________

Referee: __________

Format: __________

Server Score

	1	2	3	4	5	6	7	8	9	10	11	12	13	14	15	16	17	18	19	20	21
	1	2	3	4	5	6	7	8	9	10	11	12	13	14	15	16	17	18	19	20	21
	1	2	3	4	5	6	7	8	9	10	11	12	13	14	15	16	17	18	19	20	21

TimeOuts

1	2	3
1	2	3
1	2	3

If above wins match,
all scores & initials ______ ______ ______ ______

Team 2: ______________________________

Server Score

	1	2	3	4	5	6	7	8	9	10	11	12	13	14	15	16	17	18	19	20	21
	1	2	3	4	5	6	7	8	9	10	11	12	13	14	15	16	17	18	19	20	21
	1	2	3	4	5	6	7	8	9	10	11	12	13	14	15	16	17	18	19	20	21

TimeOuts

1	2	3
1	2	3
1	2	3

If above wins match,
all scores & initials

Event: ______________________________ Match: __________

Team 1: ______________________________ Court: __________

Referee: __________

Format: __________

Server Score

	1	2	3	4	5	6	7	8	9	10	11	12	13	14	15	16	17	18	19	20	21
	1	2	3	4	5	6	7	8	9	10	11	12	13	14	15	16	17	18	19	20	21
	1	2	3	4	5	6	7	8	9	10	11	12	13	14	15	16	17	18	19	20	21

TimeOuts

1	2	3
1	2	3
1	2	3

If above wins match,
all scores & initials ______ ______ ______ ______

Team 2: ______________________

Server Score

	1	2	3	4	5	6	7	8	9	10	11	12	13	14	15	16	17	18	19	20	21
	1	2	3	4	5	6	7	8	9	10	11	12	13	14	15	16	17	18	19	20	21
	1	2	3	4	5	6	7	8	9	10	11	12	13	14	15	16	17	18	19	20	21

TimeOuts

1	2	3
1	2	3
1	2	3

If above wins match,
all scores & initials

______ ______ ______ ______

If above wins match,
all scores & initials

Server Score

	1	2	3	4	5	6	7	8	9	10	11	12	13	14	15	16	17	18	19	20	21
	1	2	3	4	5	6	7	8	9	10	11	12	13	14	15	16	17	18	19	20	21
	1	2	3	4	5	6	7	8	9	10	11	12	13	14	15	16	17	18	19	20	21

TimeOuts

1	2	3
1	2	3
1	2	3

Event: ______________________

Team 1: ______________________

Match: ________

Court: ________

Referee: ________

Format: ________

Team 2: ______________________

Server Score

	1	2	3	4	5	6	7	8	9	10	11	12	13	14	15	16	17	18	19	20	21
	1	2	3	4	5	6	7	8	9	10	11	12	13	14	15	16	17	18	19	20	21
	1	2	3	4	5	6	7	8	9	10	11	12	13	14	15	16	17	18	19	20	21

TimeOuts

1	2	3
1	2	3
1	2	3

If above wins match,
all scores & initials

______ ______ ______ ______

If above wins match,
all scores & initials

Server Score

	1	2	3	4	5	6	7	8	9	10	11	12	13	14	15	16	17	18	19	20	21
	1	2	3	4	5	6	7	8	9	10	11	12	13	14	15	16	17	18	19	20	21
	1	2	3	4	5	6	7	8	9	10	11	12	13	14	15	16	17	18	19	20	21

TimeOuts

1	2	3
1	2	3
1	2	3

Event: ______________________

Team 1: ______________________

Match: ________

Court: ________

Referee: ________

Format: ________

Team 2: ______________________________

Server Score

	1	2	3	4	5	6	7	8	9	10	11	12	13	14	15	16	17	18	19	20	21
	1	2	3	4	5	6	7	8	9	10	11	12	13	14	15	16	17	18	19	20	21
	1	2	3	4	5	6	7	8	9	10	11	12	13	14	15	16	17	18	19	20	21

TimeOuts

1	2	3
1	2	3
1	2	3

If above wins match,
all scores & initials

______ ______ ______ ______

If above wins match,
all scores & initials

Server Score

	1	2	3	4	5	6	7	8	9	10	11	12	13	14	15	16	17	18	19	20	21
	1	2	3	4	5	6	7	8	9	10	11	12	13	14	15	16	17	18	19	20	21
	1	2	3	4	5	6	7	8	9	10	11	12	13	14	15	16	17	18	19	20	21

TimeOuts

1	2	3
1	2	3
1	2	3

Event: ______________________________

Team 1: ______________________________

Match: ________

Court: ________

Referee: ________

Format: ________

Team 2: ______________________________

Server Score

	1	2	3	4	5	6	7	8	9	10	11	12	13	14	15	16	17	18	19	20	21
	1	2	3	4	5	6	7	8	9	10	11	12	13	14	15	16	17	18	19	20	21
	1	2	3	4	5	6	7	8	9	10	11	12	13	14	15	16	17	18	19	20	21

TimeOuts

1	2	3
1	2	3
1	2	3

If above wins match,
all scores & initials

______ ______ ______ ______

If above wins match,
all scores & initials

Server Score

	1	2	3	4	5	6	7	8	9	10	11	12	13	14	15	16	17	18	19	20	21
	1	2	3	4	5	6	7	8	9	10	11	12	13	14	15	16	17	18	19	20	21
	1	2	3	4	5	6	7	8	9	10	11	12	13	14	15	16	17	18	19	20	21

TimeOuts

1	2	3
1	2	3
1	2	3

Event: ______________________________

Team 1: ______________________________

Match: ________

Court: ________

Referee: ________

Format: ________

Team 2: ____________________

Server Score

	1	2	3	4	5	6	7	8	9	10	11	12	13	14	15	16	17	18	19	20	21
	1	2	3	4	5	6	7	8	9	10	11	12	13	14	15	16	17	18	19	20	21
	1	2	3	4	5	6	7	8	9	10	11	12	13	14	15	16	17	18	19	20	21

TimeOuts

1	2	3
1	2	3
1	2	3

If above wins match,
all scores & initials

_______ _______ _______ _______

If above wins match,
all scores & initials

Server Score

	1	2	3	4	5	6	7	8	9	10	11	12	13	14	15	16	17	18	19	20	21
	1	2	3	4	5	6	7	8	9	10	11	12	13	14	15	16	17	18	19	20	21
	1	2	3	4	5	6	7	8	9	10	11	12	13	14	15	16	17	18	19	20	21

TimeOuts

1	2	3
1	2	3
1	2	3

Team 1: ____________________

Event: ____________________

Format:

Referee: ____________________

Court: ____________________

Match: ____________________

Team 2: ____________________

Server Score

	1	2	3	4	5	6	7	8	9	10	11	12	13	14	15	16	17	18	19	20	21
	1	2	3	4	5	6	7	8	9	10	11	12	13	14	15	16	17	18	19	20	21
	1	2	3	4	5	6	7	8	9	10	11	12	13	14	15	16	17	18	19	20	21

TimeOuts

1	2	3
1	2	3
1	2	3

If above wins match,
all scores & initials

_______ _______ _______ _______

If above wins match,
all scores & initials

Server Score

	1	2	3	4	5	6	7	8	9	10	11	12	13	14	15	16	17	18	19	20	21
	1	2	3	4	5	6	7	8	9	10	11	12	13	14	15	16	17	18	19	20	21
	1	2	3	4	5	6	7	8	9	10	11	12	13	14	15	16	17	18	19	20	21

TimeOuts

1	2	3
1	2	3
1	2	3

Team 1: ____________________

Event: ____________________

Format:

Referee: ____________________

Court: ____________________

Match: ____________________

Team 2: ______________________________

Server Score

	1	2	3	4	5	6	7	8	9	10	11	12	13	14	15	16	17	18	19	20	21
	1	2	3	4	5	6	7	8	9	10	11	12	13	14	15	16	17	18	19	20	21
	1	2	3	4	5	6	7	8	9	10	11	12	13	14	15	16	17	18	19	20	21

TimeOuts

1	2	3
1	2	3
1	2	3

If above wins match,
all scores & initials

_______ _______ _______ _______

If above wins match,
all scores & initials

Server Score

	1	2	3	4	5	6	7	8	9	10	11	12	13	14	15	16	17	18	19	20	21
	1	2	3	4	5	6	7	8	9	10	11	12	13	14	15	16	17	18	19	20	21
	1	2	3	4	5	6	7	8	9	10	11	12	13	14	15	16	17	18	19	20	21

TimeOuts

1	2	3
1	2	3
1	2	3

Event: ______________________________ Match: ____________

Team 1: ______________________________ Court: ____________

Referee: ____________

Format: ____________

Team 2: ______________________________

Server Score

	1	2	3	4	5	6	7	8	9	10	11	12	13	14	15	16	17	18	19	20	21
	1	2	3	4	5	6	7	8	9	10	11	12	13	14	15	16	17	18	19	20	21
	1	2	3	4	5	6	7	8	9	10	11	12	13	14	15	16	17	18	19	20	21

TimeOuts

1	2	3
1	2	3
1	2	3

If above wins match,
all scores & initials

_______ _______ _______ _______

If above wins match,
all scores & initials

Server Score

	1	2	3	4	5	6	7	8	9	10	11	12	13	14	15	16	17	18	19	20	21
	1	2	3	4	5	6	7	8	9	10	11	12	13	14	15	16	17	18	19	20	21
	1	2	3	4	5	6	7	8	9	10	11	12	13	14	15	16	17	18	19	20	21

TimeOuts

1	2	3
1	2	3
1	2	3

Event: ______________________________ Match: ____________

Team 1: ______________________________ Court: ____________

Referee: ____________

Format: ____________

Team 2: ______________________________

Server Score

	1	2	3	4	5	6	7	8	9	10	11	12	13	14	15	16	17	18	19	20	21
	1	2	3	4	5	6	7	8	9	10	11	12	13	14	15	16	17	18	19	20	21
	1	2	3	4	5	6	7	8	9	10	11	12	13	14	15	16	17	18	19	20	21

TimeOuts

1	2	3
1	2	3
1	2	3

If above wins match,
all scores & initials

________ ________ ________ ________

Match: ____________

Court: ________________

Referee: ____________________

Format:

Event: ______________________________

Team 1: ______________________________

Server Score

	1	2	3	4	5	6	7	8	9	10	11	12	13	14	15	16	17	18	19	20	21
	1	2	3	4	5	6	7	8	9	10	11	12	13	14	15	16	17	18	19	20	21
	1	2	3	4	5	6	7	8	9	10	11	12	13	14	15	16	17	18	19	20	21

TimeOuts

1	2	3
1	2	3
1	2	3

If above wins match,
all scores & initials

Team 2: ______________________________

Server Score

	1	2	3	4	5	6	7	8	9	10	11	12	13	14	15	16	17	18	19	20	21
	1	2	3	4	5	6	7	8	9	10	11	12	13	14	15	16	17	18	19	20	21
	1	2	3	4	5	6	7	8	9	10	11	12	13	14	15	16	17	18	19	20	21

TimeOuts

1	2	3
1	2	3
1	2	3

If above wins match,
all scores & initials

________ ________ ________ ________

Match: ____________

Court: ________________

Referee: ____________________

Format:

Event: ______________________________

Team 1: ______________________________

Server Score

	1	2	3	4	5	6	7	8	9	10	11	12	13	14	15	16	17	18	19	20	21
	1	2	3	4	5	6	7	8	9	10	11	12	13	14	15	16	17	18	19	20	21
	1	2	3	4	5	6	7	8	9	10	11	12	13	14	15	16	17	18	19	20	21

TimeOuts

1	2	3
1	2	3
1	2	3

If above wins match,
all scores & initials

Team 2: ______________________________

Server Score

	1	2	3	4	5	6	7	8	9	10	11	12	13	14	15	16	17	18	19	20	21
	1	2	3	4	5	6	7	8	9	10	11	12	13	14	15	16	17	18	19	20	21
	1	2	3	4	5	6	7	8	9	10	11	12	13	14	15	16	17	18	19	20	21

TimeOuts

1	2	3
1	2	3
1	2	3

If above wins match,
all scores & initials

______ ______ ______ ______

If above wins match,
all scores & initials

Server Score

	1	2	3	4	5	6	7	8	9	10	11	12	13	14	15	16	17	18	19	20	21
	1	2	3	4	5	6	7	8	9	10	11	12	13	14	15	16	17	18	19	20	21
	1	2	3	4	5	6	7	8	9	10	11	12	13	14	15	16	17	18	19	20	21

TimeOuts

1	2	3
1	2	3
1	2	3

Event: ______________________________

Team 1: ______________________________

Match: ________

Court: ________

Referee: ________

Format: ________

Team 2: ______________________________

Server Score

	1	2	3	4	5	6	7	8	9	10	11	12	13	14	15	16	17	18	19	20	21
	1	2	3	4	5	6	7	8	9	10	11	12	13	14	15	16	17	18	19	20	21
	1	2	3	4	5	6	7	8	9	10	11	12	13	14	15	16	17	18	19	20	21

TimeOuts

1	2	3
1	2	3
1	2	3

If above wins match,
all scores & initials

______ ______ ______ ______

If above wins match,
all scores & initials

Server Score

	1	2	3	4	5	6	7	8	9	10	11	12	13	14	15	16	17	18	19	20	21
	1	2	3	4	5	6	7	8	9	10	11	12	13	14	15	16	17	18	19	20	21
	1	2	3	4	5	6	7	8	9	10	11	12	13	14	15	16	17	18	19	20	21

TimeOuts

1	2	3
1	2	3
1	2	3

Event: ______________________________

Team 1: ______________________________

Match: ________

Court: ________

Referee: ________

Format: ________

Team 2: ____________________

Server Score

	1	2	3	4	5	6	7	8	9	10	11	12	13	14	15	16	17	18	19	20	21
	1	2	3	4	5	6	7	8	9	10	11	12	13	14	15	16	17	18	19	20	21
	1	2	3	4	5	6	7	8	9	10	11	12	13	14	15	16	17	18	19	20	21

TimeOuts

1	2	3
1	2	3
1	2	3

If above wins match,
all scores & initials

Event: ____________________

Team 1: ____________________

Match: ________

Court: ________

Referee: ________

Format: ________

Server Score

	1	2	3	4	5	6	7	8	9	10	11	12	13	14	15	16	17	18	19	20	21
	1	2	3	4	5	6	7	8	9	10	11	12	13	14	15	16	17	18	19	20	21
	1	2	3	4	5	6	7	8	9	10	11	12	13	14	15	16	17	18	19	20	21

TimeOuts

1	2	3
1	2	3
1	2	3

If above wins match,
all scores & initials

_______ _______ _______ _______

Team 2: ____________________

Server Score

	1	2	3	4	5	6	7	8	9	10	11	12	13	14	15	16	17	18	19	20	21
	1	2	3	4	5	6	7	8	9	10	11	12	13	14	15	16	17	18	19	20	21
	1	2	3	4	5	6	7	8	9	10	11	12	13	14	15	16	17	18	19	20	21

TimeOuts

1	2	3
1	2	3
1	2	3

If above wins match,
all scores & initials

Event: ____________________

Team 1: ____________________

Match: ________

Court: ________

Referee: ________

Format: ________

Server Score

	1	2	3	4	5	6	7	8	9	10	11	12	13	14	15	16	17	18	19	20	21
	1	2	3	4	5	6	7	8	9	10	11	12	13	14	15	16	17	18	19	20	21
	1	2	3	4	5	6	7	8	9	10	11	12	13	14	15	16	17	18	19	20	21

TimeOuts

1	2	3
1	2	3
1	2	3

If above wins match,
all scores & initials

_______ _______ _______ _______

Team 2: ____

Server Score

	1	2	3	4	5	6	7	8	9	10	11	12	13	14	15	16	17	18	19	20	21
	1	2	3	4	5	6	7	8	9	10	11	12	13	14	15	16	17	18	19	20	21
	1	2	3	4	5	6	7	8	9	10	11	12	13	14	15	16	17	18	19	20	21

TimeOuts

1	2	3
1	2	3
1	2	3

If above wins match,
all scores & initials

Match: __________ Event: ____

Court: ______________

Referee: ______________ Team 1: ____

Format: ____________________

Server Score

	1	2	3	4	5	6	7	8	9	10	11	12	13	14	15	16	17	18	19	20	21
	1	2	3	4	5	6	7	8	9	10	11	12	13	14	15	16	17	18	19	20	21
	1	2	3	4	5	6	7	8	9	10	11	12	13	14	15	16	17	18	19	20	21

TimeOuts

1	2	3
1	2	3
1	2	3

If above wins match,
all scores & initials

________ ________ ________ ________

Team 2: ____

Server Score

	1	2	3	4	5	6	7	8	9	10	11	12	13	14	15	16	17	18	19	20	21
	1	2	3	4	5	6	7	8	9	10	11	12	13	14	15	16	17	18	19	20	21
	1	2	3	4	5	6	7	8	9	10	11	12	13	14	15	16	17	18	19	20	21

TimeOuts

1	2	3
1	2	3
1	2	3

If above wins match,
all scores & initials

Match: __________ Event: ____

Court: ______________

Referee: ______________ Team 1: ____

Format: ____________________

Server Score

	1	2	3	4	5	6	7	8	9	10	11	12	13	14	15	16	17	18	19	20	21
	1	2	3	4	5	6	7	8	9	10	11	12	13	14	15	16	17	18	19	20	21
	1	2	3	4	5	6	7	8	9	10	11	12	13	14	15	16	17	18	19	20	21

TimeOuts

1	2	3
1	2	3
1	2	3

If above wins match,
all scores & initials

________ ________ ________ ________

Team 2: ____________________________

Server Score

	1	2	3	4	5	6	7	8	9	10	11	12	13	14	15	16	17	18	19	20	21
	1	2	3	4	5	6	7	8	9	10	11	12	13	14	15	16	17	18	19	20	21
	1	2	3	4	5	6	7	8	9	10	11	12	13	14	15	16	17	18	19	20	21

TimeOuts

1	2	3
1	2	3
1	2	3

If above wins match,
all scores & initials

_______ _______ _______ _______

If above wins match,
all scores & initials

Server Score

	1	2	3	4	5	6	7	8	9	10	11	12	13	14	15	16	17	18	19	20	21
	1	2	3	4	5	6	7	8	9	10	11	12	13	14	15	16	17	18	19	20	21
	1	2	3	4	5	6	7	8	9	10	11	12	13	14	15	16	17	18	19	20	21

TimeOuts

1	2	3
1	2	3
1	2	3

Team 1: ____________________________

Event: ____________________________

Format:

Referee: ______________

Court: ______________

Match: ______________

Team 2: ____________________________

Server Score

	1	2	3	4	5	6	7	8	9	10	11	12	13	14	15	16	17	18	19	20	21
	1	2	3	4	5	6	7	8	9	10	11	12	13	14	15	16	17	18	19	20	21
	1	2	3	4	5	6	7	8	9	10	11	12	13	14	15	16	17	18	19	20	21

TimeOuts

1	2	3
1	2	3
1	2	3

If above wins match,
all scores & initials

_______ _______ _______ _______

If above wins match,
all scores & initials

Server Score

	1	2	3	4	5	6	7	8	9	10	11	12	13	14	15	16	17	18	19	20	21
	1	2	3	4	5	6	7	8	9	10	11	12	13	14	15	16	17	18	19	20	21
	1	2	3	4	5	6	7	8	9	10	11	12	13	14	15	16	17	18	19	20	21

TimeOuts

1	2	3
1	2	3
1	2	3

Team 1: ____________________________

Event: ____________________________

Format:

Referee: ______________

Court: ______________

Match: ______________

Team 2: ______________________________

Server Score

	1	2	3	4	5	6	7	8	9	10	11	12	13	14	15	16	17	18	19	20	21
	1	2	3	4	5	6	7	8	9	10	11	12	13	14	15	16	17	18	19	20	21
	1	2	3	4	5	6	7	8	9	10	11	12	13	14	15	16	17	18	19	20	21

TimeOuts

1	2	3
1	2	3
1	2	3

If above wins match,
all scores & initials

________ ________ ________ ________

If above wins match,
all scores & initials

Server Score

	1	2	3	4	5	6	7	8	9	10	11	12	13	14	15	16	17	18	19	20	21
	1	2	3	4	5	6	7	8	9	10	11	12	13	14	15	16	17	18	19	20	21
	1	2	3	4	5	6	7	8	9	10	11	12	13	14	15	16	17	18	19	20	21

TimeOuts

1	2	3
1	2	3
1	2	3

Team 1: ______________________________

Event: ______________________________

Format:

Referee: ______________

Court: ______________

Match: ________

Team 2: ______________________________

Server Score

	1	2	3	4	5	6	7	8	9	10	11	12	13	14	15	16	17	18	19	20	21
	1	2	3	4	5	6	7	8	9	10	11	12	13	14	15	16	17	18	19	20	21
	1	2	3	4	5	6	7	8	9	10	11	12	13	14	15	16	17	18	19	20	21

TimeOuts

1	2	3
1	2	3
1	2	3

If above wins match,
all scores & initials

________ ________ ________ ________

If above wins match,
all scores & initials

Server Score

	1	2	3	4	5	6	7	8	9	10	11	12	13	14	15	16	17	18	19	20	21
	1	2	3	4	5	6	7	8	9	10	11	12	13	14	15	16	17	18	19	20	21
	1	2	3	4	5	6	7	8	9	10	11	12	13	14	15	16	17	18	19	20	21

TimeOuts

1	2	3
1	2	3
1	2	3

Team 1: ______________________________

Event: ______________________________

Format:

Referee: ______________

Court: ______________

Match: ________

Team 2: ______________________________

Server Score

	1	2	3	4	5	6	7	8	9	10	11	12	13	14	15	16	17	18	19	20	21
	1	2	3	4	5	6	7	8	9	10	11	12	13	14	15	16	17	18	19	20	21
	1	2	3	4	5	6	7	8	9	10	11	12	13	14	15	16	17	18	19	20	21

TimeOuts

1	2	3
1	2	3
1	2	3

If above wins match,
all scores & initials

______ ______ ______ ______

If above wins match,
all scores & initials

Server Score

	1	2	3	4	5	6	7	8	9	10	11	12	13	14	15	16	17	18	19	20	21
	1	2	3	4	5	6	7	8	9	10	11	12	13	14	15	16	17	18	19	20	21
	1	2	3	4	5	6	7	8	9	10	11	12	13	14	15	16	17	18	19	20	21

TimeOuts

1	2	3
1	2	3
1	2	3

Team 1: ______________________________ Format:

Event: ______________________________ Referee: ______________

Court: ______________

Match: ______________

Team 2: ______________________________

Server Score

	1	2	3	4	5	6	7	8	9	10	11	12	13	14	15	16	17	18	19	20	21
	1	2	3	4	5	6	7	8	9	10	11	12	13	14	15	16	17	18	19	20	21
	1	2	3	4	5	6	7	8	9	10	11	12	13	14	15	16	17	18	19	20	21

TimeOuts

1	2	3
1	2	3
1	2	3

If above wins match,
all scores & initials

______ ______ ______ ______

If above wins match,
all scores & initials

Server Score

	1	2	3	4	5	6	7	8	9	10	11	12	13	14	15	16	17	18	19	20	21
	1	2	3	4	5	6	7	8	9	10	11	12	13	14	15	16	17	18	19	20	21
	1	2	3	4	5	6	7	8	9	10	11	12	13	14	15	16	17	18	19	20	21

TimeOuts

1	2	3
1	2	3
1	2	3

Team 1: ______________________________ Format:

Event: ______________________________ Referee: ______________

Court: ______________

Match: ______________

Team 2: ______________________________

Server Score

	1	2	3	4	5	6	7	8	9	10	11	12	13	14	15	16	17	18	19	20	21
	1	2	3	4	5	6	7	8	9	10	11	12	13	14	15	16	17	18	19	20	21
	1	2	3	4	5	6	7	8	9	10	11	12	13	14	15	16	17	18	19	20	21

TimeOuts

1	2	3
1	2	3
1	2	3

If above wins match,
all scores & initials

______ ______ ______ ______

If above wins match,
all scores & initials

Event: ______________________________

Team 1: ______________________________

Match: ________

Court: ____________

Referee: ______________

Format:

Server Score

	1	2	3	4	5	6	7	8	9	10	11	12	13	14	15	16	17	18	19	20	21
	1	2	3	4	5	6	7	8	9	10	11	12	13	14	15	16	17	18	19	20	21
	1	2	3	4	5	6	7	8	9	10	11	12	13	14	15	16	17	18	19	20	21

TimeOuts

1	2	3
1	2	3
1	2	3

Team 2: ______________________________

Server Score

	1	2	3	4	5	6	7	8	9	10	11	12	13	14	15	16	17	18	19	20	21
	1	2	3	4	5	6	7	8	9	10	11	12	13	14	15	16	17	18	19	20	21
	1	2	3	4	5	6	7	8	9	10	11	12	13	14	15	16	17	18	19	20	21

TimeOuts

1	2	3
1	2	3
1	2	3

If above wins match,
all scores & initials

______ ______ ______ ______

If above wins match,
all scores & initials

Event: ______________________________

Team 1: ______________________________

Match: ________

Court: ____________

Referee: ______________

Format:

Server Score

	1	2	3	4	5	6	7	8	9	10	11	12	13	14	15	16	17	18	19	20	21
	1	2	3	4	5	6	7	8	9	10	11	12	13	14	15	16	17	18	19	20	21
	1	2	3	4	5	6	7	8	9	10	11	12	13	14	15	16	17	18	19	20	21

TimeOuts

1	2	3
1	2	3
1	2	3

Team 2: ____________________

Server Score

	1	2	3	4	5	6	7	8	9	10	11	12	13	14	15	16	17	18	19	20	21
	1	2	3	4	5	6	7	8	9	10	11	12	13	14	15	16	17	18	19	20	21
	1	2	3	4	5	6	7	8	9	10	11	12	13	14	15	16	17	18	19	20	21

TimeOuts

1	2	3
1	2	3
1	2	3

If above wins match,
all scores & initials

If above wins match,
all scores & initials ________ ________ ________ ________

Server Score

	1	2	3	4	5	6	7	8	9	10	11	12	13	14	15	16	17	18	19	20	21
	1	2	3	4	5	6	7	8	9	10	11	12	13	14	15	16	17	18	19	20	21
	1	2	3	4	5	6	7	8	9	10	11	12	13	14	15	16	17	18	19	20	21

TimeOuts

1	2	3
1	2	3
1	2	3

Event: ____________________

Team 1: ____________________

Match: ________

Court: ________

Referee: ________

Format: ________

Team 2: ____________________

Server Score

	1	2	3	4	5	6	7	8	9	10	11	12	13	14	15	16	17	18	19	20	21
	1	2	3	4	5	6	7	8	9	10	11	12	13	14	15	16	17	18	19	20	21
	1	2	3	4	5	6	7	8	9	10	11	12	13	14	15	16	17	18	19	20	21

TimeOuts

1	2	3
1	2	3
1	2	3

If above wins match,
all scores & initials

If above wins match,
all scores & initials ________ ________ ________ ________

Server Score

	1	2	3	4	5	6	7	8	9	10	11	12	13	14	15	16	17	18	19	20	21
	1	2	3	4	5	6	7	8	9	10	11	12	13	14	15	16	17	18	19	20	21
	1	2	3	4	5	6	7	8	9	10	11	12	13	14	15	16	17	18	19	20	21

TimeOuts

1	2	3
1	2	3
1	2	3

Event: ____________________

Team 1: ____________________

Match: ________

Court: ________

Referee: ________

Format: ________

Team 2: ____

Server Score

	1	2	3	4	5	6	7	8	9	10	11	12	13	14	15	16	17	18	19	20	21
	1	2	3	4	5	6	7	8	9	10	11	12	13	14	15	16	17	18	19	20	21
	1	2	3	4	5	6	7	8	9	10	11	12	13	14	15	16	17	18	19	20	21

TimeOuts

1	2	3
1	2	3
1	2	3

If above wins match,
all scores & initials

Event: ________________________ Match: __________

Team 1: ________________________ Court: __________

Referee: __________

Format: __________

Server Score

	1	2	3	4	5	6	7	8	9	10	11	12	13	14	15	16	17	18	19	20	21
	1	2	3	4	5	6	7	8	9	10	11	12	13	14	15	16	17	18	19	20	21
	1	2	3	4	5	6	7	8	9	10	11	12	13	14	15	16	17	18	19	20	21

TimeOuts

1	2	3
1	2	3
1	2	3

If above wins match,
all scores & initials ________ ________ ________ ________

Team 2: ____

Server Score

	1	2	3	4	5	6	7	8	9	10	11	12	13	14	15	16	17	18	19	20	21
	1	2	3	4	5	6	7	8	9	10	11	12	13	14	15	16	17	18	19	20	21
	1	2	3	4	5	6	7	8	9	10	11	12	13	14	15	16	17	18	19	20	21

TimeOuts

1	2	3
1	2	3
1	2	3

If above wins match,
all scores & initials

Event: ________________________ Match: __________

Team 1: ________________________ Court: __________

Referee: __________

Format: __________

Server Score

	1	2	3	4	5	6	7	8	9	10	11	12	13	14	15	16	17	18	19	20	21
	1	2	3	4	5	6	7	8	9	10	11	12	13	14	15	16	17	18	19	20	21
	1	2	3	4	5	6	7	8	9	10	11	12	13	14	15	16	17	18	19	20	21

TimeOuts

1	2	3
1	2	3
1	2	3

If above wins match,
all scores & initials ________ ________ ________ ________

Team 2: ______________________________

Server Score

	1	2	3	4	5	6	7	8	9	10	11	12	13	14	15	16	17	18	19	20	21
	1	2	3	4	5	6	7	8	9	10	11	12	13	14	15	16	17	18	19	20	21
	1	2	3	4	5	6	7	8	9	10	11	12	13	14	15	16	17	18	19	20	21

TimeOuts

1	2	3
1	2	3
1	2	3

If above wins match,
all scores & initials

______ ______ ______ ______

If above wins match,
all scores & initials

Server Score

	1	2	3	4	5	6	7	8	9	10	11	12	13	14	15	16	17	18	19	20	21
	1	2	3	4	5	6	7	8	9	10	11	12	13	14	15	16	17	18	19	20	21
	1	2	3	4	5	6	7	8	9	10	11	12	13	14	15	16	17	18	19	20	21

TimeOuts

1	2	3
1	2	3
1	2	3

Team 1: ______________________________

Event: ______________________________

Format:

Referee: ______________

Court: ______________

Match: ______________

Team 2: ______________________________

Server Score

	1	2	3	4	5	6	7	8	9	10	11	12	13	14	15	16	17	18	19	20	21
	1	2	3	4	5	6	7	8	9	10	11	12	13	14	15	16	17	18	19	20	21
	1	2	3	4	5	6	7	8	9	10	11	12	13	14	15	16	17	18	19	20	21

TimeOuts

1	2	3
1	2	3
1	2	3

If above wins match,
all scores & initials

______ ______ ______ ______

If above wins match,
all scores & initials

Server Score

	1	2	3	4	5	6	7	8	9	10	11	12	13	14	15	16	17	18	19	20	21
	1	2	3	4	5	6	7	8	9	10	11	12	13	14	15	16	17	18	19	20	21
	1	2	3	4	5	6	7	8	9	10	11	12	13	14	15	16	17	18	19	20	21

TimeOuts

1	2	3
1	2	3
1	2	3

Team 1: ______________________________

Event: ______________________________

Format:

Referee: ______________

Court: ______________

Match: ______________

Team 2: ______________________________

Server Score

	1	2	3	4	5	6	7	8	9	10	11	12	13	14	15	16	17	18	19	20	21
	1	2	3	4	5	6	7	8	9	10	11	12	13	14	15	16	17	18	19	20	21
	1	2	3	4	5	6	7	8	9	10	11	12	13	14	15	16	17	18	19	20	21

TimeOuts

1	2	3
1	2	3
1	2	3

If above wins match,
all scores & initials

If above wins match,
all scores & initials

_______ _______ _______ _______

Server Score

	1	2	3	4	5	6	7	8	9	10	11	12	13	14	15	16	17	18	19	20	21
	1	2	3	4	5	6	7	8	9	10	11	12	13	14	15	16	17	18	19	20	21
	1	2	3	4	5	6	7	8	9	10	11	12	13	14	15	16	17	18	19	20	21

TimeOuts

1	2	3
1	2	3
1	2	3

Event: ______________________________

Team 1: ______________________________

Match: ________

Court: ________

Referee: ________

Format: ________

Team 2: ______________________________

Server Score

	1	2	3	4	5	6	7	8	9	10	11	12	13	14	15	16	17	18	19	20	21
	1	2	3	4	5	6	7	8	9	10	11	12	13	14	15	16	17	18	19	20	21
	1	2	3	4	5	6	7	8	9	10	11	12	13	14	15	16	17	18	19	20	21

TimeOuts

1	2	3
1	2	3
1	2	3

If above wins match,
all scores & initials

If above wins match,
all scores & initials

_______ _______ _______ _______

Server Score

	1	2	3	4	5	6	7	8	9	10	11	12	13	14	15	16	17	18	19	20	21
	1	2	3	4	5	6	7	8	9	10	11	12	13	14	15	16	17	18	19	20	21
	1	2	3	4	5	6	7	8	9	10	11	12	13	14	15	16	17	18	19	20	21

TimeOuts

1	2	3
1	2	3
1	2	3

Event: ______________________________

Team 1: ______________________________

Match: ________

Court: ________

Referee: ________

Format: ________

Team 2: ____

Server Score

	1	2	3	4	5	6	7	8	9	10	11	12	13	14	15	16	17	18	19	20	21
	1	2	3	4	5	6	7	8	9	10	11	12	13	14	15	16	17	18	19	20	21
	1	2	3	4	5	6	7	8	9	10	11	12	13	14	15	16	17	18	19	20	21

TimeOuts

1	2	3
1	2	3
1	2	3

If above wins match,
all scores & initials

_______ _______ _______ _______

If above wins match,
all scores & initials

Server Score

	1	2	3	4	5	6	7	8	9	10	11	12	13	14	15	16	17	18	19	20	21
	1	2	3	4	5	6	7	8	9	10	11	12	13	14	15	16	17	18	19	20	21
	1	2	3	4	5	6	7	8	9	10	11	12	13	14	15	16	17	18	19	20	21

TimeOuts

1	2	3
1	2	3
1	2	3

Team 1: ____

Event: ____

Format:

Referee: ____________________

Court: ________________

Match: ____________

Team 2: ____

Server Score

	1	2	3	4	5	6	7	8	9	10	11	12	13	14	15	16	17	18	19	20	21
	1	2	3	4	5	6	7	8	9	10	11	12	13	14	15	16	17	18	19	20	21
	1	2	3	4	5	6	7	8	9	10	11	12	13	14	15	16	17	18	19	20	21

TimeOuts

1	2	3
1	2	3
1	2	3

If above wins match,
all scores & initials

_______ _______ _______ _______

If above wins match,
all scores & initials

Server Score

	1	2	3	4	5	6	7	8	9	10	11	12	13	14	15	16	17	18	19	20	21
	1	2	3	4	5	6	7	8	9	10	11	12	13	14	15	16	17	18	19	20	21
	1	2	3	4	5	6	7	8	9	10	11	12	13	14	15	16	17	18	19	20	21

TimeOuts

1	2	3
1	2	3
1	2	3

Team 1: ____

Event: ____

Format:

Referee: ____________________

Court: ________________

Match: ____________

Team 2: ______________________________

Server Score

	1	2	3	4	5	6	7	8	9	10	11	12	13	14	15	16	17	18	19	20	21
	1	2	3	4	5	6	7	8	9	10	11	12	13	14	15	16	17	18	19	20	21
	1	2	3	4	5	6	7	8	9	10	11	12	13	14	15	16	17	18	19	20	21

TimeOuts

1	2	3
1	2	3
1	2	3

If above wins match,
all scores & initials

_______ _______ _______ _______

If above wins match,
all scores & initials

Server Score

	1	2	3	4	5	6	7	8	9	10	11	12	13	14	15	16	17	18	19	20	21
	1	2	3	4	5	6	7	8	9	10	11	12	13	14	15	16	17	18	19	20	21
	1	2	3	4	5	6	7	8	9	10	11	12	13	14	15	16	17	18	19	20	21

TimeOuts

1	2	3
1	2	3
1	2	3

Event: ______________________________

Team 1: ______________________________

Match: __________

Court: __________

Referee: __________

Format: __________

Team 2: ______________________________

Server Score

	1	2	3	4	5	6	7	8	9	10	11	12	13	14	15	16	17	18	19	20	21
	1	2	3	4	5	6	7	8	9	10	11	12	13	14	15	16	17	18	19	20	21
	1	2	3	4	5	6	7	8	9	10	11	12	13	14	15	16	17	18	19	20	21

TimeOuts

1	2	3
1	2	3
1	2	3

If above wins match,
all scores & initials

_______ _______ _______ _______

If above wins match,
all scores & initials

Server Score

	1	2	3	4	5	6	7	8	9	10	11	12	13	14	15	16	17	18	19	20	21
	1	2	3	4	5	6	7	8	9	10	11	12	13	14	15	16	17	18	19	20	21
	1	2	3	4	5	6	7	8	9	10	11	12	13	14	15	16	17	18	19	20	21

TimeOuts

1	2	3
1	2	3
1	2	3

Event: ______________________________

Team 1: ______________________________

Match: __________

Court: __________

Referee: __________

Format: __________

Team 2: ______________________________

Server Score

	1	2	3	4	5	6	7	8	9	10	11	12	13	14	15	16	17	18	19	20	21
	1	2	3	4	5	6	7	8	9	10	11	12	13	14	15	16	17	18	19	20	21
	1	2	3	4	5	6	7	8	9	10	11	12	13	14	15	16	17	18	19	20	21

TimeOuts

1	2	3
1	2	3
1	2	3

If above wins match,
all scores & initials

If above wins match,
all scores & initials
________ ________ ________ ________

Event: ______________________________ Match: ____________

Team 1: ______________________________ Court: ____________

Referee: ____________

Format:

Server Score

	1	2	3	4	5	6	7	8	9	10	11	12	13	14	15	16	17	18	19	20	21
	1	2	3	4	5	6	7	8	9	10	11	12	13	14	15	16	17	18	19	20	21
	1	2	3	4	5	6	7	8	9	10	11	12	13	14	15	16	17	18	19	20	21

TimeOuts

1	2	3
1	2	3
1	2	3

Team 2: ______________________________

Server Score

	1	2	3	4	5	6	7	8	9	10	11	12	13	14	15	16	17	18	19	20	21
	1	2	3	4	5	6	7	8	9	10	11	12	13	14	15	16	17	18	19	20	21
	1	2	3	4	5	6	7	8	9	10	11	12	13	14	15	16	17	18	19	20	21

TimeOuts

1	2	3
1	2	3
1	2	3

If above wins match,
all scores & initials

If above wins match,
all scores & initials
________ ________ ________ ________

Event: ______________________________ Match: ____________

Team 1: ______________________________ Court: ____________

Referee: ____________

Format:

Server Score

	1	2	3	4	5	6	7	8	9	10	11	12	13	14	15	16	17	18	19	20	21
	1	2	3	4	5	6	7	8	9	10	11	12	13	14	15	16	17	18	19	20	21
	1	2	3	4	5	6	7	8	9	10	11	12	13	14	15	16	17	18	19	20	21

TimeOuts

1	2	3
1	2	3
1	2	3

Team 2: ______________________________

Server Score

	1	2	3	4	5	6	7	8	9	10	11	12	13	14	15	16	17	18	19	20	21
	1	2	3	4	5	6	7	8	9	10	11	12	13	14	15	16	17	18	19	20	21
	1	2	3	4	5	6	7	8	9	10	11	12	13	14	15	16	17	18	19	20	21

TimeOuts

1	2	3
1	2	3
1	2	3

If above wins match,
all scores & initials

_______ _______ _______ _______

If above wins match,
all scores & initials

Server Score

	1	2	3	4	5	6	7	8	9	10	11	12	13	14	15	16	17	18	19	20	21
	1	2	3	4	5	6	7	8	9	10	11	12	13	14	15	16	17	18	19	20	21
	1	2	3	4	5	6	7	8	9	10	11	12	13	14	15	16	17	18	19	20	21

TimeOuts

1	2	3
1	2	3
1	2	3

Event: ______________________________ Court: ______________
Team 1: ______________________________ Referee: ______________
Match: __________ Format: ______________

Team 2: ______________________________

Server Score

	1	2	3	4	5	6	7	8	9	10	11	12	13	14	15	16	17	18	19	20	21
	1	2	3	4	5	6	7	8	9	10	11	12	13	14	15	16	17	18	19	20	21
	1	2	3	4	5	6	7	8	9	10	11	12	13	14	15	16	17	18	19	20	21

TimeOuts

1	2	3
1	2	3
1	2	3

If above wins match,
all scores & initials

_______ _______ _______ _______

If above wins match,
all scores & initials

Server Score

	1	2	3	4	5	6	7	8	9	10	11	12	13	14	15	16	17	18	19	20	21
	1	2	3	4	5	6	7	8	9	10	11	12	13	14	15	16	17	18	19	20	21
	1	2	3	4	5	6	7	8	9	10	11	12	13	14	15	16	17	18	19	20	21

TimeOuts

1	2	3
1	2	3
1	2	3

Event: ______________________________ Court: ______________
Team 1: ______________________________ Referee: ______________
Match: __________ Format: ______________

Team 2: ______________________________

Server Score																					
	1	2	3	4	5	6	7	8	9	10	11	12	13	14	15	16	17	18	19	20	21
	1	2	3	4	5	6	7	8	9	10	11	12	13	14	15	16	17	18	19	20	21
	1	2	3	4	5	6	7	8	9	10	11	12	13	14	15	16	17	18	19	20	21

TimeOuts		
1	2	3
1	2	3
1	2	3

If above wins match,
all scores & initials

Event: ______________________ Match: ________
Team 1: ______________________ Court: ________
Referee: ________
Format:

Server Score																					
	1	2	3	4	5	6	7	8	9	10	11	12	13	14	15	16	17	18	19	20	21
	1	2	3	4	5	6	7	8	9	10	11	12	13	14	15	16	17	18	19	20	21
	1	2	3	4	5	6	7	8	9	10	11	12	13	14	15	16	17	18	19	20	21

TimeOuts		
1	2	3
1	2	3
1	2	3

If above wins match,
all scores & initials
________ ________ ________ ________

Team 2: ______________________________

Server Score																					
	1	2	3	4	5	6	7	8	9	10	11	12	13	14	15	16	17	18	19	20	21
	1	2	3	4	5	6	7	8	9	10	11	12	13	14	15	16	17	18	19	20	21
	1	2	3	4	5	6	7	8	9	10	11	12	13	14	15	16	17	18	19	20	21

TimeOuts		
1	2	3
1	2	3
1	2	3

If above wins match,
all scores & initials

Event: ______________________ Match: ________
Team 1: ______________________ Court: ________
Referee: ________
Format:

Server Score																					
	1	2	3	4	5	6	7	8	9	10	11	12	13	14	15	16	17	18	19	20	21
	1	2	3	4	5	6	7	8	9	10	11	12	13	14	15	16	17	18	19	20	21
	1	2	3	4	5	6	7	8	9	10	11	12	13	14	15	16	17	18	19	20	21

TimeOuts		
1	2	3
1	2	3
1	2	3

If above wins match,
all scores & initials
________ ________ ________ ________

Team 2: ____________________

Server Score

	1	2	3	4	5	6	7	8	9	10	11	12	13	14	15	16	17	18	19	20	21
	1	2	3	4	5	6	7	8	9	10	11	12	13	14	15	16	17	18	19	20	21
	1	2	3	4	5	6	7	8	9	10	11	12	13	14	15	16	17	18	19	20	21

TimeOuts

1	2	3
1	2	3
1	2	3

If above wins match,
all scores & initials

If above wins match,
all scores & initials ________ ________ ________ ________

Server Score

	1	2	3	4	5	6	7	8	9	10	11	12	13	14	15	16	17	18	19	20	21
	1	2	3	4	5	6	7	8	9	10	11	12	13	14	15	16	17	18	19	20	21
	1	2	3	4	5	6	7	8	9	10	11	12	13	14	15	16	17	18	19	20	21

TimeOuts

1	2	3
1	2	3
1	2	3

Team 1: ____________________

Event: ____________________

Format:

Referee: ____________

Court: ____________

Match: ____________

Team 2: ____________________

Server Score

	1	2	3	4	5	6	7	8	9	10	11	12	13	14	15	16	17	18	19	20	21
	1	2	3	4	5	6	7	8	9	10	11	12	13	14	15	16	17	18	19	20	21
	1	2	3	4	5	6	7	8	9	10	11	12	13	14	15	16	17	18	19	20	21

TimeOuts

1	2	3
1	2	3
1	2	3

If above wins match,
all scores & initials

If above wins match,
all scores & initials ________ ________ ________ ________

Server Score

	1	2	3	4	5	6	7	8	9	10	11	12	13	14	15	16	17	18	19	20	21
	1	2	3	4	5	6	7	8	9	10	11	12	13	14	15	16	17	18	19	20	21
	1	2	3	4	5	6	7	8	9	10	11	12	13	14	15	16	17	18	19	20	21

TimeOuts

1	2	3
1	2	3
1	2	3

Team 1: ____________________

Event: ____________________

Format:

Referee: ____________

Court: ____________

Match: ____________

Team 2: ____________________

Server Score

	1	2	3	4	5	6	7	8	9	10	11	12	13	14	15	16	17	18	19	20	21
	1	2	3	4	5	6	7	8	9	10	11	12	13	14	15	16	17	18	19	20	21
	1	2	3	4	5	6	7	8	9	10	11	12	13	14	15	16	17	18	19	20	21

TimeOuts

1	2	3
1	2	3
1	2	3

If above wins match,
all scores & initials

____ ____ ____ ____

If above wins match,
all scores & initials

Server Score

	1	2	3	4	5	6	7	8	9	10	11	12	13	14	15	16	17	18	19	20	21
	1	2	3	4	5	6	7	8	9	10	11	12	13	14	15	16	17	18	19	20	21
	1	2	3	4	5	6	7	8	9	10	11	12	13	14	15	16	17	18	19	20	21

TimeOuts

1	2	3
1	2	3
1	2	3

Event: ____________________

Team 1: ____________________

Match: ________

Court: ________

Referee: ________

Format:

Team 2: ____________________

Server Score

	1	2	3	4	5	6	7	8	9	10	11	12	13	14	15	16	17	18	19	20	21
	1	2	3	4	5	6	7	8	9	10	11	12	13	14	15	16	17	18	19	20	21
	1	2	3	4	5	6	7	8	9	10	11	12	13	14	15	16	17	18	19	20	21

TimeOuts

1	2	3
1	2	3
1	2	3

If above wins match,
all scores & initials

____ ____ ____ ____

If above wins match,
all scores & initials

Server Score

	1	2	3	4	5	6	7	8	9	10	11	12	13	14	15	16	17	18	19	20	21
	1	2	3	4	5	6	7	8	9	10	11	12	13	14	15	16	17	18	19	20	21
	1	2	3	4	5	6	7	8	9	10	11	12	13	14	15	16	17	18	19	20	21

TimeOuts

1	2	3
1	2	3
1	2	3

Event: ____________________

Team 1: ____________________

Match: ________

Court: ________

Referee: ________

Format:

Team 2: ________________________________

Server Score

	1	2	3	4	5	6	7	8	9	10	11	12	13	14	15	16	17	18	19	20	21
	1	2	3	4	5	6	7	8	9	10	11	12	13	14	15	16	17	18	19	20	21
	1	2	3	4	5	6	7	8	9	10	11	12	13	14	15	16	17	18	19	20	21

TimeOuts

1	2	3
1	2	3
1	2	3

If above wins match,
all scores & initials

______ ______ ______ ______

Match: ________

Court: ____________

Referee: ________________

Format:

Event: ________________________________

Team 1: ________________________________

Server Score

	1	2	3	4	5	6	7	8	9	10	11	12	13	14	15	16	17	18	19	20	21
	1	2	3	4	5	6	7	8	9	10	11	12	13	14	15	16	17	18	19	20	21
	1	2	3	4	5	6	7	8	9	10	11	12	13	14	15	16	17	18	19	20	21

TimeOuts

1	2	3
1	2	3
1	2	3

If above wins match,
all scores & initials

Team 2: ________________________________

Server Score

	1	2	3	4	5	6	7	8	9	10	11	12	13	14	15	16	17	18	19	20	21
	1	2	3	4	5	6	7	8	9	10	11	12	13	14	15	16	17	18	19	20	21
	1	2	3	4	5	6	7	8	9	10	11	12	13	14	15	16	17	18	19	20	21

TimeOuts

1	2	3
1	2	3
1	2	3

If above wins match,
all scores & initials

______ ______ ______ ______

Match: ________

Court: ____________

Referee: ________________

Format:

Event: ________________________________

Team 1: ________________________________

Server Score

	1	2	3	4	5	6	7	8	9	10	11	12	13	14	15	16	17	18	19	20	21
	1	2	3	4	5	6	7	8	9	10	11	12	13	14	15	16	17	18	19	20	21
	1	2	3	4	5	6	7	8	9	10	11	12	13	14	15	16	17	18	19	20	21

TimeOuts

1	2	3
1	2	3
1	2	3

If above wins match,
all scores & initials

Team 2: ______________________________

Server Score

______	1	2	3	4	5	6	7	8	9	10	11	12	13	14	15	16	17	18	19	20	21
______	1	2	3	4	5	6	7	8	9	10	11	12	13	14	15	16	17	18	19	20	21
______	1	2	3	4	5	6	7	8	9	10	11	12	13	14	15	16	17	18	19	20	21

TimeOuts

1	2	3
1	2	3
1	2	3

If above wins match,
all scores & initials

______ ______ ______ ______

Event: ______________________________

Team 1: ______________________________

Match: ________

Court: ____________

Referee: ______________

Format: ______________

Server Score

______	1	2	3	4	5	6	7	8	9	10	11	12	13	14	15	16	17	18	19	20	21
______	1	2	3	4	5	6	7	8	9	10	11	12	13	14	15	16	17	18	19	20	21
______	1	2	3	4	5	6	7	8	9	10	11	12	13	14	15	16	17	18	19	20	21

TimeOuts

1	2	3
1	2	3
1	2	3

If above wins match,
all scores & initials

Team 2: ______________________________

Server Score

______	1	2	3	4	5	6	7	8	9	10	11	12	13	14	15	16	17	18	19	20	21
______	1	2	3	4	5	6	7	8	9	10	11	12	13	14	15	16	17	18	19	20	21
______	1	2	3	4	5	6	7	8	9	10	11	12	13	14	15	16	17	18	19	20	21

TimeOuts

1	2	3
1	2	3
1	2	3

If above wins match,
all scores & initials

______ ______ ______ ______

Event: ______________________________

Team 1: ______________________________

Match: ________

Court: ____________

Referee: ______________

Format: ______________

Server Score

______	1	2	3	4	5	6	7	8	9	10	11	12	13	14	15	16	17	18	19	20	21
______	1	2	3	4	5	6	7	8	9	10	11	12	13	14	15	16	17	18	19	20	21
______	1	2	3	4	5	6	7	8	9	10	11	12	13	14	15	16	17	18	19	20	21

TimeOuts

1	2	3
1	2	3
1	2	3

If above wins match,
all scores & initials

Team 2: ____________________

Server Score

	1	2	3	4	5	6	7	8	9	10	11	12	13	14	15	16	17	18	19	20	21
	1	2	3	4	5	6	7	8	9	10	11	12	13	14	15	16	17	18	19	20	21
	1	2	3	4	5	6	7	8	9	10	11	12	13	14	15	16	17	18	19	20	21

TimeOuts

1	2	3
1	2	3
1	2	3

If above wins match,
all scores & initials

If above wins match,
all scores & initials

______ ______ ______ ______

Server Score

	1	2	3	4	5	6	7	8	9	10	11	12	13	14	15	16	17	18	19	20	21
	1	2	3	4	5	6	7	8	9	10	11	12	13	14	15	16	17	18	19	20	21
	1	2	3	4	5	6	7	8	9	10	11	12	13	14	15	16	17	18	19	20	21

TimeOuts

1	2	3
1	2	3
1	2	3

Team 1: ____________________

Event: ____________________

Format:

Referee: ____________

Court: ____________

Match: ________

Team 2: ____________________

Server Score

	1	2	3	4	5	6	7	8	9	10	11	12	13	14	15	16	17	18	19	20	21
	1	2	3	4	5	6	7	8	9	10	11	12	13	14	15	16	17	18	19	20	21
	1	2	3	4	5	6	7	8	9	10	11	12	13	14	15	16	17	18	19	20	21

TimeOuts

1	2	3
1	2	3
1	2	3

If above wins match,
all scores & initials

If above wins match,
all scores & initials

______ ______ ______ ______

Server Score

	1	2	3	4	5	6	7	8	9	10	11	12	13	14	15	16	17	18	19	20	21
	1	2	3	4	5	6	7	8	9	10	11	12	13	14	15	16	17	18	19	20	21
	1	2	3	4	5	6	7	8	9	10	11	12	13	14	15	16	17	18	19	20	21

TimeOuts

1	2	3
1	2	3
1	2	3

Team 1: ____________________

Event: ____________________

Format:

Referee: ____________

Court: ____________

Match: ________

Team 2: ______________________________

Server Score

	1	2	3	4	5	6	7	8	9	10	11	12	13	14	15	16	17	18	19	20	21
	1	2	3	4	5	6	7	8	9	10	11	12	13	14	15	16	17	18	19	20	21
	1	2	3	4	5	6	7	8	9	10	11	12	13	14	15	16	17	18	19	20	21

TimeOuts

1	2	3
1	2	3
1	2	3

If above wins match,
all scores & initials

______ ______ ______ ______

If above wins match,
all scores & initials

Server Score

	1	2	3	4	5	6	7	8	9	10	11	12	13	14	15	16	17	18	19	20	21
	1	2	3	4	5	6	7	8	9	10	11	12	13	14	15	16	17	18	19	20	21
	1	2	3	4	5	6	7	8	9	10	11	12	13	14	15	16	17	18	19	20	21

TimeOuts

1	2	3
1	2	3
1	2	3

Event: ______________________________

Team 1: ______________________________

Match: ________

Court: ________

Referee: ________

Format: ________

Team 2: ______________________________

Server Score

	1	2	3	4	5	6	7	8	9	10	11	12	13	14	15	16	17	18	19	20	21
	1	2	3	4	5	6	7	8	9	10	11	12	13	14	15	16	17	18	19	20	21
	1	2	3	4	5	6	7	8	9	10	11	12	13	14	15	16	17	18	19	20	21

TimeOuts

1	2	3
1	2	3
1	2	3

If above wins match,
all scores & initials

______ ______ ______ ______

If above wins match,
all scores & initials

Server Score

	1	2	3	4	5	6	7	8	9	10	11	12	13	14	15	16	17	18	19	20	21
	1	2	3	4	5	6	7	8	9	10	11	12	13	14	15	16	17	18	19	20	21
	1	2	3	4	5	6	7	8	9	10	11	12	13	14	15	16	17	18	19	20	21

TimeOuts

1	2	3
1	2	3
1	2	3

Event: ______________________________

Team 1: ______________________________

Match: ________

Court: ________

Referee: ________

Format: ________

Team 2: ____________________

Server Score

	1	2	3	4	5	6	7	8	9	10	11	12	13	14	15	16	17	18	19	20	21
	1	2	3	4	5	6	7	8	9	10	11	12	13	14	15	16	17	18	19	20	21
	1	2	3	4	5	6	7	8	9	10	11	12	13	14	15	16	17	18	19	20	21

TimeOuts

1	2	3
1	2	3
1	2	3

If above wins match,
all scores & initials

______ ______ ______ ______

Event: ____________________

Team 1: ____________________

Match: ________

Court: ________

Referee: ________

Format:

Server Score

	1	2	3	4	5	6	7	8	9	10	11	12	13	14	15	16	17	18	19	20	21
	1	2	3	4	5	6	7	8	9	10	11	12	13	14	15	16	17	18	19	20	21
	1	2	3	4	5	6	7	8	9	10	11	12	13	14	15	16	17	18	19	20	21

TimeOuts

1	2	3
1	2	3
1	2	3

If above wins match,
all scores & initials

Team 2: ____________________

Server Score

	1	2	3	4	5	6	7	8	9	10	11	12	13	14	15	16	17	18	19	20	21
	1	2	3	4	5	6	7	8	9	10	11	12	13	14	15	16	17	18	19	20	21
	1	2	3	4	5	6	7	8	9	10	11	12	13	14	15	16	17	18	19	20	21

TimeOuts

1	2	3
1	2	3
1	2	3

If above wins match,
all scores & initials

______ ______ ______ ______

Event: ____________________

Team 1: ____________________

Match: ________

Court: ________

Referee: ________

Format:

Server Score

	1	2	3	4	5	6	7	8	9	10	11	12	13	14	15	16	17	18	19	20	21
	1	2	3	4	5	6	7	8	9	10	11	12	13	14	15	16	17	18	19	20	21
	1	2	3	4	5	6	7	8	9	10	11	12	13	14	15	16	17	18	19	20	21

TimeOuts

1	2	3
1	2	3
1	2	3

If above wins match,
all scores & initials

Team 2: ______________________________

Server Score

	1	2	3	4	5	6	7	8	9	10	11	12	13	14	15	16	17	18	19	20	21
	1	2	3	4	5	6	7	8	9	10	11	12	13	14	15	16	17	18	19	20	21
	1	2	3	4	5	6	7	8	9	10	11	12	13	14	15	16	17	18	19	20	21

TimeOuts

1	2	3
1	2	3
1	2	3

If above wins match,
all scores & initials

_______ _______ _______ _______

If above wins match,
all scores & initials

Server Score

	1	2	3	4	5	6	7	8	9	10	11	12	13	14	15	16	17	18	19	20	21
	1	2	3	4	5	6	7	8	9	10	11	12	13	14	15	16	17	18	19	20	21
	1	2	3	4	5	6	7	8	9	10	11	12	13	14	15	16	17	18	19	20	21

TimeOuts

1	2	3
1	2	3
1	2	3

Event: ______________________________

Team 1: ______________________________

Match: __________

Court: __________

Referee: __________

Format: __________

Team 2: ______________________________

Server Score

	1	2	3	4	5	6	7	8	9	10	11	12	13	14	15	16	17	18	19	20	21
	1	2	3	4	5	6	7	8	9	10	11	12	13	14	15	16	17	18	19	20	21
	1	2	3	4	5	6	7	8	9	10	11	12	13	14	15	16	17	18	19	20	21

TimeOuts

1	2	3
1	2	3
1	2	3

If above wins match,
all scores & initials

_______ _______ _______ _______

If above wins match,
all scores & initials

Server Score

	1	2	3	4	5	6	7	8	9	10	11	12	13	14	15	16	17	18	19	20	21
	1	2	3	4	5	6	7	8	9	10	11	12	13	14	15	16	17	18	19	20	21
	1	2	3	4	5	6	7	8	9	10	11	12	13	14	15	16	17	18	19	20	21

TimeOuts

1	2	3
1	2	3
1	2	3

Event: ______________________________

Team 1: ______________________________

Match: __________

Court: __________

Referee: __________

Format: __________

Team 2: ______________________________

Server Score

	1	2	3	4	5	6	7	8	9	10	11	12	13	14	15	16	17	18	19	20	21
	1	2	3	4	5	6	7	8	9	10	11	12	13	14	15	16	17	18	19	20	21
	1	2	3	4	5	6	7	8	9	10	11	12	13	14	15	16	17	18	19	20	21

TimeOuts

1	2	3
1	2	3
1	2	3

If above wins match,
all scores & initials

Event: ______________________________ Match: __________

Team 1: ______________________________ Court: __________

Referee: __________

Format: __________

Server Score

	1	2	3	4	5	6	7	8	9	10	11	12	13	14	15	16	17	18	19	20	21
	1	2	3	4	5	6	7	8	9	10	11	12	13	14	15	16	17	18	19	20	21
	1	2	3	4	5	6	7	8	9	10	11	12	13	14	15	16	17	18	19	20	21

TimeOuts

1	2	3
1	2	3
1	2	3

If above wins match,
all scores & initials ________ ________ ________ ________

Team 2: ______________________________

Server Score

	1	2	3	4	5	6	7	8	9	10	11	12	13	14	15	16	17	18	19	20	21
	1	2	3	4	5	6	7	8	9	10	11	12	13	14	15	16	17	18	19	20	21
	1	2	3	4	5	6	7	8	9	10	11	12	13	14	15	16	17	18	19	20	21

TimeOuts

1	2	3
1	2	3
1	2	3

If above wins match,
all scores & initials

Event: ______________________________ Match: __________

Team 1: ______________________________ Court: __________

Referee: __________

Format: __________

Server Score

	1	2	3	4	5	6	7	8	9	10	11	12	13	14	15	16	17	18	19	20	21
	1	2	3	4	5	6	7	8	9	10	11	12	13	14	15	16	17	18	19	20	21
	1	2	3	4	5	6	7	8	9	10	11	12	13	14	15	16	17	18	19	20	21

TimeOuts

1	2	3
1	2	3
1	2	3

If above wins match,
all scores & initials ________ ________ ________ ________

Team 2: ____________________

Server Score

	1	2	3	4	5	6	7	8	9	10	11	12	13	14	15	16	17	18	19	20	21
	1	2	3	4	5	6	7	8	9	10	11	12	13	14	15	16	17	18	19	20	21
	1	2	3	4	5	6	7	8	9	10	11	12	13	14	15	16	17	18	19	20	21

TimeOuts

1	2	3
1	2	3
1	2	3

If above wins match,
all scores & initials

_______ _______ _______ _______

If above wins match,
all scores & initials

Server Score

	1	2	3	4	5	6	7	8	9	10	11	12	13	14	15	16	17	18	19	20	21
	1	2	3	4	5	6	7	8	9	10	11	12	13	14	15	16	17	18	19	20	21
	1	2	3	4	5	6	7	8	9	10	11	12	13	14	15	16	17	18	19	20	21

TimeOuts

1	2	3
1	2	3
1	2	3

Team 1: ____________________ Format: ____________

Event: ____________________ Referee: ____________

Court: ____________

Match: ____________

Team 2: ____________________

Server Score

	1	2	3	4	5	6	7	8	9	10	11	12	13	14	15	16	17	18	19	20	21
	1	2	3	4	5	6	7	8	9	10	11	12	13	14	15	16	17	18	19	20	21
	1	2	3	4	5	6	7	8	9	10	11	12	13	14	15	16	17	18	19	20	21

TimeOuts

1	2	3
1	2	3
1	2	3

If above wins match,
all scores & initials

_______ _______ _______ _______

If above wins match,
all scores & initials

Server Score

	1	2	3	4	5	6	7	8	9	10	11	12	13	14	15	16	17	18	19	20	21
	1	2	3	4	5	6	7	8	9	10	11	12	13	14	15	16	17	18	19	20	21
	1	2	3	4	5	6	7	8	9	10	11	12	13	14	15	16	17	18	19	20	21

TimeOuts

1	2	3
1	2	3
1	2	3

Team 1: ____________________ Format: ____________

Event: ____________________ Referee: ____________

Court: ____________

Match: ____________

Team 2: ______________________________

Server Score

	1	2	3	4	5	6	7	8	9	10	11	12	13	14	15	16	17	18	19	20	21
	1	2	3	4	5	6	7	8	9	10	11	12	13	14	15	16	17	18	19	20	21
	1	2	3	4	5	6	7	8	9	10	11	12	13	14	15	16	17	18	19	20	21

TimeOuts

1	2	3
1	2	3
1	2	3

If above wins match,
all scores & initials

________ ________ ________ ________

Event: ______________________________

Team 1: ______________________________

Match: __________

Court: __________

Referee: __________

Format:

Server Score

	1	2	3	4	5	6	7	8	9	10	11	12	13	14	15	16	17	18	19	20	21
	1	2	3	4	5	6	7	8	9	10	11	12	13	14	15	16	17	18	19	20	21
	1	2	3	4	5	6	7	8	9	10	11	12	13	14	15	16	17	18	19	20	21

TimeOuts

1	2	3
1	2	3
1	2	3

If above wins match,
all scores & initials

________ ________ ________ ________

Team 2: ______________________________

Server Score

	1	2	3	4	5	6	7	8	9	10	11	12	13	14	15	16	17	18	19	20	21
	1	2	3	4	5	6	7	8	9	10	11	12	13	14	15	16	17	18	19	20	21
	1	2	3	4	5	6	7	8	9	10	11	12	13	14	15	16	17	18	19	20	21

TimeOuts

1	2	3
1	2	3
1	2	3

If above wins match,
all scores & initials

________ ________ ________ ________

Event: ______________________________

Team 1: ______________________________

Match: __________

Court: __________

Referee: __________

Format:

Server Score

	1	2	3	4	5	6	7	8	9	10	11	12	13	14	15	16	17	18	19	20	21
	1	2	3	4	5	6	7	8	9	10	11	12	13	14	15	16	17	18	19	20	21
	1	2	3	4	5	6	7	8	9	10	11	12	13	14	15	16	17	18	19	20	21

TimeOuts

1	2	3
1	2	3
1	2	3

If above wins match,
all scores & initials

________ ________ ________ ________

Team 2: ____________________

Server Score

	1	2	3	4	5	6	7	8	9	10	11	12	13	14	15	16	17	18	19	20	21
	1	2	3	4	5	6	7	8	9	10	11	12	13	14	15	16	17	18	19	20	21
	1	2	3	4	5	6	7	8	9	10	11	12	13	14	15	16	17	18	19	20	21

TimeOuts

1	2	3
1	2	3
1	2	3

If above wins match,
all scores & initials

____ ____ ____ ____

If above wins match,
all scores & initials

Server Score

	1	2	3	4	5	6	7	8	9	10	11	12	13	14	15	16	17	18	19	20	21
	1	2	3	4	5	6	7	8	9	10	11	12	13	14	15	16	17	18	19	20	21
	1	2	3	4	5	6	7	8	9	10	11	12	13	14	15	16	17	18	19	20	21

TimeOuts

1	2	3
1	2	3
1	2	3

Event: ____________________

Team 1: ____________________

Match: ________

Court: ________

Referee: ________

Format: ________

Team 2: ____________________

Server Score

	1	2	3	4	5	6	7	8	9	10	11	12	13	14	15	16	17	18	19	20	21
	1	2	3	4	5	6	7	8	9	10	11	12	13	14	15	16	17	18	19	20	21
	1	2	3	4	5	6	7	8	9	10	11	12	13	14	15	16	17	18	19	20	21

TimeOuts

1	2	3
1	2	3
1	2	3

If above wins match,
all scores & initials

____ ____ ____ ____

If above wins match,
all scores & initials

Server Score

	1	2	3	4	5	6	7	8	9	10	11	12	13	14	15	16	17	18	19	20	21
	1	2	3	4	5	6	7	8	9	10	11	12	13	14	15	16	17	18	19	20	21
	1	2	3	4	5	6	7	8	9	10	11	12	13	14	15	16	17	18	19	20	21

TimeOuts

1	2	3
1	2	3
1	2	3

Event: ____________________

Team 1: ____________________

Match: ________

Court: ________

Referee: ________

Format: ________

Team 2: ____________________

Server Score

	1	2	3	4	5	6	7	8	9	10	11	12	13	14	15	16	17	18	19	20	21
	1	2	3	4	5	6	7	8	9	10	11	12	13	14	15	16	17	18	19	20	21
	1	2	3	4	5	6	7	8	9	10	11	12	13	14	15	16	17	18	19	20	21

TimeOuts

1	2	3
1	2	3
1	2	3

If above wins match,
all scores & initials

____ ____ ____ ____

If above wins match,
all scores & initials

Server Score

	1	2	3	4	5	6	7	8	9	10	11	12	13	14	15	16	17	18	19	20	21
	1	2	3	4	5	6	7	8	9	10	11	12	13	14	15	16	17	18	19	20	21
	1	2	3	4	5	6	7	8	9	10	11	12	13	14	15	16	17	18	19	20	21

TimeOuts

1	2	3
1	2	3
1	2	3

Team 1: ____________________

Event: ____________________

Format:

Referee: ____________________

Court: ____________________

Match: ____________________

Team 2: ____________________

Server Score

	1	2	3	4	5	6	7	8	9	10	11	12	13	14	15	16	17	18	19	20	21
	1	2	3	4	5	6	7	8	9	10	11	12	13	14	15	16	17	18	19	20	21
	1	2	3	4	5	6	7	8	9	10	11	12	13	14	15	16	17	18	19	20	21

TimeOuts

1	2	3
1	2	3
1	2	3

If above wins match,
all scores & initials

____ ____ ____ ____

If above wins match,
all scores & initials

Server Score

	1	2	3	4	5	6	7	8	9	10	11	12	13	14	15	16	17	18	19	20	21
	1	2	3	4	5	6	7	8	9	10	11	12	13	14	15	16	17	18	19	20	21
	1	2	3	4	5	6	7	8	9	10	11	12	13	14	15	16	17	18	19	20	21

TimeOuts

1	2	3
1	2	3
1	2	3

Team 1: ____________________

Event: ____________________

Format:

Referee: ____________________

Court: ____________________

Match: ____________________

Made in the USA
Monee, IL
28 August 2022

12771140R00192